加藤晴子　加藤内藏進　著

気候と音楽 増補版

―歌から広がる文化理解とESD―

協同出版

【第Ⅱ部】

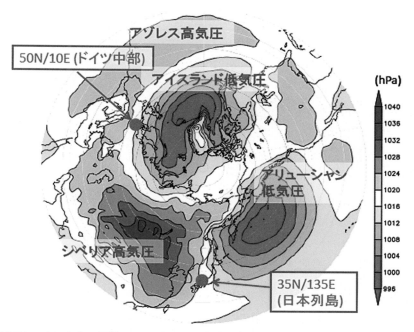

図Ⅱ－4 1971 ～ 2010 年で平均した1月の月平均海面気圧の分布 (hPa)。濱木他 (2018) を改変。
図Ⅱ－6 で取り上げた地点の位置も示す。

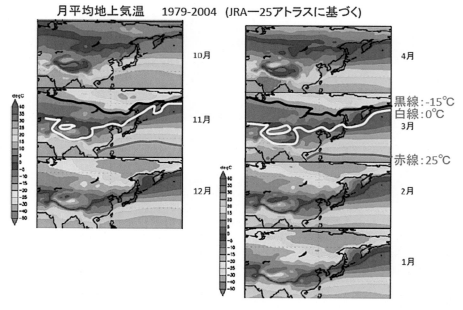

図Ⅱ－24 気候学的な月平均地上気温分布の季節経過 (1979-2004) (℃)。気象庁 HP に掲載された
JRA-25 アトラスの月別の図から切り取って 10 ～ 4 月について並べたもの。第Ⅲ部で紹介した授業
で注目させる0℃，－15℃，25℃の等値線を，それぞれ，白，黒，赤の線でなぞらせた（ここでは，
11 月と3月のみなぞってある）。加藤他 (2013) より引用。なお，教材としては，図から数値を読
み取りやすいように，それぞれの図に，30°N，60°N の緯線，及び，133°E の経線を赤紫色で記入し
たものを配布した。

宗忠神社（2016 年 2 月 3 日　筆者撮影）

写真：左上：宗忠神社前の節分祭の案内，中央：豆まきの様子，左下：節分祭の日の空，
右上：宗忠神社の節分のいわれ，右下：参拝に訪れた人々，本殿と五色の幟

岡山神社（2016 年 2 月 3 日　筆者撮影）

写真：左　参拝に訪れた人々　写真：右　節分祭の空，紅梅が咲く境内

新潟（1998 ～ 2007 年の 10 ～ 12 月）　　　　　　東京（1998 ～ 2007 年の 10 ～ 12 月）

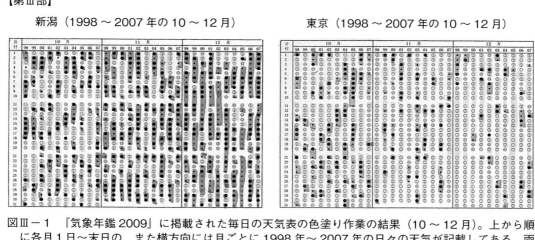

図Ⅲ－1　『気象年鑑2009』に掲載された毎日の天気表の色塗り作業の結果（10 ～ 12 月）。上から順に各月1日～末日の，また横方向には月ごとに 1998 年～ 2007 年の日々の天気が記載してある。雨または雪を赤，晴れまたは快晴を黄色で塗った。左が新潟，右が東京。加藤・佐藤他（2011）より引用。

巻第四 番号	嵐(山風)		木の葉		時雨	紅葉			
		木枯		(木の葉散)		(紅葉散)			

新古今和歌集
巻第四秋歌上

(285～436)

新古今和歌集
巻第五秋歌下

(437～550)

新古今和歌集
巻第六冬歌の
途中まで

(551～669)

図Ⅲ－2　新古今和歌集の秋歌（上）～冬歌の途中まで，上から和歌の番号順に並べた表に，詠まれている素材を抽出して記載し，それらの中で，当該の素材を記したセルを，嵐：黄色，木枯：紫，木の葉：橙，時雨：水色，紅葉：ピンクに色付けし，セルの背を極端に低くして表示した。加藤・西川（佐藤）他（2018）より引用。

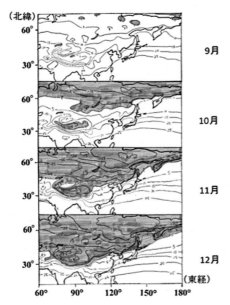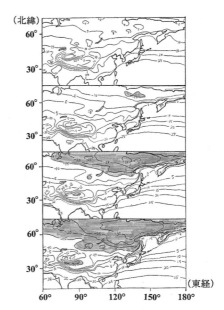

図Ⅲ－3　気象庁 HP に掲載されていた JRA-25 アトラスに基づく，気候学的な月平均気温分布の9月
　　　～12月の遷移（1979～2004 年の平均。なお，現在は，その後に更新された JRA-55 に基づく気候
　　　図が掲載されている）。気象庁 HP のカラー図をベースに，授業者が5℃ごとの等温線のみを抽出して
　　　モノクロの図を作成し，授業で配布した。左図は，その図において， 0℃以下の領域の範囲を青色で
　　　塗った結果，右図は，－15℃以下の範囲を紫に塗った結果を示す（学習活動⑤では，それぞれの生徒
　　　が，このような色塗りを通して，シベリア気団の季節的な成長の様子を把握した）。加藤・西川（佐
　　　藤）他（2018）より引用。

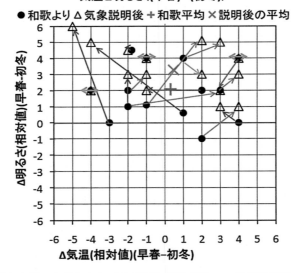

図Ⅲ－8　「早春から初冬を引いた差」としての気温と明るさについての散布図。気候の学習前を●，学
　　　習後を△で示す。個々の生徒についての気候の学習前と学習後の変化を，矢印で示した。青い矢印は
　　　全体としてより正しい認識への変化，緑は明るさのみ誤った認識への変化，赤は気温のみ誤った認識
　　　への変化を示す。また，オレンジ色の両矢印は，授業前後での変化がなかった生徒を示す。なお，平
　　　均気温等で見る限り，この図の第2象限（早春が気温は低いが明るい）が，より正しい認識への変化
　　　にあたる。加藤・加藤・三宅他（2017）より引用。

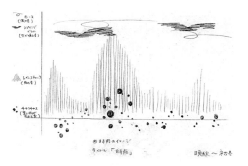 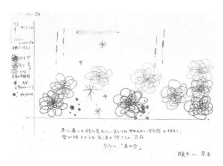

図Ⅲ－10　図形譜の作品例1（学生Y）。（左）作品例1-a。秋から冬（タイトル：《時雨》）,（右）作品例1-b。冬から春（タイトル：《春の雪》）。加藤・赤木・加藤他（2014）より引用。

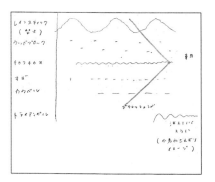

《ユハンヌスの踊り》学生K（①）

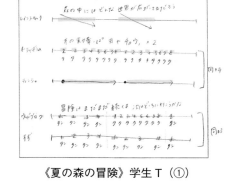

《夏の森の冒険》学生T（①）

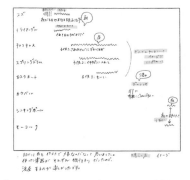

《長い昼と一瞬の夜》学生M（②）

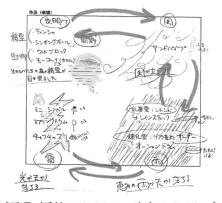

《循環（季節のサイクル，生命のサイクル》
学生O（②）

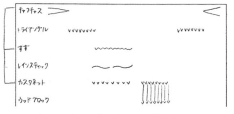

《夏の夜の森》学生Y（②）

図Ⅲ－17　学生作品の譜例（図形譜）。学生が記述した各タイトルを，作品の下に記載した。括弧内の①，②はそれぞれ，「①情景イメージの描写的表現」，「②情景描写ではなく内面的，より創造的なもの」の例であることを示す。加藤・加藤・赤木他（2019）より引用。

はじめに

　音楽作品には，それぞれ固有の文化的背景があります。とりわけ，歌の生成や表現には，言語や生活習慣等と共に，当該地域の気候や季節変化等の自然環境が深く関わっています。例えば，民謡や伝承歌のように生活の中で自然発生的に生まれ歌い継がれてきた歌では，その地域の季節にみられる自然の様子やそこに暮らす人々の生活の営み等の情景，それらに伴って生じる感動や哀しみ等の心情が素材として歌われているものが数多くあります。様々な歌を通して，人々の季節感を感じることができます。

　本書では，ドイツの歌や日本の歌，北欧の歌，また，それぞれの地域の伝統的な季節の行事にも目を向けて，人々がもつ季節感に触れると共に，それぞれの地域の気候・気象がどのような季節として捉えられているのかをみていきたいと思います。そこから，季節感をキーワードとして気候と音楽を連携させた学際的な学習へと論を進めていきたいと思います。

　季節は，一般に大きく1年の周期で繰り返されます。そこで生じる様々な自然現象は，人々の生活に直接的あるいは間接的に様々な影響を及ぼしています。気候や季節は単なる自然現象としてではなく，個々の体験を通して意識されるものとして人々の心に刻まれます。

　私たちの研究では，気候の詳細な気象データの分析と民謡や伝承歌の分析を行った上でその結果を素材として，学際的な学習について考察を進めてきました。そこから「文化理解の眼を育む」という視点からESD的な学習を提示し，実践を重ねてきました。本書では，その実践の一部を紹介しながら，学習の可能性を探っていきたいと思います。

　本書の執筆を，これまでの研究のまとめとして位置づけ，今後の研究の継続・発展に向けた手がかりを得ることができればと考えました。多くの方々にお読みいただき，ご意見を頂戴できれば幸いでございます。

2019年3月

加藤晴子・加藤内藏進

目　次

第Ⅰ部
ESD と ESD 的視点に立つ教育

Ⅰ-1　ESD（Education for Sustainable Development, 持続可能な開発のための教育）について
－ユネスコの提唱，その成立と経緯－

　今，世界には，国際間で種々の問題が生じている。国々がそれぞれに発展を目指していく中で，環境・貧困・人権・平和・開発といった様々な地球規模の課題があり，地域と地域の間に摩擦もみられる。同一の事柄であっても，価値観の違いや地域の人々による捉え方に相違があったり，場合によっては利害関係が生じたりもする。それらが摩擦問題を引き起こす要因になっていることもある。例えば，地球温暖化等の環境問題，社会経済の格差によって生じる問題，民族の対立によって生じる問題，等がある。その中には，個々の事象だけを見ていても容易には解決できないような問題も多々ある。

　これらの諸問題を解決し，広い視野に立って持続可能な社会を築いていくための次世代に向けた教育は，今日，私たちが取り組むべき重要な課題の一つである。これを推進するための具体的な取り組みに SDGs（Sustainable Development Goals（持続可能な開発目標））がある。SDGs は，17 のグローバル目標と 169 のターゲット（達成基準）からなる国際連合（United Nations）の開発目標である。それを支える人材の育成が，ESD（Education for Sustainable Development, 持続可能な開発のための教育）である。ESD は，持続可能な開発を推進するため，地球的な視野をもつ市民を育成することを目的とする。そこでは，現代社会の課題を自らの問題として捉え，身近なところから取り組むことにより（think globally, act locally），課題の解決につながる新たな価値観や行動を生み出し，持続可能な社会を創造していくことを目指している。

　ESD の基本的な考え方の一つに，国際理解学習がある。国際理解のためには，自文化理解と異文化理解の双方が必要であり，音楽は，そのための恰好な素材となる。素材として音楽を有効に活用するためには，個々の音楽の表層にみられる現象を見聞きする，知るだけにとどまらず，音楽の生成や表現とその背景にある生活や文化，自然環境等との関わりに踏み込んで音楽を総合的に捉える体験が必要である。音楽の持つ意味や固有の味わいに触れることができるような体験的な学びは，ESD に大きく貢献することが期待される。

　では，ESD について，成立の経緯，趣旨，日本での取り組みをみていこう。2002 年にヨハネスブルクで行なわれた持続可能な開発に関する世界首脳会議において，我が国の提案により

図 I − 1　SDGs の 17 のグローバル目標

写真 I − 1　ESD に関わる国際会議の会場の掲示　モンゴル大学 2017 年 11 月筆者ら参加，撮影

「ESD の 10 年」に関する記載が盛り込まれた。さらに，2005 〜 2014 年を「国連 ESD の 10 年」（DESD）とする国際実施計画がユネスコ（国際連合教育科学文化機関（UNESCO）；the United Nations Educational, Scientific, and Cultural Organization）により策定され，2005 年の国連総会において承認された。ユネスコ憲章に示されたユネスコの理念を実現するため，平和や国際的な連携を実践する学校としてユネスコスクールがある。

　日本では，日本ユネスコ国内委員会や関係省庁が協力して，ESD の推進のために取り組みを

図 I－2　持続発展教育（ESD）の基本的な考え方。日本ユネスコ
　　　　国内委員会のパンフレットより引用（上段は 2008 年 2 月の初版，
　　　　下段は 2016 年 1 月改訂版より）。

重ねてきた。2006 年には内閣官房に設置された ESD 関係省庁連絡会議が，国内における ESD の実施計画を策定し，それに基づいて様々な関係者と連携のもとに ESD が推進されてきた。

　文部科学省及び日本ユネスコ国内委員会では，ユネスコスクールを ESD の推進拠点として位置づけている。現在，世界 180 か国以上の国・地域で 10,000 校以上のユネスコスクールがある。日本国内の加盟校数は，「国連持続可能な開発のための教育の 10 年（DESD）」が始まった平成 17 年から飛躍的に増加し，平成 29 年 10 月時点で 1,034 校となり，1 か国当たりの加盟校数としては世界最大となっているという（文部科学省日本ユネスコ国内委員会 http://www.mext.go.jp/unesco/004/1339976.htm）。

　ユネスコスクールでは，ESD を「私たちとその子孫たちが，この地球で生きていくことを困難にするような問題をについて考え，立ち向かい，解決するための学びです。ESD は持続可能な社会の担い手を育む教育です。」とし（ユネスコスクール公式ホームページ），今日の大きな教育の課題の一つとして，その広がりと深まりを追及してきた。

　ESD の実践にあたっては，特に二つの観点が示されている。それは「人格の発達や自律心，判断力，責任感などの人間性を育むこと」と「他人との関係性，社会との関係性，自然環境との

関係性を認識し，「関わり」「つながり」を尊重できる個人を育むこと」である。そのために，環境教育，国際理解教育等の持続可能な発展に関わる諸問題に対応する個別の分野と共に，環境，経済，社会の各側面から学際的かつ総合的に取り込むことが求められてきた。様々な分野を多様な方法を用いて繋げる総合的な取り組みでは，「環境教育」「世界遺産や地域の文化財等に関する教育」「国際理解教育」「エネルギー教育」「その他関連する教育」からなる構造の枠組みが提示されている（図Ⅰ－2）。

　ユネスコスクールで行われている ESD に関する活動の中でも，文化理解に関わる内容として，「"暮らす"の観点から……」として示された「自分たちが住む町の文化や人のつながりについての学習」は非常に興味深い。(http://www.unesco-school.mext.go.jp/esd/)
　また，学習指導要領と ESD（2008 年 3 月公示，小学校，中学校，2009 年公示，高等学校）
　2008 年 3 月の幼稚園教育要領及び小学校・中学校，2009 年 3 月の高校の学習指導要領の学習指導要領には，持続可能な社会の構築の観点が盛り込まれている。音楽と理科について関連する内容をみてみよう。

〈小学校　理科〉
　自然に親しみ，見通しをもって観察，実験などを行い，問題解決の能力と自然を愛する心情を育てるとともに，自然の事物・現象についての実感を伴った理解を図り，科学的な見方や考え方を養う。
〈中学校　理科　第 1 分野及び第 2 分野〉
　自然環境の保全と科学技術の利用の在り方について科学的に考察し，持続可能な社会をつくることが重要であることを認識すること。
〈中学校　音楽〉
　音楽の特徴をその背景となる文化・歴史や他の芸術と関連付けて理解して，鑑賞すること。我が国や郷土の伝統音楽及び諸外国の様々な音楽の特徴から音楽の多様性を理解して，鑑賞すること。
〈高校　理科〉
　生命を尊重し，自然環境の保全に寄与する態度の育成を図ること。また，環境問題や科学技術の進歩と人間生活にかかわる内容等については，持続可能な社会をつくることの重要性も踏まえながら，科学的な見地から取り扱うこと。
〈高校　芸術　音楽〉
　音楽と他の芸術や文化とのかかわりを理解して鑑賞すること。

　また，ESD 推進の手引き（初版平成 28 年 3 月文部科学省国際統括官付　日本ユネスコ国内委員会）には，ポイントとして「ESD を教科横断的に実施する」ことが挙げられている。以下に当該の文章を紹介する（ESD 推進の手引き p.14）。そこには教科の枠を超えた学びを積極的に行うことの有用性が明言されている。

　ESD における学びは，各教科はもちろんのこと，あらゆる学びを通じた知識や技能を統合していくことが重要です。

　教科横断的な学びという点では，総合的な学習の時間を活用する方法も有効です。しかし，ESD は総合的な学習の時間のみ実施するものではありません。どの教科においても，持続可能な社会の構築に関わる内容を扱うことが ESD の学びを深めるために必要なことです。その上で重要なことは，教科横断的な授業を行う際には，課題解決に向けての考えを深め，地域や日常生活の存在する具体的な課題とつなげて考え，身近なものとして捉え行動までつなげるという，ESD の視点に立った教育を行うことです。

　ここで，新学習指導要領もみてみよう。幼稚園については平成 29 年 3 月，小学校，中学校については平成 29 年 3 月，高等学校については平成 30 年 7 月に新学習指導要領が公示された。今回の改訂のポイントの中で，特に文化理解に関わりのある事項に注目しながら，新指導要領に示されている内容をみていくことにする。まず，概要をみていこう。

　改訂にあたっての基本的な考え方は，幼稚園，小学校，中学校，高等学校に共通して，子どもたちが未来社会を切り拓くための資質・能力を一層確実に育成することにある。また，小学校，中学校，高等学校において，教科等の目標や内容を見渡し，特に学習の基盤となる資質・能力（言語能力，情報活用能力，問題発見・解決能力等）や現代的な諸課題に対応して求められる資質・能力の育成のために，教科等横断的な学習を充実するカリキュラム・マネジメントの確立が示されている。

　教育内容の主な改善事項として，伝統や文化に関する教育の充実が挙げられていることも大いに注目される。例えば幼稚園では，正月，わらべうたや伝統的な遊びなど我が国や地域社会における様々な文化や伝統に親しむこと，小学校・中学校の国語では，古典など我が国の言語文化，小学校の社会では，県内の主な文化財や年中行事の理解，小学校・中学校の音楽では，我が国や郷土の音楽，和楽器，中学校の保健体育では武道，小学校・中学校の技術・家庭では，和食や和服などの指導の充実が求められている。その他の重要事項として，初等中等教育の一貫した学びの充実が挙げられ，幼小，小中，中高といった学校段階間の円滑な接続や教科等横断的な学習の重視も示されている。これらの実現に向け，ESD 的視点に立った種々の教育の実践には，大いに貢献が期待されるといえよう。

　では，小学校の音楽科について少し詳しくみてみよう。小学校の音楽科で特に注目されるのは「音や音楽と自分との関わりを築いていけるよう，生活や社会の中の音や音楽の働きについての意識を深める学習の充実を図る」という点である。育成を目指す資質・能力が，「生活や社会の中の音や音楽と豊かに関わる資質・能力」と位置づけられ，「知識及び技能」，「思考力，判断力，表現力等」，「学びに向かう力，人間性等」が示されている。資質・能力の育成にあたり，児童が「音楽的な見方・考え方」を働かせて学習活動に取り組むとも示されている。子どもの音楽への主体的な関わりが望まれているといえる。

　次に中学校の音楽科についてみてみよう。中学校では，小学校での学びの発展として，「音や音楽と自分との関わりを築いていけるよう，生活や社会の中の音や音楽の働き，音楽文化についての理解を深める学習の充実を図る」と示されている。中学校音楽科の目標の一つの柱となって

いる「音楽文化についての理解を深める」に関しては，音楽科で育成を目指す資質・能力を「生活や社会の中の音や音楽，音楽文化と豊かに関わる資質・能力」とし，各領域及び分野の指導事項において，音楽文化についての理解を深めるために必要な内容が位置付けられている。

　また，音や音楽の存在，音楽を学ぶ意義について，次のように詳細な説明がなされている。

　「音や音楽は，音響そのものとして存在するとともに，「自己のイメージや感情，生活や社会，伝統や文化など」との関わりの中で，人間にとって意味あるものとして存在している。したがって，音や音楽と音や音楽によって喚起される自己のイメージや感情との関わり，音や音楽と生活や社会との関わり，音や音楽と伝統や文化などの音楽の背景との関わりなどについて考えることによって，音楽表現を創意工夫したり音楽を解釈し評価したりするなどの学習は一層深まっていく。このように，音楽的な見方・考え方は，音楽科の特質に応じた，物事を捉える視点や考え方であり，音楽科を学ぶ本質的な意義の中核をなすものである。」

　この上で，子どもたちの学びの姿についても次のように示されている。
　「生徒が自ら，音楽に対する感性を働かせ，音や音楽を，音楽を形づくっている要素とその働きの視点で捉え，捉えたことと，自己のイメージや感情，生活や社会，伝統や文化などとを関連付けて考えているとき，音楽的な見方・考え方が働いている。音楽的な見方・考え方を働かせて学習をすることによって，実感を伴った理解による「知識」の習得，必要性の実感を伴う「技能」の習得，質の高い「思考力，判断力，表現力等」の育成，人生や社会において学びを生かそうとする意識をもった「学びに向かう力，人間性等」の涵養が実現する。このことによって，生活や社会の中の音や音楽，音楽文化と豊かに関わる資質・能力は育成されるのである。音楽的な見方・考え方は，音楽的な見方・考え方を働かせた音楽科の学習を積み重ねることによって広がったり深まったりし，その後の人生においても生きて働くものとなる。」

　さらに，多様な音や音楽文化の存在を知り，それらと様々な活動を通して関わることの有用性が示され，音楽文化に豊かに関わる能力の育成が音楽科の目標として示されている。
　「日々の生活やその生活を営む社会の中には，様々な音や音楽，音楽文化があり，人々の営みに直接，間接に影響を与えている。したがって，生活や社会の中の音や音楽，音楽文化と豊かに関わる資質・能力を育成することは，生徒がその後の人生において，音や音楽，音楽文化と主体的に関わり，心豊かな生活を営むことにつながる。生活や社会の中の音や音楽，音楽文化との関わり方には，歌う，楽器を演奏する，音楽をつくる，聴くなど様々な形があるが，そのいずれもが音や音楽，音楽文化を知り，支えることとなり，生活の中の音や音楽の働きを自覚し，音楽文化を継承，発展，創造することにつながる。このようなことから，音楽科の学習によって育成する資質・能力を生活や社会の中の音や音楽，音楽文化と豊かに関わる資質・能力とし，その育成を目指すことを音楽科の目標とした。」

　文化の継承・発展の視点からも音楽文化の理解の必要性が，次のように示されている。
　「グローバル化が益々進展するこれからの時代を生きる子供たちが，音楽を，人々の営みと共

に生まれ，発展し，継承されてきた文化として捉え，我が国の音楽に愛着をもったり，我が国及び世界の様々な音楽文化を尊重したりできるようになることも大切である。これらのことは，自己及び日本人としてのアイデンティティを確立することや，自分とは異なる文化的・歴史的背景をもつ音楽を大切にし，多様性を理解することにつながる。このような意味において，音楽文化についての理解を深めることは，本来，音楽科の重要なねらいであり，教科として音楽を学習する音楽科の性格を明確にするものである。」

　生活や社会の中の音や音楽，音楽文化と豊かに関わる資質・能力を育成にあたっては，学習のプロセスにおいて，生徒自らが学びの意味や価値などを認識すると共に，以後の学習や生活とどのように関わるのかを意識できるような指導の構想と実践が求められている。そのためには，個々の音楽現象の一面をみるにとどまらず多面的にみる，例えば，歴史や地理，くらし等の音楽の背景にあるものと音楽表現との関わり，あるいは他の音楽との比較等，複数の角度から捉えていくようなアプローチを取り入れることが有用である。それによって学習の深まりと広がり，活動の活性化が期待できる。これは，まさに ESD 的視点に立ったものの見方に繋がるといえよう。

　そもそも音楽文化に関わる学習では，個々の作品の音楽的現象を深く理解しようとする前に，まず様々な音楽の存在を知ること，音楽を感じること，それが踏み出しの第一歩であろう。音楽と人々のくらしの関わりは，どの時代，どの地域の音楽にもみられるものである。ある音楽を目の前にした時に，それを自分の感覚や体験と関連させてみる，また複数の音楽を比較していくことによってみえてくるものがある。そこから共通することや，その地ならではの固有な表現を見出すことができるならば，それは音楽文化に近づく手立てとなる。と同時に，多文化，異文化を受け入れることができるようになる素地の築きに繋がる。

　高等学校においても，今回の改訂では，伝統や文化に関する教育の充実が挙げられている。政治や経済，社会の変化との関係に着目した我が国の文化の特色（地理歴史），我が国の先人の取組や知恵（公民），武道の充実（保健体育），和食，和服及び和室など日本の伝統的な生活文化の継承・創造に関する内容の充実（家庭）等があり，芸術（音楽）では，「音や音楽と自分との関わりを築いていけるよう，生活や社会の中の音や音楽の働き，音楽文化についての理解を深める学習の充実を図る」と示されている。生活や社会における音や音楽の働き，音楽文化についての関心や理解を深めていくことについて，更なる充実が求められたものである。

　以上，新学習指導要領に示されたポイントを概観し，ESD 的視点に立った教育が，新学習指導要領に示された内容にどのように呼応しうるかをみてきた。幼，小，中，高と系統的かつ横断的な学びの積み重ねは，子どもたちの成長発達に非常に有効なものであり，音楽と他教科を繋ぐことで様々な角度からものを見ることができる。言い替えれば，個の成長という縦方向の広がりと体験を通したものの見方の広がりという横方向の広がりが螺旋状に進んでいくことは，次世代に向けた子どもの育みに繋がる。ESD 的視点に立った学習には，新学習指導要領に示された内容の実現に繋がる可能性が大いにあるといえる。

I－2　ESD（Education for Sustainable Development）
的視点に立つ教科をこえた学び
－科学の眼と感覚の眼－

　今日の国際化，価値感の多様化が著しい社会において，文化的背景や価値観の異なる様々な人々と互いの存在を認め合い持続可能な社会を築くことへ貢献できる人材の育成は，教育の今日的課題の一つである。学校教育では，自文化や異文化あるいは多文化に関する学習がその土台作りとして重要な位置にあり，各場面において指導の充実が求められる。子どもたちには「ものを見る眼，感じる眼」と「ものを総合的に捉える眼」を養うことが求められるのである。そこで，音楽を文化として捉える際に文化の背景にある現象を科学的な眼でみる，という教科をこえて行き来する双方向的な学びに ESD 的視点に立つ教育が見いだされる。

　さて，音楽作品は，そのほとんどが文化的背景をもつ。自然や地理をはじめ，歴史，言語，等の複数の要素は密接に関連しながら，文化的背景として音楽の生成や表現に関わり合っている（図 I－3）。したがって，色々な切り口から音楽にアプローチすることで音楽作品がもつ多様な側面を見い出すことができる。音楽を通じて文化の一端を垣間見るあるいは体験することができる。例えば，歴史や自然等の要素を切り口として音楽の生成や様相をみることができると同時に，音楽を切り口として背景にある種々の要素に目を向けていくことができる。このような双方向性を活かして，子どもの感性に訴えるような学習が実現されれば，自分たちの文化と共に，自らとは異なる文化観，価値観を受容する力に繋がるようなものをみる眼，感じる眼を養うことが期待される。

　ところで音楽を通した自文化や異文化の学習については，これまで様々な提言がなされ，実践研究も数多く行われてきた。諸外国の様々な音楽の視聴，世界の諸民族の音楽について文化交流を交えた体験的な活動等は国際理解，異文化理解に繋がる学習として，大いに注目されてきた。しかし，このような学習の計画や実践にあたっては，教師の個々の知識や技能，経験にゆだねられる部分が多く，小学校や中学校の音楽学習では，音楽表現の背景にある複数の文化的要素に言及するような踏み込んだ活動を行うことはなかなか容易ではない。教科を横断するような実践を重ねることにも難しさが伴う。学習が，音楽の表面あるいは背景にある要素の関連を表面的になぞる活動に留まり，その先に踏み込めないのである。音楽教育の研究者間においても，音楽科と他教科との連携の議論が活発であるものの，教育実践では課題が多い。「何をテーマとして」「誰が」「どこまで」「どのように」について具体的な策の提示が求められている。

　そもそも音楽の学習では，感覚的感受と知的理解の双方が必要であり，目の前にした音楽について「自分がどのように捉えるか，感じるか」ということと「それが，どのようなものであるか」の双方を常にみていく眼を育うことが必要である。

　文化理解というスタンスに立つ時，感覚的な捉え方と知的な捉え方をいかに融合させるかが課題となる。「自分がどのように捉えるか，感じるか」ということと「それが，どのようなものであるか」それらに加え，「当該の人々にとってはどのようなものなのか」という追及が求められるのではないだろうか。このことから，音楽を，歴史，自然，言語，地理等の自然科学・社会科

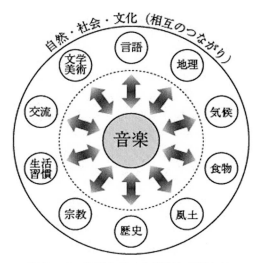

図Ⅰ－3　音楽と様々な要素との関わり

学的な視点から分析的にみることは，非常に有用であろう。音楽学習に科学的視点を導入することで，文化を見る眼，共感する眼を養うと同時に，「ものを感じる眼」「ものを考える眼」を養うことに貢献できると考える。

　では，環境問題の側面から ESD をみていこう。加藤他（2019）でも触れているように，IPCC（Intergovernmental Panel on Climate Change，気候変動に関する政府間パネル）（2013，2014）の第 5 次報告書は，地球温暖化は疑う余地がなく進行しており，人為起源の温室効果ガスの増加がその主要な原因であった可能性が高いこと，温暖化の上昇幅を最小限に留めるためにはかなりの緩和策が必要なこと等，第 4 次報告書よりも更に厳しい警告を行っている。従って，それらに関する的確な見識に基づき種々の考察を行なえる資質の育成は，持続可能な社会づくりのための教育である ESD（Education for Sustainable Development。「持続可能な開発のための教育」）としても重要である。更に，2015 年 9 月の国連総会では，「持続可能な開発のための 2030 アジェンダ」が採択され，17 の目標・169 のターゲットから構成される「持続可能な開発目標（Sustainable Development Goals, SDGs）」が設定された（UNESCO, 2017）。

　しかし，ESD で取り組むべき種々の分野間には，複雑な絡み合い，繋がり，多様性などがあり（日本ユネスコ国内委員会（2016）。この 2008 年初版のパンフレットも参照した），それらに目を向けながら全体としてのより良い解決の方向を探っていく力や，そのような思考を重んじる価値観のような，いわば基本的な「ESD 的視点」の涵養も不可欠である。また，SDGs のような具体的・個別的な行動目標が設定されたからこそ，逆に，小中高校での教育やそこで教える教師の教育のために，SDGs の目標全体の相互の関係等も見据え，「ESD 的視点」やそれに基づく「『異質な他者』を理解する力」（小林 2016；中澤・田淵 2014，他）の育成に繋がる教育プログラムの開発も必要となるものと考える。

　ところで気候教育は，「環境教育」，「防災・減災教育」，「気候変動教育」，等 ESD の各取り組みでの重要なベースの一つである（図Ⅰ－2）。しかも加藤他（2017）でも言及しているように，気候系は，種々の非線形的フィードバック，相互作用等の絡み合い，日々の大きな変動や多様性

で特徴づけられる。また，「文化理解・国際理解教育」における文化生成の背景の一つでもある。従って，「気候教育」を軸とする学際的連携は，ESD の個別の分野での重要性に留まらず，上述の「ESD 的視点」育成のためにも有効な教材を提供しうる一つの分野と考えられる。その際に，自分たちとは異なる背景を持つ社会・自然や人間への理解を促す視点を育む上で，科学的なデータの読み解きや，芸術作品・伝統行事などにみられる人々の感情等を想像するなど，敢えて，「身近でない気候環境や文化」を意識的に取り上げる学習も大変重要ではないかと考える。つまり，「もし自分がその場にいるとしたら……」という視点からの想像力も育むことを通して，上述の「『異質な他者』を理解する力」の涵養へ向けた一つの有効なアプローチを提示しうるのではと考えた。

Ⅰ－3　文化理解の眼を育む ESD 的視点の学習構想

　人々は，季節やその移り変わりと共に日々のくらしを営んでいる。世界には様々な自然環境があり，そのもとで暮らす人々がいる。気候や季節はおよそ 1 年を周期として繰り返され，人々も 1 年を周期として生活を営む。気候や季節の移り変わり，その変化の度合いについては地域による差異があるものの，それぞれの地域ならではの営みが毎年繰り返されているのである。また，時代によるくらしの様相の変化は大きいとはいえ，季節や気候が人々のくらしに大きく関わるものであること自体には，昔も今も違いはない。季節や季節変化は直接的，間接的に人々の日々のくらし方に関わり，ものの捉え方，心理にも影響を与えるのである。

　日々の生活の中で自然発生的に生まれた民謡や伝承歌には，気候や季節と人々のくらしが歌われているものが非常に多い。例えば，アジアとヨーロッパ気域における季節の歌，伝統的行事をみてみよう。アジアとヨーロッパとでは，一見類似した気候帯でありながら季節サイクルの微妙な違いがみられる。歌われているテーマにも共通点がみられると共に，その地域ならではのテーマがみられる。伝統的な季節行事や行事に伴う音楽についても同じようなことがいえる。音楽を文化としてみる時，多くの歌や行事の表現やその根底に共通にみられることと，お国柄，地域柄のような固有性の存在は，非常に興味深いものである。

　そこで民謡や伝統的な季節行事，行事に伴う音楽について，その地域の気候や季節現象，気候の変化等と突き合わせてみていくことで，当該地域の人々の季節感や生活習慣等，地域の独特な文化との関わりの一端を推し量ることができる。これは，科学の眼と感覚の眼を融合させた文化理解のための手立てとなる（図Ⅰ－4）。このような文化理解に向けた学習プログラムの構想にあたっては，例えば，気候・季節サイクルと生活文化の関わりを観点として，小学校から中学校へと系統的・発展的な学びを重ね，高等学校へと広げ深めていくルートが考えられる。さらには将来の教育者を目指す大学の学生の資質の向上を図ることも考えられる。このような取り組みは，「目の前にいる子どもたちのための育み」と「次世代の育みに向けた育み」の二つをリンクさせた実践に向けた学習方法の開発にも貢献しうる。

　そもそも自然環境は，ライフスタイルの様々な面で直接的・間接的に影響を及ぼすものであり，当該地域の人々が誰しも等しく関わるもの，恩恵を受け，時には被害を受けるものである。音楽という総合的かつ感覚的な分野と，気候という自然科学の分野の二方向からのアプローチを

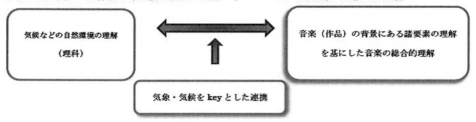

図Ⅰ－4　気象・気候と音楽の連携

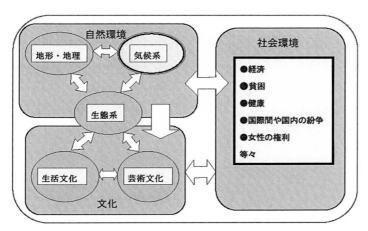

図Ⅰ－5　気候系と自然環境，社会環境，文化との繋がり

通して，人々が築いてきた音楽文化の一端を新たに整理し直し，さらにそれを子どもたちの文化理解の一助となるものを導くことができるであろう。また，様々な角度からものをみる眼を養う上で，気候系と自然環境，社会環境，文化との繋がりも注目される（図Ⅰ－5）。ここに学際的学習を通した「文化理解の眼を育む」ESD 的教育の可能性が見いだされよう。

第Ⅱ部

季節サイクルの中で捉える気候の特徴と生活の中で生まれた歌や伝統的な季節の行事にみる季節感 −ドイツ，日本，北欧を例に−

Ⅱ−1　季節サイクルの中で捉える気候の特徴と季節感

Ⅱ−1−1　中高緯度地域の気候や地域差を捉える視点

　気候環境は文化生成の重要な背景であり，中でも季節サイクルとそれによって特徴づけられる季節感は，中高緯度地域での気候環境を捉える重要な切り口の一つとなる。一方，極端現象も含めた日々の気象系やその変動は，広域的な基本場の季節サイクルというベースの上に何か別の要因が重なって生じたものである。逆に，そのような「日々の変動の振れ幅」も季節サイクルを特徴づける。従って，詳細な季節サイクルは，「極端現象も含めた日々の気象系やその変動の季節性」と「多彩な季節感が育む文化生成の重要な背景」の双方を深く捉えるための『共通基底』でもある（加藤・三好他 2015；加藤・加藤・大谷他 2017）。

　中高緯度地域では，地球全体で見ると，南中時の太陽高度や昼間の時間数の季節的違いに伴う気温の季節変化が大きい。しかも，中高緯度地域における日々の天気変化は，基本的には，低緯度側と高緯度側との大きな南北の温度差によって生じる温帯低気圧の周期的な東進などにより特徴づけられる。なお，このような温帯低気圧の通り道に関連して日々の前線の出現頻度が高いゾーンを「寒帯前線帯」と呼ぶが，夏には低緯度側の高温域がより高緯度側まで拡大し，冬には低緯度側まで後退するので，寒帯前線帯の位置は季節的に南北に振動する（冬には低緯度側，夏には高緯度側に）。これも，特に降水や卓越天気パターンの季節変化に大きく関わっている。

　しかし，特に北半球の中高緯度地域は，ユーラシア大陸，北米大陸とそれらの間に挟まれる太平洋や大西洋の存在により，東西方向の大規模な海陸のコントラストも顕著である。このような要因が加わるため，例えば，ユーラシア大陸の東端付近に位置し，上述の中緯度共通のシステムとアジアモンスーン双方の影響を強く受ける日本列島付近と，ユーラシア大陸の西岸に位置するヨーロッパとを比べると，季節サイクルの特徴には様々な差異・多様性が見られる。つまり，夏や冬の気温や降水量の値自体の違いの他に，サインカーブ（正弦波）的な春夏秋冬のサイクルからどのようにずれているか，等の季節サイクルの特徴の地域差は大きい（例えば，松井・小川編（1987）でも述べられているように，日本列島付近では，「四季」ではなく，梅雨や秋雨を含めた「六季」が季節の基本である）。

　ところで，加藤・加藤・大谷他（2017）も注目したように，一般に，気象・気候システムは

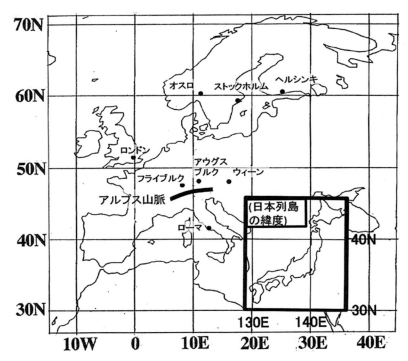

図Ⅱ－1　日本列島と比較したドイツ・オーストリア文化圏や北欧の位置。
対応する緯度帯に，同じ縮尺で日本列島の位置を太枠で囲んで挿入した。
参考までに，アルプス山脈の位置の概略等も示した。加藤・加藤（2014a）
の図に，北欧の地点も幾つか記入した。

種々の時空間スケールのシステムの複合体として構成され，それらの異なるスケール間で複雑に
種々の相互作用しながら，全体の現象は進行する。例えば，季節サイクルに関しても，気温や風
などの季節平均値がゆっくりと季節変化するだけでなく，そのようなベースの上に種々の変動を
もたらすシステムが生じる（年々の変動や，半月～1ヶ月程度の周期での季節内変動も含め
て）。従って，それぞれの季節の特徴やその移り変わりを把握する際には，単に平均的な場の移
り変わりだけでなく，その中での種々の変動，いわば，『幅を持つ季節』にも注目する必要があ
る。

　そこで本書では，そのような観点から中高緯度地域の中での季節サイクルの多様性を把握する
ための例として，日本列島，ドイツ，北欧を取り上げる。なお，ドイツや北欧の地理的関係や，
気候データを参照する地点等を記したものを図Ⅱ－1に示す（加藤・加藤（2014a）による図を
改変）。加藤・加藤（2014a）でも述べたように，ドイツのフライブルクやアウグスブルク，
ウィーンは，北海道よりも高緯度側に位置する。日本列島付近でいえば，サハリン南部に対応す
る緯度である。また，南国というイメージを抱くことが少なくないイタリアのローマも，実は，
東北地方の北端付近の緯度である。また，九州は，ヨーロッパ側ではなくアフリカ側の緯度であ
ることにも注意したい。

Ⅱ−1−2　日本とドイツの季節サイクルと季節感の比較（概要）

　加藤・加藤（2014a）でも解説したように，中緯度に位置し，しかも地球規模でのアジアモンスーンの影響も顕著に受ける日本付近での季節サイクルは，梅雨や秋雨を含む明瞭な六季として特徴づけられる。しかも，緯度の割に夏は高温多湿で冬は低温であり（日本海側では大雪），また，地球全体で見ると亜熱帯高圧帯で本当なら砂漠になってもおかしくない緯度帯にありながら，上述のアジアモンスーンの影響で，ヨーロッパに比べても多量の降水がもたらされる。

　更に，これら六季の間に独特な特徴を持つ遷移期（いわば中間的な季節）が挟まり，卓越天気パターン等の変化も含めて，1ヶ月単位ぐらいで急激に季節の特徴が遷移する（図Ⅱ−2，図Ⅱ−3）。これは，シベリア，南アジア，北太平洋高緯度域，北太平洋低緯度域という4つのアジアモンスーン・サブシステムに対応する地域の間での季節の進行が何ヶ月もずれており，しかも日本付近は，それら4つの「サブシステム」の「接点」に位置するためと考えられる（以上，松井・小川　編（1987），松本（1993），加藤・加藤・別役（2009），加藤・加藤・赤木（2011），Murakami and Matsumoto（1994）なども参照）。

　哲学者の和辻（1935）は，このような気候の特徴を持つ日本の風土を，「熱帯的・寒帯的の二重性格」と述べている。また，季節感は日本古典文学に欠くことの出来ない要素の一つであり，「季節と恋は日本古典文学の要（かなめ）で，その恋ですら，近世・江戸時代に町人層が文学の担い手となるまではいつも季節の風物に彩られた恋」と高橋（1978）が述べている（本稿の著者が抜粋・要約）。更に，日本の古典文学や絵画等では，「季節の移ろい方」自体にも強い関心が注がれている（例えば，菱田春草《四季山水図》（1910年，東京国立近代美術館所蔵），兼好法師『徒然草』第19段（をりふしの移り変はるこそ，……），同第155段，各勅撰和歌集の季節の歌を集めた巻の作品の順番，等。加藤・加藤（2014a）も参照）。従って，日本列島付近では，夏と冬の大きな季節的コントラストには勿論，1ヶ月単位ぐらいで細切れに大きく季節の特徴が遷移することにも注目する必要がある。

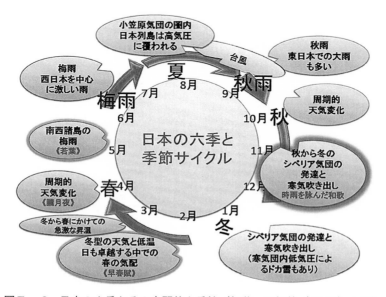

図Ⅱ−2　日本の六季とその中間的な季節（加藤・三好他（2015）より）。

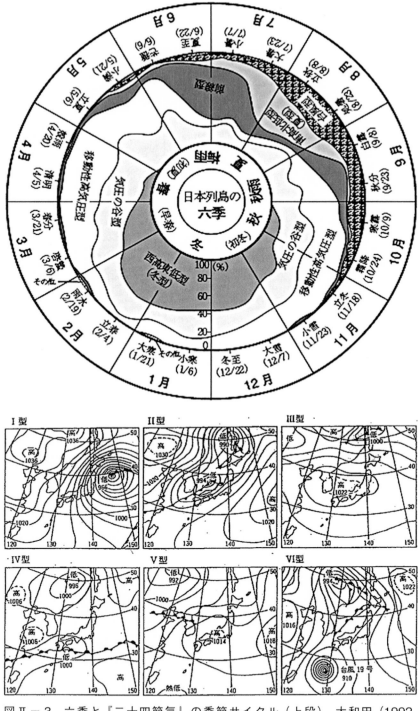

図Ⅱ-3　六季と『二十四節気』の季節サイクル（上段）。大和田（1992,
1994）が，1979～1990年の毎日の天気図に基づき，下段のⅠ：西高東低型
（冬型），Ⅱ：気圧の谷型，Ⅲ：移動性高気圧型，Ⅳ：前線型，Ⅴ：南高北低型
（夏型），Ⅵ：台風型の各気圧配置型について旬毎に集計した出現頻度の季節変
化（％）も併せて示す。上段は，大和田（1994）の図から値を読み取り加藤・
加藤（2014a）が作成した図。また，下段は大和田（1992, 1994）から引用。

　一方，ドイツ文学者の宮下（1982）や小塩（1982）によれば，ドイツでは基本的に夏と冬の二つであり，春や秋は，その長い冬と夏の間の短い遷移期として季節が捉えられている点を指摘している。更に，哲学者の植田（1983）は，歳時記という観点からも，冬と夏との交代劇という季節の捉え方が見られる点を指摘している。その記述に基づき纏めれば，冬から夏への交代は，「冬至が冬の極点」であり，クリスマスの「キリスト誕生という希望の芽生えに具体化され」，その「希望を抱いて冬の過酷さに耐え」，「しだいに近づく春の中でその冬を追い出す『冬の送り・夏迎え』の行事がくり返され，ついに復活祭を迎える。」というステップになるという。なお，このような冬の追い出しの行事は，ドイツ語文化圏では「ファスナハト」（Fasnacht）と呼ばれ（武田（1980）の著書や植田・江波戸（1988）の映像や解説も参照），復活祭を迎える1ヶ月ほど前のまだ寒さの底が続いている時期に行われる（Ⅱ－1－3節の図も参照）。

　そこで，上記のようなドイツ付近の季節感の背景となる気候について，冬の過酷さ，夏の特徴，冬から夏への季節の交代期，に関する視点を中心に次節で考察する。なお，日本の気候に関してはⅡ－1－4で述べるが，次節でも必要に応じて比較を行なう。

Ⅱ－1－3　ドイツの気候，季節の移り変わりと季節感

　本節では，主に，加藤・加藤（2005，2011）や加藤・加藤（2014a），及び，加藤・加藤・大谷他（2017），濱木他（2018），等の内容に基づき，ドイツ付近（特に中南部を中心に）の気候，季節の移り変わりと季節感に関して再体系化する。加藤・加藤・大谷他（2017）や濱木他（2018）における大気場の解析では，主にNCEP/NCAR再解析データ（2.5°×2.5°緯度経度格子点。Kalnay et al. 1996）が使用されている。なお，第Ⅱ部で提示する気象・気候に関する解析図は，第Ⅲ部で紹介する授業実践で用いた教材のベースとして，大学の授業等で使用するための書込みが入った状態で掲載したものも多い。

（1）ドイツ付近の気温の季節サイクルと冬の過酷さについて

　図Ⅱ－4は，冬の気候学的な地上天気図を，20°N以北の北半球全域について示す。冬の日本付近では，その西方のシベリア高気圧と東方のアリューシャン低気圧とに挟まれて，南北に走る等圧線が混み合っており，北寄りの季節風が卓越していることが分かる。一方，大西洋には，グリーンランド南端～アイスランド付近に中心域を持つ「アイスランド低気圧」と呼ばれる低気圧が形成され，その南側には「アゾレス高気圧」と呼ばれる亜熱帯高気圧的な性質を持つ高気圧がある。従って，ドイツ付近には，平均的なアイスランド低気圧の南東縁を西南西ないし南西の風に乗って，大西洋の相対的に暖かい空気が吹きこみやすい。このため，図Ⅱ－5の，理科年表に基づく各地の気候学的な月平均気温の季節変化（℃）に示されるように，緯度が高い割に，ドイツ付近の冬の平均気温は極端には低くない。具体的には，ドイツ付近での冬の気温は確かに九州～関東よりも低いが，気候学的な平均値としては，数℃少々低いのみである。

　しかし，図Ⅱ－6の，ドイツ中南部付近（50°N/10°E）と日本列島付近（35°N/135°E）における日平均地上気温の各年の時系列を，2000/01～2010/11年冬の11年分について重ねた図で示されるように，ドイツ付近での日々の日平均気温の変動は，年間を通して日本列島付近よりも大きく，冬にはとりわけ変動が大きい。なお，今述べた気温の大きな変動は，日々の高低気圧の

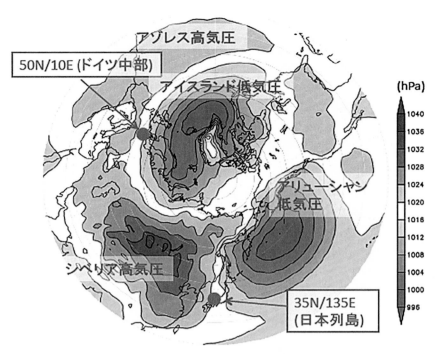

図Ⅱ－4　1971 ～ 2010 年で平均した 1 月の月平均海面気圧の分布（hPa）。濱木他（2018）を改変。図Ⅱ－6で取り上げた地点の位置も示す。カラー版は口絵を参照。

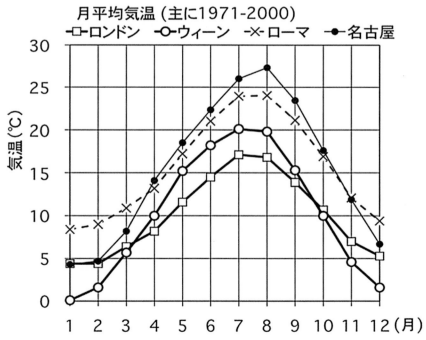

図Ⅱ－5　理科年表に基づく気候学的な月平均気温の季節変化（℃）。ウィーン，名古屋は 1971-2000 年，ロンドンは 1971-1998 年，ローマは 1971-1991 年の平均を示す。加藤・加藤・大谷他（2017）より引用。

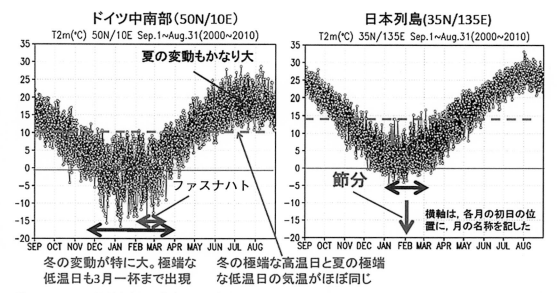

図Ⅱ−6　日平均地上気温（℃）の時系列を，2000/01 〜 2010/11 年について，冬が横軸の中央になるように 11 年分重ねたもの。ドイツ中南部の 50°N/10°E（左図）と日本列島付近の 35°N/135°E（右図）について示す（位置は，図Ⅱ−4 を参照）。ファスナハトや節分祭の行われる時期も大まかに矢印で示した。加藤・加藤・大谷他（2017）より引用。

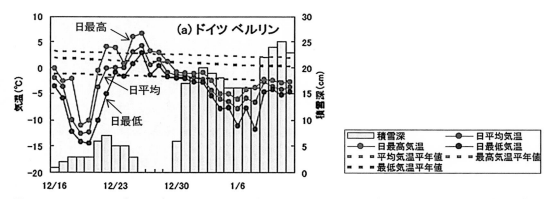

図Ⅱ−7　ベルリン（ドイツ）における 2009 年 12 月 16 日〜 2010 年 1 月 12 日の日々の気温（℃，左端の目盛）や積雪深（cm，右端の目盛）の時系列（図の右側の凡例を参照）。気温に関しては，実線が実測値で，破線が平年値を示す。気象庁『報道発表資料』（2010 年 1 月 13 日付）より抜粋引用。

変動よりはゆっくりと変動する季節内変動や，年々の変動も成分も含む。しかも，その変動に伴って，日平均気温が−10℃〜−15℃程度の極端な低温日も時々出現していた（最低気温ではなく日平均気温でも，このような低温日が出現する点に注意）。

　ところで，気象庁本庁のホームページには，世界の異常気象に関する速報も掲載されており，ヨーロッパでの顕著な寒波に関する資料も時々見られる。例えば，平成 22 年（2010 年）1 月 13 日付の『報道発表資料』では，2009 年 12 月〜 2010 年 1 月初めにかけてのヨーロッパ（図Ⅱ−7 に例示），シベリア〜東アジア，北米における異常低温のイベントが，また，平成 24 年（2012 年）2 月 6 日付の『報道発表資料』では，2012 年 1 月後半頃のユーラシア大陸一帯での異常低温

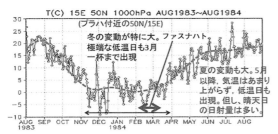

図Ⅱ－8　50°N/15°E（プラハ付近，左図）と37.5°N/140°E（日本付近：東北南部，右図）の日平均地上気温の時系列例（℃）。1983年8月～1984年8月について示す。太い破線は，半月から1ヶ月程度の周期での季節内変動や日々の短周期での変動を平滑化して，季節経過の様子を見やすくするために，手動で書き入れた（時系列からこのように複数の時間スケールの現象の絡み方を読み取る指導の一環として，アナログ的に人が移動平均を行ったことに対応）。加藤・加藤・大谷他（2017）より引用。

について報告されている。これらの図を見ると，極端な低温日の出現は，1週間～半月程度の「季節内変動」の時間スケールでの持続性を持って現れていた。

　もちろん，九州～関東にかけての平野部においても，顕著な寒波の際には日平均気温が0℃を下回る日は皆無ではない。しかし，ドイツ付近で見られるような極端な低温日は，九州～関東の平野部では現れない。つまり，ドイツ付近では，このような極端な低温日が冬を通して毎日のように出現するわけではないものの，「異常気象として時々は出現」することが，そこでの「冬の厳しさ」という季節感にも大きな影響を与えている可能性が示唆される。なお，ドイツ付近でのこのような大きな日々の気温変動に伴う極端な低温日が出現しやすい期間は，12月初め頃～3月末頃と長かった。冬に関する日々の気温が大きく変動する期間は，図Ⅱ－8の1983/84年における日平均気温の時系列例も併せて参照すると，季節的な平均気温がほぼ「底」になる12月初め頃から3月前半頃までの期間とほぼ一致していることが分かる。従って，ファスナハトは，「平均気温の『底』で，大きな日々の変動に伴う極端な低温日の現れやすい季節」が終わる約1ヶ月前頃に行われることになる。言い換えれば，長い「底」を持つ厳しい冬が「やっと間もなく終わるかも」（「もう終わって欲しい」），という時期にファスナハトを行うことで，自分たちも「冬に対する夏（春）の勝利」を見届けられる気持ちになるのかも知れない（Ⅱ－2－1も参照）。

　一方，ドイツ付近での日々の気温の大きな変動は，夏の季節感の日本列島付近との違いにも通じうる。ドイツ付近では，日平均気温でみて冬の極端な高温日と夏の極端な低温日がほぼ同じような気温である（10℃強）。つまり，九州～関東に住む感覚では，「夏とはとても言い難いような状況」も，時々は現れることになる。

　また，図Ⅱ－9に示されるように，「冬の日々の大きな変動に伴う極端な低温日の出現」という上述の特徴を持つ領域は，アルプス山脈～北欧付近，及び，ギリシャ・トルコ付近，ロシア西部付近でみられた。一方，夏には，高緯度地域でも，ドイツや北欧よりも更に内陸側（東側）の方が，平均的には気温は高かった。しかし，高緯度地域の夏の日々の気温の変動はドイツ・北欧以東でより大きく，それを反映して，夏のドイツから更に高緯度の内陸域では平均気温はある程度高くなるものの，「夏にしては低温」の日もしばしば現れやすいことになる。

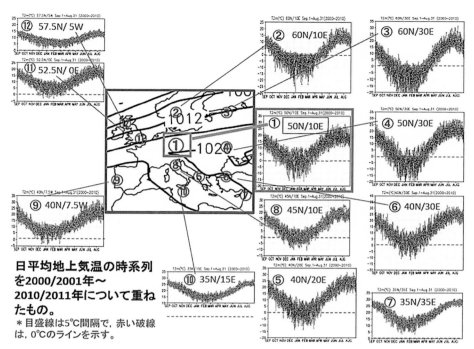

図Ⅱ−9　日々の変動幅も含めた気温の季節サイクルの特徴の地域比較。図中に番号で示
　　す地点の格子点データに基づき，日平均地上気温（℃）の時系列を2000/01〜
　　2010/11年について重ねたものを示す（濱木他（2018）より引用）。横軸には，各月
　　の初日の位置に月名を記した。9月1日〜翌年の8月31日まで示す。また，それぞれ
　　の地点のグラフの0℃のレベルを，破線で示した。なお，地点の分布を記した真ん中の
　　図の太い実線は，1971〜2010年の1月で平均した海面気圧分布（hPa）である。

（2）ドイツでの冬の極端な低温日の出現と大気循環場

　気候学的な月平均の海面気圧分布の季節経過を図Ⅱ−10に示す。ドイツ付近での極端な低温
日の出現時期が終了する3月終わり頃は，図Ⅱ−4でも述べた冬のアイスランド低気圧と呼ばれ
る低気圧が消滅する時期にほぼ対応する（冬にヨーロッパの北西方に伸びる，低圧域の広がりの
季節経過を参照）。図Ⅱ−4に関連しても述べたように，冬のフランス，ドイツ，北欧付近は平
均場には上述のアイスランド低気圧の南西縁に位置し，平均的には西南西ないし南西風による暖
気の侵入のため，緯度が高い割に気温は比較的高く保たれやすい筈である。

　しかし，桑名他（2016）や濱木他（2018）が指摘したように，アイスランド低気圧の中心の位
置や強さ，広がりは，数日〜1週間程度の短い時間スケールでの変動（「短周期変動」）に加え
て，1ヶ月程度の周期での「季節内変動」と呼ばれる変動も大きい。例えば，図Ⅱ−11のドイ
ツ付近を通る経度での2000年を例とする海面気圧の時間・緯度断面図によれば（11日移動平均
により，それよりも短い周期の変動を平滑化），ドイツ北方の60°N以北では（北欧〜その北西
方），1月上旬頃，1月終わり頃から2月上旬，及び，3月上旬頃を中心に，アイスランド低気圧
に対応する低圧域が1ヶ月程度の周期で現れている。しかも，そのような季節内変動としての低
圧域の出現に対応して，日々で見ても強い低気圧（大きな黒丸）がより多く出現していた。

　ドイツ付近での日々の気温は，単に前者の短周期変動だけでなく，アイスランド低気圧の季節

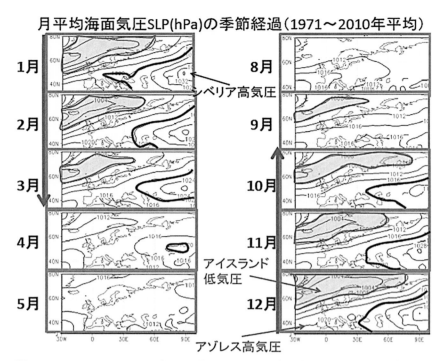

図Ⅱ－10　1971～2010年で平均した月平均海面気圧の季節経過（hPa）。
1008hPa以下の領域に，アイスランド低気圧の勢力範囲の目安として影をつけ
た。また，シベリア高気圧の勢力範囲の目安として，1020hPaの等圧線を太く
なぞった。加藤・加藤・大谷他（2017）より引用。

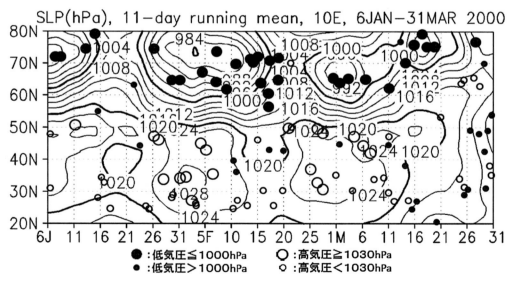

図Ⅱ－11　2000年1～3月における，ドイツ付近を通る10°Eに沿う11日移動平均海面気圧
の時間緯度断面図（hPa）。0～20°Eに存在した毎日の00UTCにおける地上の高低気圧の中
心の位置を重ねた（UTCは世界協定時で，00UTCが日本標準時の09時に対応）。横軸は，1
月6日から3月31日までの日付を示す（月名はアルファベットで示し，J：1月，F：2月，
M：3月である）。日々の高低気圧の中心の緯度は，低気圧中心を黒丸，高気圧中心を白丸で示
した。また，図の下端の凡例で示される中心気圧に基づき，強い低気圧を大きな黒丸，強い高
気圧を大きな白丸で示した。桑名他（2016）の図を改変。

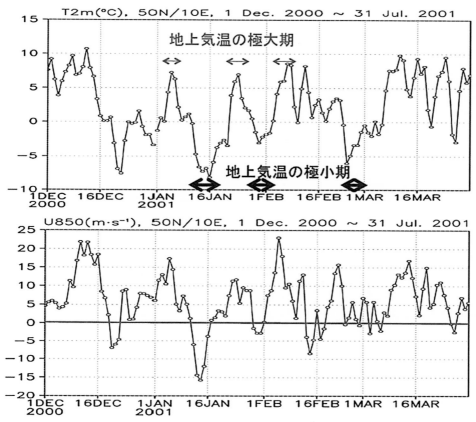

図Ⅱ－12 2000/2001年冬について，ドイツ中南部付近の 50°N/10°E における日平均
の地上気温（℃）と，海抜約 1.5km（気圧が 850hPa になる高さ）における風の西風成
分（m/s. 正値が西風（西から東へ吹く風）），の時系列。1月～3月前半頃の1ヶ月程度
の周期で現れる気温の極大期を細い両矢印，極小期を太い両矢印で示す。濱木他（2018）
の図より改変。

内変動にも大きな影響を受けている。例えば，図Ⅱ－8（左）で示したように，ドイツ付近の冬
における日平均気温の顕著な極小がくり返されているのが，半月～1ヶ月程度の間隔である点に
も注意したい。濱木他（2018）は，ドイツ付近の気温の変動とアイスランド低気圧の季節内変動
との関係について，別の年の冬を例に考察した。図Ⅱ－12は，2000/2001年冬を例に，ドイツ
中南部付近の 50°N/10°E における日平均の地上気温と海抜約 1.5km における風の西風成分の時
系列を示したものである。1ヶ月程度の周期での地上気温の「極大期」に対応して，西風（正値）
が大変強まっていることが分かる（図中の両矢印を参照）。逆に「極小期」には，西風は強くな
く，東風が強い（負値）こともあった。

これらの季節内変動での気温の「極大期」，「極小期」でそれぞれ平均した海面気圧や，海抜約
1.5km での気温と風の分布を図Ⅱ－13に示す。気温の「極大期」には，地上のアイスランド低
気圧の中心がイギリスのすぐ西方に東偏し，その南東縁でドイツ付近まで西南西ないし南西の下
層強風が卓越していた。この風に伴う暖気の侵入（専門用語で「暖気移流」）により，ドイツ付
近も高温が維持されていたものと考えられる。一方，「極小期」には，アイスランド低気圧の中

27

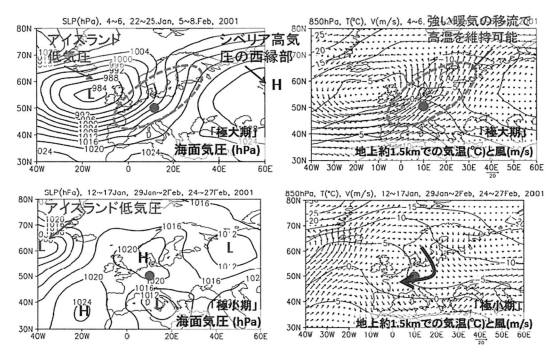

図Ⅱ－13　ドイツ付近における気温の季節内変動の「極大期」，「極小期」でそれぞれ平均した海面気圧（hPa，左側）や，海抜約1.5kmでの気温（℃）と風ベクトル（m/s）（右側）の分布。上段が「極大期」，下段が「極小期」。濱木他（2018）の図より改変。

　心はグリーンランド南部付近にあり，ドイツ付近は，イギリス～バルト海付近に中心を持つ高気圧の南東縁に位置しており，「極大期」のような顕著な暖気の侵入は見られなかった（むしろ，東寄りの風による弱い寒気の流入あり）。

　ここで注意したいのは，ドイツ付近は，北緯50°前後とサハリン中部の緯度に対応し，日本に比べるとかなり高緯度である点である。しかも，ドイツが大西洋に近いとは言っても，やはり暖まりやすく冷えやすい内陸側でもあるので，冬の気温はかなり低下してもおかしくない筈である。にもかかわらず平均的には，アイスランド低気圧に関連した西南西ないし南西の風による暖気の流入が，辛うじて極端な寒さにならずに済む重要な要因の一つであろう。その中で，ドイツ付近での極端な低温日もしばしば出現するのは，「上述のようなアイスランド低気圧の顕著な季節内変動の中で，その直接的影響が弱まるステージにおいてのみは，『高緯度大陸の冬の本来の寒さ』が戻りうる。」という気候学的背景を反映したためと考えられる。但し，ドイツ付近で，季節内変動に伴って「高緯度大陸域の冬の本来の寒さが戻る」プロセスについては，今後の更なる研究が必要である。また，日々で見るとアイスランド低気圧はドイツ付近の気温の低下を妨げる働きをするにも関わらず，ドイツ付近で極端な低温日が出現しなくなる時期が，季節進行の中でのアイスランド低気圧の消滅のタイミングと一致する点も大変興味深い。

（3）ドイツの春・５月と夏の気候：日々の気温の変動幅にも注目して
　加藤・加藤（2014a）の前著でも触れたが，ドイツ語文化圏でも春を取り上げた歌や文学作品

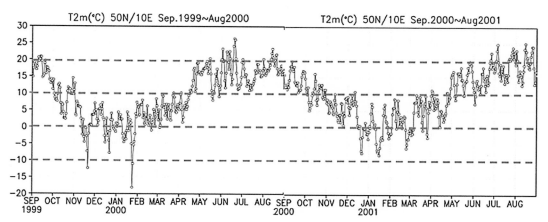

図Ⅱ−14　ドイツ付近の50°N/10°Eにおける地上の日平均気温の時系列（℃）。1999年9月1日〜
2001年8月31日について示す。横軸には，各月の初日の位置に月名を記した。また，10℃毎に目
盛線を付した。6〜8月でも，日平均気温25℃程度が日々の変動の上限であり，逆に，10℃程度の
日も少なくない点に注意。加藤・加藤・濱木（2015）による口頭発表資料を改変。

は多く，その中でも5月は，特筆すべき時期の一つである。それで，ドイツ語文化圏で「春」と
いえば，何といっても「5月」を指すことも少なくない。例えば，〈詩人の恋〉第1曲目《美し
き5月に》（ハイネ詩／シューマン曲）はその代表例の一つであり，また，文学においても，
シュトルム・ウント・ドランク（疾風怒濤）に関連した作品の典型的な一例として，"Mailied"
《5月の歌》（ゲーテ　詩）なども挙げられる（ドイツ文学史の詳細については，手塚（1963）等
に詳しい）。なお，前著でも加藤・加藤（2005，2011）等に基づき，ドイツ付近の5月やその後
の夏の気候の特徴について述べた。しかし本書では，その後の研究によって見えてきた新たな視
点で，ドイツ付近の夏の特徴や，それも踏まえた春・5月の気候について述べたい。

（a）ドイツ付近の夏の気温
（1）で示した図Ⅱ−5のウィーンの月平均気温，あるいは図Ⅱ−6のドイツ中南部付近での
日々の気温の変動の季節経過によれば，ドイツやオーストリア付近では4〜5月頃に気温は急激
に季節的に上昇するが，6月以降の気温の季節的上昇はあまり見られない（日本列島では，梅雨
明け後の盛夏期に向かって，6月以降も平均気温の大きな上昇が続く）。つまり，ドイツ付近で
は，6月になると，九州〜関東の盛夏よりもかなり低い「平均気温20℃程度での夏本番」にな
る。

しかも，（1）でも述べたように，ドイツ付近では冬の極端な高温日と夏の極端な低温日の日平
均気温がほぼ同じような値である。また，図Ⅱ−14の日平均気温の時系列で例示されるように，
ドイツ付近での夏の極端な低温日（10℃近くまで気温が低下する期間）は，数日から1週間程度
の持続性を持って半月から1ヶ月程度の間隔で現れることも少なくない（図Ⅱ−8（左）に例示
した別の年の例も参照）。なお，このような持続性あるいは出現周期は，前述の「季節内変動」
の時間スケールに対応する。つまり，ドイツ付近では，たとえ夏といっても，季節内変動に伴っ
て，九州〜関東の4月や11月頃の平均気温に対応する気温になることも珍しくないわけである。
ところで，桑名・加藤（2018）は，ドイツ北方からスカンディナヴィア半島付近にかけて，中

心が相対的に暖かい高気圧と相対的に冷たい低気圧との季節内変動スケールでの交代が6〜8月を通して見られたことを，2000年における事例解析に基づき指摘した（学会の口頭発表の段階であるが）。加藤・加藤（2011）は，ドイツ付近の夏を通して半月〜1ヶ月程度の季節内変動の周期で現れる「低温期間」と「高温期間」において，それぞれドイツ付近は，中心が相対的に冷たい低気圧（上空ではもっと強い低気圧），中心が相対的に暖かい高気圧（上空ではもっと強い高気圧）に覆われていたことを1992年の事例解析により指摘した（表Ⅱ−1と，図Ⅱ−15（「低温期間」），図Ⅱ−16（「高温期間」））。

夏の季節内変動としてのこのような「低温期間」が，どのような広域的な季節的背景に関連し

表Ⅱ−1　1992年夏について抽出した低温期間と高温期間のリスト。UTCは協定世界時で，日本標準時の09時が00UTCに対応する。加藤・加藤（2011）より引用。

低温期間	高温期間
6月5日12UTC〜6月12日12UTC	5月30日00UTC〜6月2日00UTC
6月18日12UTC〜6月21日12UTC	6月26日00UTC〜7月3日00UTC
7月4日12UTC〜7月14日12UTC	7月18日00UTC〜7月23日00UTC
7月25日12UTC〜7月28日12UTC	8月1日00UTC〜8月11日00UTC
8月12日12UTC〜8月16日12UTC	

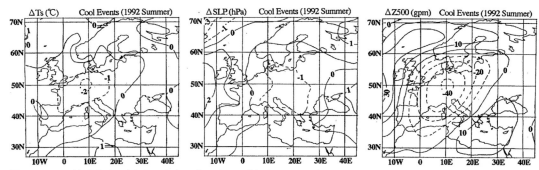

図Ⅱ−15　地上気温（左図，℃），海面気圧（中央図，hPa），500hPa等圧面高度（右図，gpm）の5日移動平均値から30日移動平均値を引いた偏差場の，『低温期間』での合成。1日4回のデータに基づく。いわば，季節変化成分を引いた偏差場の合成に対応する。なお，gpmという単位は，ほぼm（メートル）に対応する。加藤・加藤（2011）より引用。

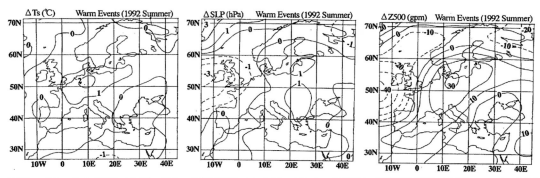

図Ⅱ−16　地上気温（左図，℃），海面気圧（中央図，hPa），500hPa等圧面高度（右図，gpm）の偏差場の，『高温期間』での同様な合成。加藤・加藤（2011）より引用。

て出現するのか，更に具体的なメカニズムを調べる必要があるが，ドイツ付近の夏は，気温の高い状態がずっと継続するわけではなく，このような季節内変動に関連して，夏の割にかなりの低温となる期間の出現も少なくない点に注意が必要であろう。

（b）ドイツ付近の夏の降水

　ドイツ中南部のアウグスブルク，及び，九州の長崎，関東の東京における，気候学的な月降水量，雷日数，霧日数の季節変化を図Ⅱ－17に示す（アウグスブルク：1931 ～ 1960 年の平均，長崎や東京：1971 ～ 2000 年の平均）。また，それぞれの統計期間における平均月降水量を平均降水日数（ここでは，1mm/日以上の降水があった日数とした）で除した，いわば，「ひと雨あたりの日降水量」の平均値も示した。

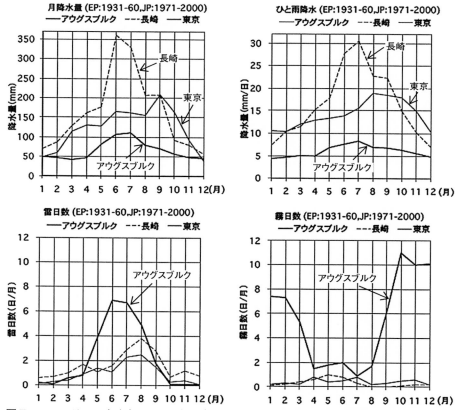

　　図Ⅱ－17　ドイツ中南部のアウグスブルク，及び，九州の長崎，関東の東京における，
　　　気候学的な月降水量（左上），雷日数（左下），霧日数（右下）の季節変化（アウグス
　　　ブルク：1931 ～ 1960 年の平均，長崎や東京：1971 ～ 2000 年の平均）。また，そ
　　　れぞれの統計期間における平均月降水量を平均降水日数（ここでは，1mm/ 日以上の
　　　降水があった日数とした）で除した，いわば，「ひと雨あたりの日降水量」の平均値
　　　も示した（右上）。用いたデータの詳細は，加藤・加藤（2005, 2011）を参照。な
　　　お上段は加藤・加藤（2011）からの引用。下段は，加藤・加藤（2005, 2011）で
　　　示したアウグスブルクのデータに，理科年表に基づく長崎，東京におけるデータを追
　　　加して，グラフを作成した。

加藤・加藤（2014a）でも述べたように，ドイツ南部のアウグスブルクでは，5～8月の降水量は4月までに比べて2倍前後に増加する。これは，降水日数が6月，7月頃をピークに多少増加することと，ひと雨あたりの日降水量が4月までの約1.5倍程度に増加することを反映している。但し，暖候期に降水が増加するとはいえ，ひと雨あたりの平均降水量は5～8月で約7～8mm/日，月降水量も100mm程度である。一方，九州の長崎では，6月にはひと雨平均で約25～30mm/日の降水があり，月降水量は300～350mmに達する。集中豪雨の頻度は低い東日本側でも，梅雨期のひと雨あたりの平均降水量は約13mm/日とアウグスブルクの約2倍あり，月降水量もアウグスブルクの約1.5倍ある。また，長崎では，梅雨に入る前の5月でも，ひと雨あたりの降水量は約17mm/日あり，アウグスブルクの5月に比べるとかなり多い。

　しかし興味深いことに，アウグスブルクでは，月降水量，ひと雨あたりの降水量ともに長崎や東京に比べて少ないのに，5月～8月頃の雷日数は，長崎や東京よりもかなり多い。雷雨は時空間的な集中性の強い積乱雲のような対流性の雲に伴って起きるが，もし，そのような対流性の雲が同じような場所で頻繁に発生・発達を繰り返して何時間も持続すれば，総降水量も多くなる筈である（九州付近の梅雨期に頻繁に生じる集中豪雨のように）。しかし，ドイツ付近でのその時期の気候学的な総降水量は多くなく，恐らく，「一過性だが激しい降水」の起きる頻度が暖候期に増加することを反映したものと考えられる。

　なお，対流性の雲は大気の状態が不安定な時に発生する。地上付近に暖かい湿った空気が流入したり，地面が日射で強く暖められたりした場合だけでなく，上空に冷たい空気が流入しても不安定になりうる。もし，上空に冷たい空気が流入した状況で地面付近の空気が日射等で暖められると，双方の過程が重なって激しい対流が起きてもおかしくないような不安定な状態になり得る。（a）で述べたように，ドイツ付近の夏を中心とする季節には，中心に冷たい空気を持つ低気圧と暖かい空気を持つ高気圧とが半月～1ヶ月程度の周期で交代し，地上の気温もそれに関連して大きく変動する。従って，顕著な前線や低気圧に関連した激しい現象だけでなく，上述の季節内変動に伴って気温がかなり低い時期に，あるいは，地上付近の気温がより高く湿度も高い時期に，もし地上付近だけ日射で強く加熱される場合には，他の要因と重なれば一過性の雷雨などが生じてもおかしくない。

　ところで，シュトゥルム・ウント・ドラング（直訳すると，「嵐と襲撃」。「疾風怒濤」と訳されることもある）という思想・文芸運動の代表作の一つにゲーテの『若きヴェルテルの悩み』（"Die Leiden des jungen Werthers"）[注1]がある。その中で，「ヴェルテルと（婚約者のいる）ロッテとが心ゆくまで踊った舞踏会に雷雨がおとずれ，やがてそれがやんでいくところを，この若い二人が窓際に立って眺めたとき，ロッテが目に涙をうかべて，『クロプシュトック！』とひと言言った」というシーンがある（「　」内は，手塚（1963）より引用。但し（　）内は筆者が補足）。

　手塚（1963）で詳しく紹介されているように，2人は，クロプシュトックの『春の祝典』という詩を思い浮かべて共感し合っている。クロプシュトックは，当時の知的青年層にとっての「感情の解放の象徴」であり，『春の祝典』は，とりわけその代表的な詩の一つだったという（手塚1963）。気象・気候に関連して特に注目したいのは，『若きヴェルテルの悩み』の上記のシーンでは，舞踏会途中の雷雲がまだ遠くにある段階の描写から始まり，突然に稲妻や雷鳴が近づいて来

て舞踏会の現場の混乱する様子，雷雨が去った直後の空気の描写の中に上述の2人の様子が見事に描かれている点である。更に，この舞踏会は，6月半ば頃に行なわれたもので，まさに，図Ⅱ－17（左下）で述べたような，気候学的にはドイツで降水量の割に雷日数が多く，また，Ⅱ－1－3（3）（a）で述べたようにその季節の日平均気温の変動も大きい季節であることが興味深い。しかし，ドイツ付近の夏の気温の大きな季節内変動と関連する大気過程や上記の気候学的降水の特性との関連の理解，及び，文学や歌などの作品に表現された夏の季節感の分析例の蓄積は，今後の興味深い更なる研究課題と考える。

（注1）　"Werther" という人名の邦訳について，英語的に「ウェルテル」と表記することも多いが，本書では「ヴェルテル」を採用した（日本人にとっては，「ヴェルター」という発音に聞こえることも多い）。なお，本書で参照した邦訳では，『若きエルテルの悩み』という題名になっている（竹山道雄訳，岩波文庫，1951年に第1刷。本書では1976年の第31刷を参照）。

（c）季節進行の中で見るドイツの春・5月の位置づけ

図Ⅱ－18に示されるように，ドイツ付近では日平均の晴天時の日射量は3月頃から継続して増加し，4月～5月初め頃には35°Nでの春分過ぎのレベルに達する。また，太陽高度45°以上の時間数（太陽が真上から照る場合の，sin45°倍つまり約7割以上の強い日射を受ける時間帯）も，4月から5月初め頃にかけて急激に増加する。ところで，いくら太陽が高い高度から長時間当たっても，雲などに遮られていれば地上に注ぐ日射量は少なくなる。しかし，図Ⅱ－17（右下）に示されるように，ドイツのアウグスブルクにおける霧日数は4月頃から急に少なくなる。また，加藤・加藤（2011）によれば，4月～8月頃のアウグスブルクでは，名古屋の4，5月とほぼ同じ45～50％程度の日照率を示すという。梅雨期の名古屋の日照率が35％近くなので，そ

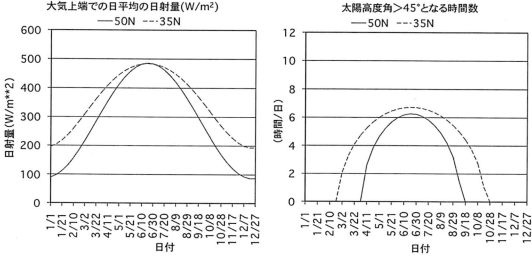

図Ⅱ－18　35°N（破線。本州南岸付近）と50°N（実線。ドイツ中南部付近）における大気上端での日平均日射量（W m⁻²。左図）（晴天時に日平均した日射量の最大値）と，太陽高度角が45°以上になる時間数（1日あたりの時間数。右図）。10日毎に値を計算して作図した。加藤・加藤（2005）より引用。

の時期のアウグスブルクでの日照率は，名古屋の梅雨に入る前の日照率に対応することになる（日照率は，可日照時間に対する実際の日照時間の割合を指し，雲量の多い方が日照率は小さい）。

ところで，これまでに述べたように，ドイツ付近では3月から4月にかけて平均気温が季節的に増加するとともに，日々の大きな変動に伴って時折出現する極端な低温日が，アイスランド低気圧が季節的に消失する4月初め頃になって（復活祭の頃），ようやく現れなくなる。いわば，この時期になって，やっと「冬が追い出された」ことになる。

その後，平均気温は6月へ向かって急上昇が続くが，日平均気温で見た「寒暖」の変動は，半月～1ヶ月程度の周期での季節内変動に関連して，4，5月，及び，6月以降の「夏」でも大変大きい（図Ⅱ－6，8，14を参照）。例えば，2001年の例のように（図Ⅱ－14），日平均気温が10℃を下回る日が続いていた4月から，5月になった頃を境に日平均気温が15℃を超える日が続くように変化する年がある一方，2000年の例のように，4月の半ば過ぎから日平均気温が20℃近い日が持続しつつも，5月後半には日平均気温が10～15℃程度しかない日が頻出するという冷涼な時期が「ぶり返す」年もある。

このように4月～5月には，季節内変動に伴って寒暖の変動は大きく，日平均気温が10℃を下回る日も時々現れるなど，常に暖かいわけではない。しかし，3月末頃まで時折出現していた，日平均気温－5～－15℃程度という極端な低温日は，もはや完全に出現しなくなる季節である。一方，6月により近い5月は，日平均気温が15～20℃程度で持続する「夏に準じる高温の期間」（6～8月の「高温期間」の日平均気温はもう数℃高くはなるが）も出現しやすくなる季節，いわば，「夏の始まり」としても位置づけられるように思われる（また，季節進行による昇温の分，日平均気温が15℃程度を超える日の出現頻度も，気候学的に見て4月よりも5月の方が高くなっているであろう）。

なお，(a) で述べたように，ドイツ付近では6～8月の気温の季節内変動も大きく，「夏」の時期の気温が10℃少々と，「夏」にしてはかなり低温の日が続く期間も時々現れる。このため，4～5月の季節内変動としての高温期間に比べて，「夏」の時期の日平均気温の方が低いという期間も少なくない。しかし，もし5月頃に6～8月の「低温期間」に匹敵する低温が現れたとしても，少し前の3月頃にはまだ出現することもあった極端な低温日に比べると，寒さは全く足下には及ばない。一方，前述のように，5月の「高温期間」には6～8月のそれに匹敵する値まで昇温するので，5月頃は，3月頃に比べてかなり暖かい陽気に季節変化していると感じ得よう。一方，6月以降でも5月の「低温期間」に匹敵する状況はしばしば出現するので，平均気温が6月以降は「頭打ち」になっていることと併せて，「5月を過ぎると，気温で見る限り，もはや季節が進まない」という感覚も抱きうるのかも知れない。しかも，5月頃には，前述のような強い日射を実際に受けやすい状況へと季節が進行している点も興味深い。加藤・加藤（2014a）や本書のⅡ－2－1 (1)，(2) でも紹介されている種々の民謡や歌曲等に表現されている「春・5月」の特別な季節感は，以上のような，「季節進行の上に，日々の気温の大きな変動も重なる」中での，微妙な時期に関連していることになる。

ところで，ゲーテが半生をかけて完成させた大作である『ファウスト』（"Faust"）は，シューマンの《ゲーテのファウストからの情景》，ベルリオーズの《ファウストの劫罰》，グノーの歌劇《ファウスト》，シューベルトの歌曲《糸をつむぐグレートヒェン》や《トゥーレの王》，リスト

の《メフィストワルツ》のような曲の素材やモチーフにもなっている。

　その『ファウスト』悲劇第1部の最後に近い箇所で，ファウストも悪魔メフィストに導かれて，魔女たちが集う「ヴァルプルギスの夜」（ヴァルプルギスナハト，Walpurgisnacht）の祭りに参加する場面がある。その場面で，ファウストは，かつて関係も結んだのに見捨ててしまった町娘グレートヒェンが（牢獄に繋がれて）処刑を待つ姿の幻を見る。ところで，Ⅱ－2－1 (4)で述べるように，ドイツでは，4月30日の日没から5月1日未明にかけての夜をヴァルプルギスの夜と呼び，この夜に魔女たちがブロッケン山（Brocken）で饗宴を催し，春の到来を待つと伝えられている。この「ヴァルプルギスの夜」の時期が，上述の独特な季節感を醸し出す「春・5月」への転換の「節目」にあたる。まさにそのような節目の饗宴において，皆が大勢で無礼講に浮かれ騒いでいる背景の中だからこそ，それと対照的にファウストがグレートヒェンの幻から不吉な予兆を知って抱く不安・焦燥が，「春・5月」の季節感とも絡みながら，筆者にも大変印象深く伝わってくるのかも知れない。

Ⅱ－1－4　日本の気候，季節の移り変わりと季節感
(1)　日本の節分祭とドイツのファスナハトの行なわれる季節の比較

　Ⅱ－1－3 (1)，(2)では，冬を何としても追い出したいという願いが込められた行事「ファスナハト」に関連した季節感に関連するドイツ付近の気候について述べた。一方，日本列島での「節分祭」も，季節の変わり目に身体に入ってくる邪気を払い，一年の息災を願い，福を授かる行事である。しかし，2つの行事の時期の季節進行の中での位置づけの違いも小さくない。本項では，加藤・加藤・大谷他（2017）の内容をその観点から更に補足しながら，日本の節分祭の時期の季節サイクルの中での位置づけを考察し，日本の季節進行の一端を深く理解する切り口としたい。

　図Ⅱ－19は，1998～2007年で平均した新潟と東京における旬別天気日数の季節変化，及び，新潟と東京における旬平均地上気温の平年値の季節変化（1981～2010年平均）を示す（加藤他2013）。冬型の気圧配置時には，日本海側で降水があり（気温がまだ高い初冬には，雪でなく雨になることも多い），太平洋側で晴れるという天気パターンが卓越する。図Ⅱ－19（上段）によれば，北陸の新潟で「雨または雪」，関東の東京で「晴または快晴」となる頻度は（太い実線や破線）11月半ば頃には高まり，3月半ば頃まで続く。しかし，日本付近での平均気温が継続的に低い「底」となる時期は1月になってからであり，特に平均気温が最も低いのは節分の頃である点。なお，口頭発表のみではあるが，松尾・加藤（2010）は，日本列島での真冬から春への進行の中で，2月後半～3月前半頃には，真冬と同等な低温日が頻出する一方，日本海北部へ東進する低気圧の前面での強い南風により気温が一時的に大きく上昇するイベントも時々挟まり，まさに，「春は名のみの風の寒さや」で始まる唱歌《早春賦》（詩：吉丸一昌，曲：中田　章）の季節感を思わせる特徴が見られることを指摘した。日平均気温の変動幅も含めた気温の季節経過を示した図Ⅱ－6（右図）からも，節分祭の頃の気温が平均的に最も低く，しかも，節分祭の後はまだ気温が低い日も多いが，気温がかなり高い日も時々出現しながら，平均気温が上昇していく様子が読み取れる。このように節分は，日本列島で平均気温が「やっと下降を終えて，上昇に転じる」という「春へのステップの始まり」と捉えられる。

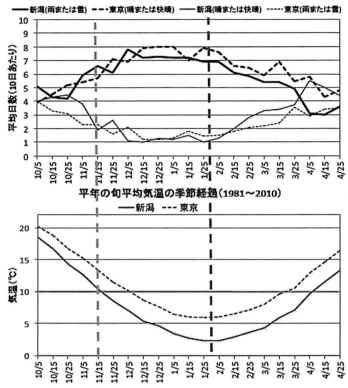

図Ⅱ－19 新潟と東京における旬別天気日数の季節変化（1998
～2007年平均）（上段），及び，気象庁のデータに基づく新潟
と東京における旬平均地上気温の平年値の季節変化（1981～
2010年平均）（下段）。上段の下旬の日数も，全て10日あたり
の値に換算されている。なお，上段は，「気象年鑑」（気象業務
支援センター刊行）に基づき解析した加藤・佐藤他（2011）の
図に，1～4月の解析結果を追加したもの。加藤他（2013）に
掲載された図を改変した加藤・加藤・三宅他（2017）より引用。

　ところで，季節感は日射の強さ等にも大きく左右され得る。そこで，図Ⅱ－18を再度参照す
ると，2月後半～3月前半頃のファスナハトが行なわれる時期には，まだドイツ付近で（50°N）
太陽高度が45°を超えるような「強い日差し」の時間帯はないが，晴天時の日平均日射量は季節
的に大きく増加を続けている時期にあたる。なお，日中の日差しがかなり強まるのは，Ⅱ－1－
3（3）（c）で述べたように，4月から5月初め頃にかけてである。つまり，「冬が追い出されて
しまった」時期に対応して日射も特に強まるわけである。

　一方，日本列島付近では，前述のように2月初め頃の節分を過ぎた後にやっと平均気温の上昇
が始まるが，晴天時の日平均日射量は，節分を過ぎた頃から急速に増加し始めるとともに，太陽
高度が45°を超えるような「強い日差し」を受ける時間帯も，節分が過ぎて間もない2月の後半
から現れ始めて3月前半には急増し，4月初め頃には6時間/日程度までに達する。

　以上のように，ドイツのファスナハトに関する内容も含めて，「春を迎える」背景にある気候
と季節感は，次のように纏められる。

表Ⅱ−2　日本列島付近における冬を挟む非対称的な季節進行の特徴。加藤他（2013）等に基づき纏めた，加藤・加藤・三宅他（2017）より引用。

	初冬	早春
日本を取り巻く広域の環境	・シベリア高気圧やシベリア気団に対応する大陸の低温域は，11月頃にはかなり成長している。 ・冬型の気圧配置時の日本海側の降水に関連した日本海からの熱・水蒸気供給は，11月には大変大きい。 ・11月頃の日本列島南方の高温の気団は，3月頃に比べてあまり南下していない。	
日本付近の特徴	・旬平均気温の気候値の極小期は，冬型の天気パターン（日本海側で降水，太平洋側で晴天）の卓越期間（11月中旬頃〜3月中旬頃）の真ん中の時期より大分遅れる。 ・日本付近では，早春の晴天時の日射は，初冬よりもかなり強い。	
まとめ	気温はまだ高いのに，冬型の天気パターンが卓越し日射は弱い。	気温が低いにも関わらず晴天時の日射は強い。

●冬の『厳しさ』：ドイツの冬は日本に比べて日々の気温の変動が大変大きい。「厳しい冬」は，平均気温が低いだけでなく極端な低温日の頻出を反映する。
●ファスナハト：「長い寒さの『底』を持ち極端な低温日も時々出現する冬が，『やっと間もなく終わりそう』」という時期に行われる。つまり，「本当に冬に終わって（追い出されて）欲しい！」という心情が込められ，「ファスナハトで冬と戦った結果」，その1ヶ月後ぐらいには「完全に冬が終わった」という心情に繋げやすいタイミングなのかも知れない。
●節分：冬の「底」となる時期で，節分の後しばらくの間の平均気温は真冬と大差ない。しかし，節分を過ぎる頃から，南からの一時的な暖気の流入などの春への進行途上を示す日々の気象現象が出現し始めるとともに，日射もかなり強まり始める。つまり節分は，「気温としては真冬の頂点だが，『光としての春』は丁度到来したばかり」というタイミングと言えそうである。その意味で，節分では，「巡り来る節目としての春」を喜び迎えることになる。

（2）冬を挟む季節の進行にみる非対称性：初冬と早春の比較

　Ⅱ−1−2で述べたように，日本列島付近は，シベリア，南アジア，北太平洋高緯度域，北太平洋低緯度域という4つのアジアモンスーン・サブシステム間の接点に位置する。それらサブシステム間の季節進行のタイミングのずれの影響も受けて，日本付近では，盛夏期や真冬の時期を挟んで非対称的な季節進行が見られる。例えば，加藤・加藤・三宅他（2017）が加藤他（2013）等に基づきレビューしたように，日本列島での秋雨〜秋にあたる9〜10月でも，熱帯・亜熱帯西太平洋域での海面水温が大変高い領域の東西の広がりは，8月と同様に年間で最も広い。このため，9〜10月でも平年の台風の発生数は盛夏期に比べてそれほど少なくない。一方，冬を挟む季節進行は，「秋から冬」（11月上旬過ぎ〜12月上旬頃の『初冬』を中心に）と「冬から春」（2月後半〜3月前半頃の『早春』）との間で，表Ⅱ−2に示すような非対称的な特徴を示す。
　これらの季節進行の非対称性に注目することは，前述のアジアモンスーン・サブシステム間の季節進行のタイミングのずれを反映した複数の因子の絡み合い方を意識させる機会になる。また，例えば冬へ向かう季節と冬から離れる季節との間の「似ているようで，よく見ると小さくな

い違い」にも注目することを通して，気候環境システムの巧妙さやその中での季節感の微妙な違いの一端にも気づくきっかけになり得よう。これは，まさに，第Ⅰ部で述べたESD的視点の育成のための格好の教材の一つにもなり得るわけである。

　そこで，加藤他（2014），加藤・加藤・赤木他（2015），加藤・加藤・三宅他（2017）は，冬を挟む季節進行の非対称性に注目するために初冬と早春との違いを取り上げて，気候と音楽との連携による授業実践を大学や高等学校で試みた。実践の内容と結果に関しては本書第Ⅲ部でも概要を紹介するが，ここでは，加藤他（2013）や加藤・加藤（2014a），加藤・加藤・三宅他（2017）をベースに，初冬と早春の気候の違いについて具体的なデータに基づき解説する。

（a）日本付近の初冬と早春の季節感の違いに関連する気候の特徴

　（1）で述べたように，旬平均気温の気候値の極小期は，冬型の天気パターン（日本海側で降水，太平洋側で晴天）の卓越期間（11月中旬頃〜3月中旬頃）の真中の時期より大分遅れ，1月末〜2月初め頃になる（図Ⅱ－19）。このため，11月半ば頃（初冬）と3月前半頃（早春）では，いずれも冬型の天気パターンの出現頻度はある程度高いのに，平均気温は早春の方が初冬よりも5℃程度も低い。

　しかし，図Ⅱ－20の高田における1970/71〜1989/90年冬で平均した降水量の季節経過に示されるように（加藤他2012），11月頃の北陸での気候学的な総降水量は真冬と同等の値になり，しかも，30mm以上の降水量となる日の寄与がかなり大きい。詳細は割愛するが，これらの少なからぬ部分は冬型の気圧配置の時の降水と考えられる。このような特徴は，真冬の降雪量の少なかった期間（1990/91〜2009/10年冬）の初冬でも，ほぼ同様に見られた。

　ところで，日本列島日本海側の平野部での冬型時の降水は，基本的には，大陸から吹き出した寒気が暖かい日本海上で多量の熱・水蒸気の補給を受けて不安定になり，海上で対流性の積雲が一面に形成されるため生じる。しかも初冬の気温は北陸ではまだ低くないため，雪としてではなく雨として降ることが多く，「時雨」と呼ばれる。一般に個々の積雲の水平スケールは大変小さく，5〜10km程度しかない。従って時雨は，そのような雲の通過に伴い降ったりやんだりを繰り返す。毎日の天気図を眺める限り，初冬の冬型の気圧配置の持続性は真冬に比べて良くないが，寒気吹き出しのピーク時には海から大気への水蒸気（潜熱）だけでなく熱（顕熱）の補給量も真冬に匹敵する大きさになる（図Ⅱ－21）。従って，初冬でも寒気吹き出しのピーク時には日本海上で激しい対流が生じやすく（積雲の雲頂高度は高々3km程度であるが），それなりの纏まった日降水量になってもおかしくないのかも知れない。つまり，初冬の冬型時の時雨は，にわか雨（驟雨）として降ったりやんだりを繰り返すものの，降っている時には北寄りの季節風を伴い，それなりの強さになることも珍しくないことが示唆される。

　初冬の季節を詠んだ和歌には，上述の特徴を持つ時雨を表現したものも多い（加藤・佐藤他2011；加藤他2012；加藤他2013；加藤・加藤2014a）。例えば以下の例には，季節風が吹く中で降ったりやんだりすること，初冬の風物であること，時雨の雨が涙に喩えられること，等，が詠み込まれている。なお，音楽と連携した高等学校での授業の際にも，これらの3首は教材として用いられた（本書第Ⅲ部）。

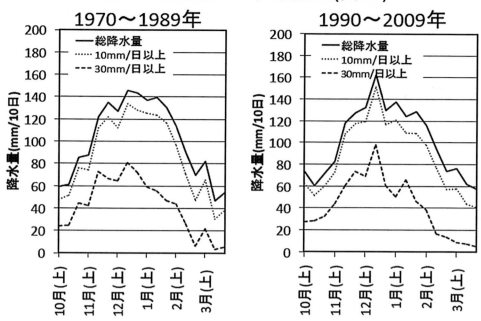

図Ⅱ−20　北陸の高田における旬降水量，及び，階級別日降水量の総降水量への寄与の季節
経過（mm/10 日）。左図は，1970/71 〜 1989/90 年冬の平均，右図は 1990/91 〜
2009/10 年冬の平均を示す。右図の年代は，左図の年代に比べて高田での真冬の総降雪量
は半分程度しかなかったが，初冬の降水量は右図の年代でも少なくなかった。加藤他
（2012）より引用。

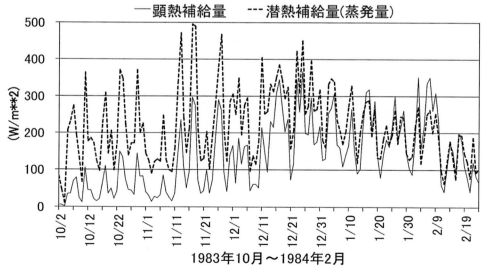

図Ⅱ−21　秋から冬における日本海南部付近での海から大気への顕熱（実線），及び，潜熱
（破線）補給量の時系列（W m^{-2}）。3 時間毎の気象庁のブイロボットによる海上気象観測
データから Kondo（1975）に基づき算定し，日平均したものを示した。Kato et al.（2014）
のポスター発表資料から改変。

●神な月降りみ降らずみ定^{さだめ}なき時雨ぞ冬の始^{はじめ}なりける

（よみ人知らず，後撰和歌集巻第八冬　445）

●こがらしの音に時雨を聞きわかで紅葉にぬるる袂とぞ見る

（中務卿具平親王，新古今和歌集巻第六冬歌　575）

●木の葉散る時雨やまがふわが袖にもろき涙の色と見るまで

（右衛門督通具，新古今和歌集巻第六冬歌　560）

　一方，Ⅱ－1－3（3）（c）の図Ⅱ－18に基づきⅡ－1－4（1）で述べたように，日本付近では節分を過ぎると晴天時の日射は急速に強くなる。このため，冬至に近い初冬に比べて，節分から更に1ヶ月ほど経過して春分に近づいていく早春の方が，晴天時の日射はかなり強い。このことは，視覚的な明るさによる心理的な影響や，日射を受ける物体（人間も）の表面での熱収支の違いを通した影響で，早春が気温の割に暖かく感じる要因となり得よう。また，新潟の3月上中旬頃には，「晴または快晴」の日の出現頻度も真冬よりやや増大し，30％程度になる（図Ⅱ－19）。従って3月上中旬頃には，本州の日本海側の地域でも，まだ冬を特徴づける天気が卓越する一方，晴れて，季節的に強くなった日射を受ける機会もある程度増加する点にも注意が必要であろう。なお，加藤他（2013）も述べているように，11月頃と3月頃における日中の日差しの強さの違いは，まさに九州～東北南部に対応する30～40N付近の緯度帯で特に顕著に見られることも興味深い（図Ⅱ－22）。

　このような早春の季節感の初冬との違いは，以下の和歌からも感じられる（高等学校での授業の際の教材。本書第Ⅲ部参照）。特に，雪を素材としながらも，（大和絵でもよく見られる梅との抱き合わせ等の他に，若菜，新芽のような淡い緑に関連した情景が詠み込まれた和歌も少なくなかったように思われる（系統的な抽出ではないが）。

●春日野の下萌えわたる草のうへにつれなく見ゆる春のあわ雪

（権中納言國信，新古今和歌集巻第一春歌上　10）

●明日からは若菜摘まんとしめし野に昨日も今日も雪は降りつつ

（山部赤人，新古今和歌集巻第一春歌上　11）

●梅が枝になきてうつろふ鶯のはね白たへにあわ雪ぞ降る

（よみ人知らず，新古今和歌集巻第一春歌上　30）

　なお，加藤・加藤（2014a）でも述べたように，加藤・加藤・逸見（2009）は，9月から12月にかけて日本列島での地上気温がほぼ一定の割合で急降下し続ける一方，冬から夏への昇温の際には，3月後半～4月前半頃に急昇温のピークが明瞭に見られることを指摘した。これらも考え合わせると，「まだ高い気温が急降下しながら，冬の天気パターンも割り込んで来るようになる」のが初冬の始まりであり，「低かった気温の急上昇や冬型の天気パターンの消失とともに終わる」のが早春の終わりであるとも言えよう。

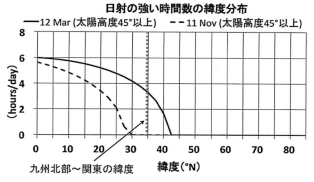

図Ⅱ－22　太陽高度45°以上の時間数の緯度分布。単位
は1日当たりの時間数。3月12日を実線，11月11日
を破線で示す。加藤他（2013）の図を改変。

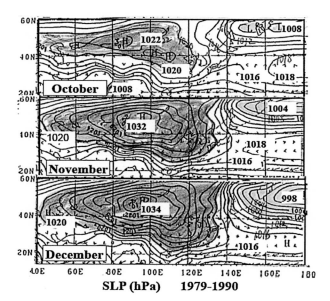

図Ⅱ－23　1979～1990年平均の10～12月における
月平均海面気圧分布図（hPa）。気象庁（1991）の図に
1020hPa以上の領域を濃い影，1008hPa以下を薄い影
をつけて教材で用いた加藤・佐藤他（2011）より。

（b）広域大気場の季節進行の中での位置づけの比較

　表Ⅱ－2に纏めたように（図Ⅱ－23，24も参照），11月頃には，季節平均場としてもシベリ
ア気団に対応する低温域やシベリア高気圧がかなり成長している。一方，10月～11月頃の日本
列島南方の高温の気団の季節的南下は遅く，例えば地上気温25℃の等温線も，11月頃には3月
頃に比べてあまり南下していない。つまり，比喩的な言い方ではあるが，早春よりも初冬の方
が，「広域的には，北方のシステムと南方のシステムとがよりシャープに対峙する中での，冬型
の気圧配置」というイメージがより強いものと考えてよい。

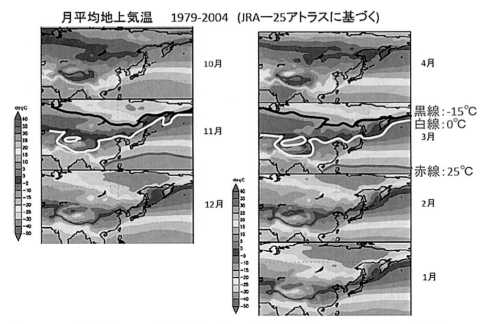

月平均地上気温　1979-2004　(JRA—25アトラスに基づく)

図Ⅱ－24　気候学的な月平均地上気温分布の季節経過（1979-2004）（℃）。気象庁HPに
　　掲載されたJRA-25アトラスの月別の図から切り取って10～4月について並べたもの。
　　第Ⅲ部で紹介した授業で注目させる0℃，－15℃，25℃の等値線を，それぞれ，白，黒，
　　赤の線でなぞらせた（ここでは，11月と3月のみなぞってある）。加藤他（2013）より
　　引用。なお，教材としては，図から数値を読み取りやすいように，それぞれの図に，30°
　　N，60°Nの緯線，及び，133°Eの経線を赤紫色で記入したものを配布した。カラー版は
　　口絵を参照。

(3)　日本の夏の気候に関する留意点

　日本列島付近では，7月半ば頃に梅雨が明けると，平均的には亜熱帯高気圧の一種である太平
洋高気圧に覆われて晴れやすいが，高温多湿な気候となる。そして，東北の一部と北海道を除
き，日平均気温25～30℃程度の日が続く（日最高気温は，平均的に30℃を超える）。つまり，
Ⅱ－1－3で述べたドイツ付近の夏に比べると，かなり暑い夏になる（図Ⅱ－25に示す長崎や
東京の気温を参照）。

　一方，梅雨最盛期の降水量は，東日本に比べて西日本側でかなり多いが，盛夏期以降は，東日
本側の降水量は西日本側と平均的には同等になる。また，盛夏期には，概ね，降水日数は梅雨期
よりも減少し，日照時間は増加する。例えば表Ⅱ－3に示されるように，西日本の梅雨最盛期に
は大雨日（ここでは，日雨量50mm以上の日を便宜的に指す）の頻出により総降水量をかなり
押し上げるが，盛夏期には大雨日も総降水量も減少する（長崎の値を参照）。これも反映して，
日本列島での盛夏期の降水量は梅雨最盛期に比べると確かに少ない。しかし，それでも盛夏期の
降水量が4～5月の降水量と同程度にのぼる点にも注意したい（図Ⅱ－25も参照）。しかし，西
日本の8月でも，大雨日の寄与により月100mm程度は稼いでおり，総降水量も200mm程度に
なる。また，東日本でも，総降水日数は盛夏期に減少するものの，大雨日の平均日数は梅雨期と
殆ど変わらない。従って，大雨日の相対的寄与は梅雨期よりも多少大きくなる。このことも，東
日本の盛夏期の総降水量が梅雨明け後も大きくは減少しない要因の一つと考えられる。

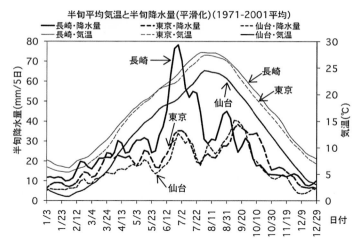

図Ⅱ－25　長崎，東京，仙台における半旬平均気温（℃）と半旬
　　　　　降水量（mm/5 日）の季節変化。1971 ～ 2001 年の平均。気
　　　　　象庁のデータより計算した。なお，当該半旬を2，前後の半旬
　　　　　を 1 の重みで平滑化した。

表Ⅱ－3　梅雨最盛期（6/16 ～ 7/15）と盛夏期（8/1 ～ 31）における総降水日数や総
　　　　　降水量，大雨日（日雨量 50mm 以上の日）の日数及び大雨日の降水量の寄与の 30 年平
　　　　　均値（1971 ～ 2000 年で平均）。気象庁の 30 年分の毎日の降水量データに基づき解析
　　　　　した。

（1971 ～ 2000 年で平均）	梅雨最盛期 （6/16 ～ 7/15）		盛夏期 （8/1 ～ 31）	
	長崎	東京	長崎	東京
総降水日数（日）	15.6	14.1	9.9	9.5
50mm 以上の日数（日）	2.6	0.8	1.2	0.7
総降水量（mm）	395	205	207	155
50mm 以上の日の寄与（mm）	241	61	111	73

　ところで，日本付近の夏の天候変動は，必ずしも小さくはない。雨に関しては，図Ⅱ－26 に
例示されるように，盛夏期の総降水量の年による違いも大変大きい。つまり，8 月を通してほと
んど雨が降らない年も頻繁に出現する一方，月降水量が梅雨期と同等な 300mm あるいはそれ以
上になる年も少なくない。従って，前述のように盛夏期でも，豪雨災害がしばしば起きるのは全
然不思議ではない。しかし，一方では，「真夏でもある程度の雨は降る」からこそ（「夏は暑い晴
れの日が続く季節」というイメージがあるかも知れないが），殆ど雨が降らない年には水不足に
関連したダメージも大きくなりうるという環境でもあると言えよう。
　また，夏の年々あるいは日々の気温の変動も，東北・北海道では大変大きい（Ninomiya and
Mizuno 1985a）。例えば，図Ⅱ－27（左）に示されるように，東北地方の仙台では，平年より 1
～ 3℃ ぐらいも月平均気温が高い年が多い一方，平年より 1 ～ 4℃ も低い年も頻出している。し
かも，図Ⅱ－27（右）に示されるように，仙台における 8 月の毎日の日平均気温の変動幅は，

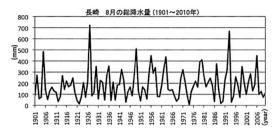
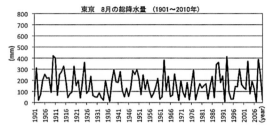

図Ⅱ−26　長崎（左），東京（右）における 1901 〜 2010 年の 8 月の月降水量の年々の変動（mm）。気象庁のデータに基づき作成。

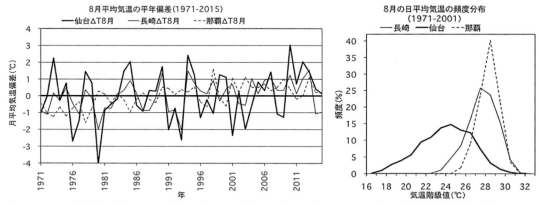

図Ⅱ−27　（左図）東北日本の仙台（太い実線），九州の長崎（細い実線），沖縄の那覇（破線）における 8 月の月平均気温の，1971-2015 年平均値からの偏差の年々変動（℃）。気象庁の発表する平年値とは平均期間は異なるが，大まかには，プラスが平年値よりも高温，マイナスが低温であることを示す。妹尾・加藤（2008）の図に解析期間を追加した。（右図）仙台（太い実線），長崎（細い実線），那覇（破線）における 8 月の日平均気温の階級別出現頻度（%）。1971 〜 2001 年に関して統計した。

那覇や長崎に比べて大変大きい。盛夏期の南西諸島域における毎日の平均気温は，ほぼ 26 〜 31℃の範囲に収まっており，西日本の長崎でも 24 〜 31℃程度の範囲である。例えば，西日本で夏に涼しいといっても，日平均気温で 23℃を下回る日は図Ⅱ−27 の期間では現れていない。しかし仙台では，那覇や長崎の平均的な暑さに近い日平均気温 26 〜 28℃程度の日もそれなりの頻度で出現しているものの，日平均気温が例えば 22℃を下回るような冷涼な日の出現頻度も比較的高い。20℃を下回る日も決して少なくない。

　なお，日平均気温 20℃といえば，九州〜関東にかけては 5 月終わり〜 6 月初め頃，あるいは，9 月終わり〜 10 月初め頃の気温である（図Ⅱ−25 の長崎や東京の気温を参照）。このように，8 月の仙台の日々の気温には，「九州〜関東の夏に普通に経験する暑さもある一方，九州〜関東での 5 月のゴーデンウイーク明けぐらいの気温になることも皆無ではない。」という大きな変動幅がある点に注意が必要である。従って，東北を含む北日本の夏は，単に日本が南北に長いため平均気温が低いという理由だけでなく，このような日々の気温の大きな変動特性の違いも強く反映して，関東以西の平地では考え難いような低温になる期間も少なくないことになる。

　北日本のこのような夏の冷涼さは，関東地方でも顕著に見られることがある。図Ⅱ−28 は，1950 年以降の日本列島での顕著な冷夏・多雨年の一つであった 1993 年と，顕著な猛暑・寡雨年の一つであった 1994 年における，毎日の東京の気温と長崎の降水量の時系列を比較したもので

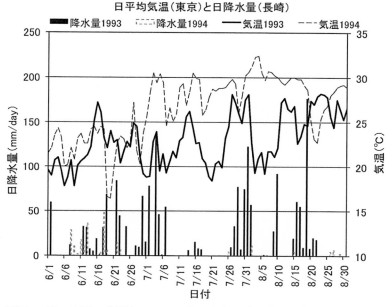

図Ⅱ−28　冷夏・多雨年の1993年と猛暑・寡雨年の1994年における
東京の日平均気温（℃，折線）と長崎の日降水量（mm，棒）の時系列。
気象庁のデータに基づき解析。

ある。1993年には，九州の長崎では，日雨量50mmを超える大雨日の頻出も含めて纏まった雨量になる日が6～7月前半にかけて多かっただけでなく，7月下旬～8月にかけても同様な降水の傾向が見られた。一方，東北日本だけでなく，関東の東京でも，7月後半～8月前半なのに日平均気温が20℃前後しかない，かなり冷涼な日が続いた。

　このような東北日本での夏の冷涼な天候には，「ヤマセ」と呼ばれる霧あるいは下層雲を伴う冷涼な北東気流の侵入に大きく関連している場合が多い。ヤマセと冷害に関して，卜蔵健治（ぼくら　けんじ）氏による解説は大変参考になる書物の一つであり（卜蔵2001），そちらを参照されたい（第1章　冷害をもたらすヤマセ，第2章　寒さの夏はオロオロ歩き，第3章　冷害の歴史，第4章　冷夏（ヤマセ）と冷害，第5章　冷害対策，という内容になっている）。本書では，ヤマセに関連した大気循環場の広域的な背景について簡単に述べておきたい。

　上述の東北日本へのヤマセの侵入には，冷涼な「オホーツク海気団」の季節的形成と，オホーツク海に中心を持つ地上の「オホーツク海高気圧」の出現とが基本的に関わっている。オホーツク海高気圧は，中緯度地域を温帯低気圧通過後に東進する移動性高気圧とは違って，あまり移動せず，しかも，一旦出現すると数日から1週間程度も持続する（倉嶋1969；大川1973，1986；加藤1995，他）。図Ⅱ−29は，そのようなオホーツク海高気圧出現時の天気図の一例である。この例では，7月12日に現れた高気圧が，ほぼ停滞したまま次第に発達し持続している様子が分かる。

　一方，オホーツク海気団は，鉛直方向には1km前後の薄い寒気層で特徴づけられるが（工藤1984），水平方向には，オホーツク海からベーリング海にかけて，かなり広域的な広がりを持つ（Ninomiya and Mizuno 1985b）。なお，オホーツク海気団の顕著な寒気層の高さは地上1km程

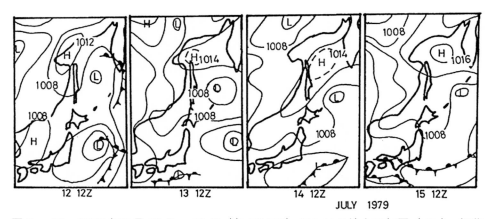

図Ⅱ－29　1979年7月12日～15日（各12UTC）における地上天気図（hPa）。加藤（1985）より引用。なお，例えば図中の12 12Zは，12日の12UTC（日本標準時の21時）を示す。

度なので冷気が東北地方の脊梁山脈を越えにくく，ヤマセの被害は日本海側よりも太平洋側でより顕著に見られることが多い。

　Ⅱ－1－2やⅡ－1－4（2）で述べたように，日本列島付近は，アジアモンスーン全体の影響だけではなく，シベリア，南アジア，北太平洋高緯度域，北太平洋低緯度域という4つのアジアモンスーン・サブシステム間の接点に位置することの影響も受ける。そのうちシベリアの高緯度域では，4～6月にかけて日平均した日射量が増加し，急速に暖まる。その結果，図Ⅱ－30の6月平均の10℃や15℃の等温線，あるいは7月の15℃の等温線の走り方で示唆されるように，上述のオホーツク海～ベーリング海にかけての「冷たい海」に接した大気が，「季節的昇温から取り残される」ことになる。従ってオホーツク海気団は，このような広域場の季節進行の中で，6～8月頃に明瞭になると考えて良い。

　また，オホーツク海高気圧は，平均的には図Ⅱ－30に破線で模式的に示したような位置・広がりを持って出現する。北半球では地球の自転の影響が加わって高気圧の周りを時計回りに風が吹き出すので，オホーツク海気団とオホーツク海高気圧が図Ⅱ－30のような位置関係にあれば，北海道及び東北地方へヤマセが侵入しやすいことになる（オホーツク海高気圧の南東縁での北東気流により）。日本列島の梅雨期には，図Ⅱ－30の季節的な気温分布に関連した上空の流れの場に伴い，オホーツク海高気圧も形成されやすいという（中村・深町 2005）。従って，梅雨期の東日本，東北日本はオホーツク海気団の侵入の影響も受けやすいことになる。

　但し，Ninomiya and Mizuno（1985b）によれば，オホーツク海気団自体は，日本列島の冷夏年も猛暑年も基本的には図Ⅱ－30のような広がりを持つが，それが東北日本へ侵入して冷夏をもたらすか否かに対して，オホーツク海高気圧が盛夏期も形成されやすいか否かが，重要な鍵を握っている可能性を指摘した。このように，梅雨期から盛夏期にかけて，東北日本は，その北東方に広範囲に広がるオホーツク海気団とも隣接している。従って，夏の東北日本は，オホーツク海気団が「北東方に常駐する」中で，それを日本列島側へ運ぶ風系が卓越するか否かによって気温が大きく変動するという，「不安定な立ち位置」にあることを強調したい。

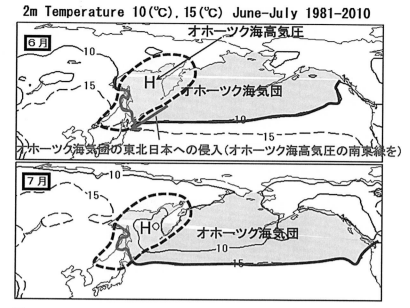

図Ⅱ－30　1981 ～ 2010 年で平均した 6，7 月における地上の月平均気温の 10℃と 15℃の等温線のパターン。山田他（2013）による口頭発表の予稿集の図より改変。

Ⅱ－1－5　北欧の気候，季節の移り変わりと季節感

　図Ⅱ－1や図Ⅱ－4で示されるように，北欧は，ドイツ付近よりも更に 1000km ほど（緯度にして 10°ほど）北方に位置する。また，Ⅱ－1－3 (1)，(2) で，ドイツの冬の気温の大きな変動に関わる「アイスランド低気圧」の季節内変動の重要性を指摘したが，北欧はドイツ付近に比べて，アイスランド低気圧の季節平均場としての中心にも更に近い。ここでは，そのような視点もある程度意識して，加藤他（2019）の内容を中心に北欧の気候環境の特徴の一端を解説する。なお，これは，第Ⅲ部で紹介する大学での授業実践の際に気候に関する学習活動として提示した内容の一部でもある。

　図Ⅱ－31（左）に示すオスロ，ストックホルム，ヘルシンキにおける月平均気温の気候値の季節変化を，理科年表 2015（国立天文台編　丸善出版）に基づき図Ⅱ－31（右）に示す。比較のために，ウィーンと名古屋についても示した（統計期間は図を参照）。また，図Ⅱ－32 には，NCEP/NCAR 再解析データに基づき，日本列島の兵庫県北部付近（35°N/135°E），ドイツ中南部（50°N/10°E），及び，北欧のオスロ付近（60°N/10°E），ヘルシンキから約 500km 東方（60°N/30°E）の各格子点における日平均地上気温の時系列を，秋から冬を経て春・夏へ至る経過が分かるように，2000/01 年～ 2010/11 年について重ねて例示した。

　Ⅱ－1－3 (1) でも述べたように，ウィーン（ドイツ～オーストリア付近の代表）での冬の平均気温は，名古屋（九州～関東付近の代表）よりも数℃程度低いのみであるが（図Ⅱ－31（右）），ドイツ付近では日々の気温の変動は大変大きく，0℃を大きく下回る極端な低温日も，3 月末頃までしばしば出現する（図Ⅱ－32 の右上）。一方，ドイツ付近の夏には，平均気温が九州～関東付近より低いだけでなく，日々の気温の変動も大きく（図Ⅱ－32 の右上），夏に日平均気

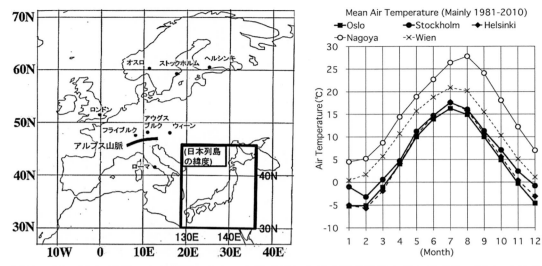

図Ⅱ－31 （左）図Ⅱ－1を再掲。なお，右図で示した地点等の位置も示してある。（右）オスロ（Oslo），ストックホルム（Stockholm），ヘルシンキ（Helsinki），ウィーン（Wien），名古屋（Nagoya）における月平均気温の気候値の季節変化（℃）（線やマーカーの種類は凡例を参照）。なお，統計期間は，ストックホルムでは1982～1994年，他の地点では1981～2010年である。加藤他（2019）より引用。

温が15℃を下回る日も時々出現する。「ドイツの季節は基本的に夏と冬の二つ」であり，「春＝夏の始まり」という季節感（小塩 1982；宮下 1982）にも通じるように思われる。また，（夏が冬と戦って）「何としても冬を追い出したい」というドイツ付近の冬の厳しさに通じる季節感は，単に平均気温の低さというよりも，日々の変動が大きい中での極端な低温日の出現も大きく関わっていそうである。

　一方，北欧では（図Ⅱ－32の下段），冬の平均気温がドイツ付近よりも更に低いだけでなく，日々の気温の変動もドイツと同様，あるいは更に大きい。そして，ドイツ付近より更に極端な低温日も4月近くまで出現し，－10℃近い日平均気温の日は4月いっぱいまで現れる。なお，フィンランドでのミッドウィンターのお祝いである「ラスキアイネン」（Laskiainen）が行われる時期は，このような極端な低温日もしばしば現れる季節に対応する。

　北欧における夏の気温の季節的なピークは，夏至の後から7月一杯であり，より内陸側（東側）の方が夏の平均気温は高い。北欧の夏の日々の気温の変動幅は冬ほど大きくないが，九州～関東付近の夏よりはかなり大きい。また，8月になると，平均気温は急降下する。ドイツ付近でも，日本列島付近に比べれば気温の季節的下降が大きくなるタイミングは早いが，北欧では更に早いタイミングで季節的な急降温が始まることになる。しかも，9月になると，日々の気温の大きな変動の中で，九州～関東での真冬の平均気温に匹敵する低温日（日平均気温5℃程度）も現れ始める点が注目される。

　晴天時の大気上端での日平均の日射量，可日照時間（昼間の長さ），及び，太陽高度が45°以上の時間数の季節変化を，60°N（スカンジナビア半島南端付近の緯度），50°N（南ドイツの緯度），35°N（山陰～東京の緯度）について図Ⅱ－33に示す。加藤・加藤（2005）による図に，それと同様な方法での60°Nでの計算値を追加した。また，夏至と冬至における太陽高度の日変

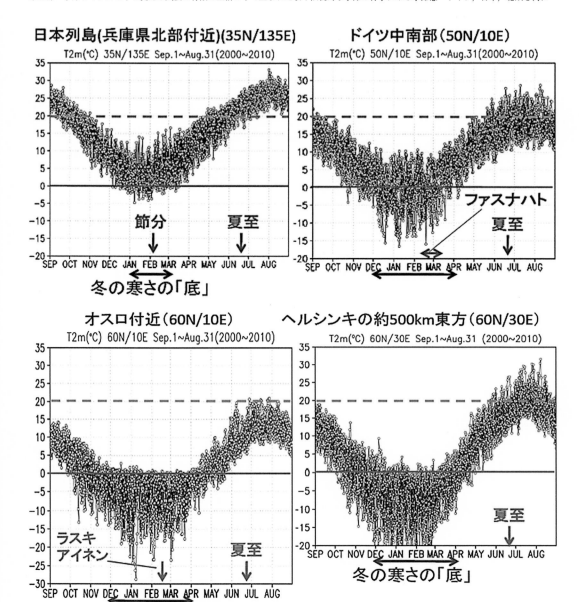

図Ⅱ−32　日本列島の兵庫県北部付近（35°N/135°E）（左上），ドイツ中南部（50°N/10°E）（右上），及び，北欧のオスロ付近（60°N/10°E）（左下）やヘルシンキの500kmほど東方（60°N/30°E）（右下）の格子点における日平均地上気温（℃）の時系列を，それぞれ2000/01年〜2010/11年の11年分重ねたもの（授業での教材として提示した図より）。加藤・加藤・大谷他（2017）を改変した上段に（図Ⅱ−6を再掲），下段の解析結果を加えた。横軸に付した月の名称の位置が，各月の初日に対応する。また，0℃，20℃の目盛り線をそれぞれ，太い実線，破線で挿入するとともに，節分，ファスナハト，夏至のタイミング等も矢印で付した。加藤他（2019）より引用。

化を60°N，50°N，35°Nについてそれぞれ計算し，図Ⅱ−34に示した。なお，太陽高度（地平線から測った高度角）をaとすると，単位面積あたりで受ける日射量は，雲や途中の大気による吸収等がなければ，太陽が天頂に位置するときの$\sin a$倍になる。つまり，太陽高度が45°より

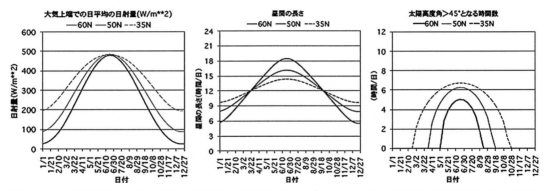

図Ⅱ－33　晴天時の大気上端での日平均の日射量（W m⁻²）（左），可日照時間（昼間の長さ）（時間/日）（中央），太陽高度が 45°よりも大きくなる時間数（時間/日）（右）の季節変化。60°N（スカンジナビア半島南端付近），50°N（南ドイツの緯度），35°N（山陰～東京の緯度）について，それぞれ，太い実線，細い実線，破線で示す。加藤・加藤（2005）による図に，同様な方法での 60°N での計算値を追加した。なお，10 日毎の値を計算して表示した。加藤他（2019）より引用。

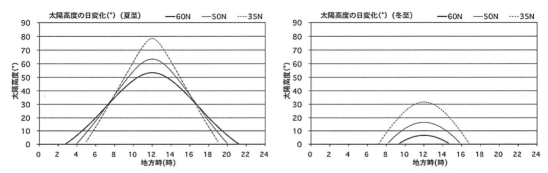

図Ⅱ－34　夏至と冬至における太陽高度（°）の日変化。夏至（左図）と冬至（右図）における太陽の赤緯をそれぞれ＋23.44°，－23.44°として 0.2 時間毎に計算した太陽高度の日変化を，60°N（太い実線），50°N（細い実線），35°N（破線）で示す。横軸は，南中時を 12 時として目盛った時刻である。加藤他（2019）より引用。

高い場合は太陽が真上から照るときの 7 割強の日射を受けるので，$a > 45°$ の時間数も，比較的強い日射を受ける時間帯の長さの目安として授業で提示した（日本列島の春に関する加藤・加藤・逸見（2009）による学際的授業では，$a > 45°$ の時間数の季節的変化にも注目した）。

　冬至の頃には日平均した日射量も非常に少なく太陽が地平線近くに留まる北欧でも（図Ⅱ－33（左）や図Ⅱ－34（右）），夏至の頃だけは，昼間の長さがかなり長くなることを反映して，日平均の晴天日の日射量は，日本とほぼ等しい（図Ⅱ－33（左や中央））。また，例えば太陽高度 > 45° となるような日射の比較的強い時間帯も増加する（図Ⅱ－33（右））。但し，図Ⅱ－34（左）に示されるように，九州～関東付近での夏至の頃の太陽高度は（35°N），日の出後に短時間で急に高くなるのに対し，北欧では（60°N），日の出から太陽高度が高くなるまでの時間が長い。例えば，35°N では日の出から約 3 時間後には太陽高度が 45°になるのに対し，60°N では午前 3 時前頃の日の出から 4 時間後に太陽高度が 30°までやっと上昇し，45°になるのは日の出の約 6 時間後である。

　つまり北欧の夏至の頃には，晴天であれば，お昼前後の比較的強い日射を受ける時間帯だけで

なく，あまり強くない日差しを受ける時間帯も長い点に注目する必要がある。例えば，夏至の「夕方近く」の時刻になると，太陽高度はお昼頃に比べると大分低くなる。しかし，日本では「夜」に入る時間帯になっても，太陽高度がある程度低い状態のままで中々太陽は沈まない。つまり，夏至の頃の北欧では，太陽高度の低い時間帯が午後5時頃から9時頃まで長時間続くことになる。

　加藤他（2019）が行なった大学での学際的な授業実践の中で，美術に関する部分を担当した赤木里香子教授は（加藤他（2019）の共著者），北欧を描いた絵画作品の鑑賞も行なった。その中で，赤木教授は，19世紀末から20世紀初頭にかけてデンマークのユトランド半島最北端（57°N）のスケーエン（Skagen）に集った，スケーエン派と呼ばれる画家達による同地の風景画も取り上げた。そして，これらの短い夏を楽しむ人々を描いた油彩作品群は，上述の長時間続く太陽高度の低い時間帯における微妙な光に満ちた情景を，印象派的な手法で描き出した点が特徴であることを解説した。

　なお，図Ⅱ−34自体は授業では提示しなかったが，口頭ではその図の内容も踏まえた解説は行なっており，今述べたような日本列島付近での季節感との比較の際に，今後，更に活用出来る重要な情報になると考える。

Ⅱ－2　生活の中で生まれた歌や伝統的な季節の行事

Ⅱ－2－1　ドイツ文化圏の歌と伝統的な季節の行事
(1)　ドイツ民謡にみる春－冬から春への移り変わりの中でみる春の歌－

　民謡のような自然発生的な歌には，当該地域の人々のくらしや生活習慣がその生成のもととなっていることが多い。人々のくらしには種々の要素が複雑に関わり合っている。人々の日々の生活の営みに直接的に関わる気候や季節は，愛や恋と共に，民謡のテーマとして古くから様々に歌われてきた。

　ドイツのように厳しい冬を乗り越えなければならない地域では，春の到来は何にもまして求められるものである。冬から春へと季節が移り変わる中で，春は，その到来をただじっと待つだけのものでない。その思いは，春を何とかして獲得したいものとして，様々な行為として表され，湧き出るような思いは，言葉や音楽に託されて歌い継がれてきた。

　さて，極めて厳しく長い冬は，いわば死の世界であり，自然の色彩が極めて乏しい時期である。それに対して，春すなわち夏はまさに生命に満ちる待ち望まれる時期，色に満ちた時期である。しかし，その夏は短い。冬が長くて夏が短いという自然環境にあって農耕を中心にくらしを営む社会では，人々は短い夏に1年分の糧を得なければならない。これは，苛酷なことである。もしも夏に十分な糧を得ることができなければ冬を乗り切ることはできない。冬が終わり，春の到来は待ち望まれるものであると同時に，夏をどのように過ごすことができるか，言い換えれば，天候に恵まれ農作業が順調に進むか否かは，人々の生活に極めて大きく関わる。人の手ではどうすることもできない自然環境に対して，人々の期待や不安は，否が応でも高まるのである。

　では，民謡の中で春はどのように歌われているのだろうか。歌の表現を通して，当該地域の人々の生活の中で「春」がどのような存在として意識されているのか，そこに思いを馳せてみたい。

　ドイツ民謡集をみてみよう。"Leselöwen Frühlingslieder"（1987, Loewes Verlag, Bindlach），"Die schönsten Volkslieder"（2004），"Deutche Volkslieder"（2001）には，季節をテーマとした歌が多数掲載されている，その中でも，春の歌った歌も複数みることができる。春を歌った歌の表現は，大きく二つに整理できる。一つは，情景の描写的な表現を中心に「春」「夏」「秋」「冬」という大きな括りで，春その時の事象，例えば，「花が咲く」「鳥が鳴く」等の自然現象や人々の喜び，自然への賛美を歌った歌である。例えば，"Grüß Gott, du schöner Maien"（譜例1），"Alles neu macht der Mai"（譜例2）がある。

　もう一つは，情景の描写と共に心情が表現された歌である。冬から春への季節の移り変わりによって生じる自然の事象やそれに伴う人々の心情，その変化が歌われた歌が注目される。例えば，"Winter ade"（譜例3），"Nicht lange mehr ist Winter"（譜例4）がある。それらの歌には，「冬との決別」や「冬から巡りくる春への期待感」が歌われている。冬はただじっと耐えるだけのものではない，何としても追い出したい冬は春になるための前提，ステップであるという季節

感，ようやく厳しい冬を乗り越え，春への季節の移り変わりの気配が感じられるようなる頃に膨らむ期待感を読み取ることができる。春の到来への思いが，この時期の気象現象や，それに伴って生じる自然の様子や変化を介して表現されている。では，いくつかの歌をみてみよう。

譜例Ⅱ−1　"Grüß Gott, du schöner Maien"《こんにちわ，素晴らしい5月》

〈歌詞〉

1. Grüß Gott, du schöner Maien,
   da bist du wiedrum hier.
   Tust jung und alt erfreuen
   mit deiner Blumen Zier!
   Die lieben Vöglein alle,
   sie singen also hell,
   Frau Nachtigall mit Schalle
   hat die fürnehmste Stell.

2. Die kalten Wind verstummen,
   der Himmel ist gar blau,
   die lieben Bienlein summen
   daher auf grüner Au.
   O holde Lust im Maien,
   da alles neu erblüht,
   du kannst mir sehr erfreuen
   mein Herz und mein Gemüt.

歌詞概要：小鳥が歌う，小夜啼鳥が鳴く，冷たい風がやむ，空が青い，蜂が羽音を立てる等の春の様々な情景を歌い，生命に溢れ心躍る春を歓迎し，讃えている。

譜例Ⅱ−2　"Alles neu macht der Mai"《5月はすべてを新しくする》

〈歌詞〉

 Alles neu macht der Mai,

 macht die Seele frisch und frei.

 Laßt das Haus, kommt hinaus, windet einen Strauß!

 Rings erglänzet Sonnen schein,

 duftend pranget Flur und Hain,

 Vögelsang, Hörnerklang tönt den Wald entlang.

歌詞概要：5月はすべてを新しくすると自然を讃え，戸外に出ようと呼びかけている。太陽が輝く，野や林に芳しい香りが立つ，鳥が歌う，角笛が響く等の瑞々しい情景と開放的な心情が歌われている。

 すべてが新しくなるということは，5月がまさに生命の蘇りの時であり，待望の夏がやって来るということを表しているといえる。Rings erglänzet Sonnen schein「太陽が輝く」という表現にも注目したい。日が照るということは，日照によって気温が上昇するということだけでなく，明るさに関わる。明るさ，暗さは，人々の心理にも大きな影響を及ぼす要件である。「明るさが増す」ことで，精神的にも冬の暗さを抜け出す上で大きなきっかけを得ることになる。光りが増すことでものの見え方ばかりでなく感じ方も違ってくる。

 このような春の自然現象や人々の喜びを率直に歌った歌と同時に，冬から春への季節の移り変わりによって生じる自然の事象やそれに伴う人々の心情が歌われた歌もみてみよう。例えば，"Winter ade"《冬さようなら》（譜例3），"Nicht lange mehr ist Winter"《冬はもはや長くない》（譜例4）がある。歌には，冬から春へと季節が移り変わる時期特有の気象現象や生じる自然の事象やその変化を通して，春の訪れに対する強い期待が歌われている。歌われている「冬との決別」や「冬から巡りくる春への期待感」等からは，冬がただじっと耐えるだけのものではないこと，冬の寒さの底を過ぎて春の気配が感じられる頃は，春へのステップとして捉えられている。

譜例II－3　"Winter ade"《冬さようなら》

〈歌詞〉

1. Winter, ade! Scheiden tut weh.
   aber dein Scheiden macht,
   daß mir das Herz lacht.
   Winter ade! Scheiden tut weh.

2. Winter, ade! Scheiden tut weh.
   Gerne vergeß ich dein,
   kannst immer ferne sein.
   Winter, ade! Scheiden tut weh.

3. Winter, ade! Scheiden tut weh.
   Gehst du nicht bald nach Haus,
   lacht dich der Kuckuck aus.
   Winter, ade! Scheiden tut weh.

歌詞概要：冬への別れが呼びかけられている。そこでは，冬との別れはつらいものではなく，いよいよ春が来るという期待感が感じられる。

譜例Ⅱ−4　"Nicht lange mehr ist Winter"《冬はもはや長くない》

〈歌詞〉

Nicht lange mehr ist Winter,

schon glänzt der Sonne Schein.

Dann kehrt mit neuen Liedern der Frühling bei uns ein.

Im Felde singt die Lerche,

der Kukkuck ruft im Hain.

Kukkuck, Kukkuck, da wollen wir uns freun!

歌詞概要：早くも太陽の光が輝き，冬はもう長くはない Nicht lange mehr ist Winter という言葉で春を待つ心情，春への期待が歌われている。広野で雲雀が歌い，郭公が森で呼ぶ等の春に転じる情景が歌われている。

　太陽が輝く季節，鳥が鳴く森，等，冬から春へと自然の移り変わる様子や情景を介して，冬からの解放が人々にとって，いかに待ち望まれるものであるのか，当該の地域の人々がもつ季節感を感じることができるのではないだろうか。Kukkuck, Kukkuck，たたみかけからは，浮き立つような軽やかさも伝わってくる。

(2) 5月の雨を歌った歌－ドイツ西部，ライン川の西の地域の伝承歌－

　日照と共に，雨は人々のくらしに欠くことのできないものである。とりわけ，農耕が始まる頃に降る雨は，まさに天からの恵みといえる。ドイツ西部，ライン川の西の地域には，5月の雨を歌った歌がある。これは，ドイツ，フライブルグ民謡研究所（Deutsches Volksliedarchiv）が行ってきた研究調査において地域の民謡として収集され，採譜，整理された歌であり，全部で9曲ある。これらの歌はいずれも素朴な旋律で，かつ歌われている地域が近いことから，一つの歌のヴァリアンテとも捉えられる。では，この5月の雨の歌を通して，人々の季節感をみてみよう。表Ⅱ－4に歌唱地域，旋律，歌詞，歌われ方等を示す（加藤・加藤（2011）より引用）。

　これらの歌には，共通して，5月の暖かい雨は私（小さい自分）を成長させる（大きくさせる）ということが歌われている。このことから，5月の雨が生命を育む恵みの雨と捉えられていると解釈できる。キーワードは，「5月の雨」（Mairäge, Mairähn, Mairegen, Mairähen 等），「私（子ども）を大きくする，大きくなる」（mak mich gruet, mak mi grot, dann waaßen ich 等）である。歌詞には方言がみられ，今日のドイツ語ではほとんど使われないような古い言葉（語）もみられる。また，語呂合わせ，言葉遊び的な要素もみられる。旋律は，9曲共素朴であり，類似性がみられる。

　【参考の詩1】に示したように，「5月の雨は天からの祝福である」と歌われており，人々にとってこの時期の雨は喜びをもたらすものと捉えられている。【参考の詩2】は，詩の文面をみる限りでは全く異なる内容のように感じられる。文面自体はナンセンスなものといえる。

　しかし，ここで興味深いのは，「私も濡れない」という表現である。なぜ「濡れない」のであろうか。それについては次の2点から推測される。第一には，「雨に濡れること自体は全く苦にならない」という心理的な側面，言い換えれば，濡れることに対する人々の認識である。第二に，「雨自体が濡れてもたいしたことのない量である，あるいは濡れても気にならない条件（例：気温）」であるという自然環境の面である。

　さらに，雨に対する人々の認識を知る上で，これらの曲の歌われ方は興味深い。表Ⅱ－4に示したように，譜例1や譜例8では「雨に打たれながら通りで子どもたちが歌う」という歌われ方がされる。このように雨を避けるのではなく，自ら雨を身体に受けて歌うということから，5月の雨が子どもたちにとって快の存在であること，少なくても雨が不快な存在ではないことが推測できる。では，なぜ，5月の雨に濡れても苦にならないのだろうか。これは，5月ころの気候，気温や日射と深く関わるといえよう。

　さて，フライブルク民謡研究所のライブラリー担当のバーバラ・ブック氏はこの5月の雨の歌の由来について「5月の雨は作物を成長させる恵みの雨になる（暖かくなる前の雨では，作物は成長出来ない）。だから，そのような5月の雨は，子どもたちを成長させる雨として受けとめられるのかも知れない」と語っていた。その季節の雨が当該の地域の人々にとってどのような存在として捉えられているのか，雨と人々のくらしの関わりは非常に興味深い。日本においても，農作業が始まる頃に降る雨は，その時期以前，冬の雨のような冷たさを感じさせるものではなし，何よりもこれから始まる農作業にとって欠かせない恵みである。歌われている表現を介して，人々の日々の生活の中で育まれてきた感覚に触れることができる。

表Ⅱ－4　5月の雨の歌一覧（全9曲）－ドイツ西部，ライン川の西の地域の伝承歌－（加藤・加藤 2011）

曲例	歌唱地域	旋律・歌詞・歌われ方
1	Viersen, Düruken Süchteln	 歌詞：私は，ひよこのように小さいけれど，5月の雨が私を大きくする。 歌われ方：雨に打たれながら通りで子どもたちが歌う。 【参考の詩1】 Mairähn, Goddessähn, fells op mich, dann wahs ich. 5月の雨，天からの祝福，私の上に落ちてきて私は大きくなる。 ・譜例1の歌詞の感覚と同種として収録されていたもの。 【参考の詩2】 Rähne, Rähnedröpche, fall net op mi Köppche, fall net op mi Botterfass, dann wärd ich och net klätschenass. 雨，雨の滴，私の頭の上に落ちてこない， バター桶の上にも落ちてこない。 私も濡れない。 ・ジプシーの子どもの歌。 ・子どもの言葉に由来するものらしい。 ・ケルン近くの言葉の可能性あり。 　歌われた地域
2	Cleve	 歌詞：私は半ズボンのボタンのように小さいけれど，雨が私を大きくする。
3	Kleve	 歌詞：曲例2に同じ
4	不明（※）	 歌詞：曲例2に同じ
5	Küln	 歌詞：5月の雨，滴が私の上に垂れてきて，私は大きくなる。
6	Küln	 歌詞：曲例5に同じ
7	Aachen	 歌詞：5月の雨，滴，私の上に落ちてきて私は大きくなる。
8	Aachen	 歌詞：5月の雨，雨の滴，私の上に雨が降ってきて，私は大きくなる。 歌われ方：雨が降る中に立って子どもが歌う。
9	Kleve	 歌詞：5月の雨，私は半ズボンのボタンのように小さいけれど雨が私を大きくする。

（3）子どもの歌にみる季節

　人々が待ち望む暖かい季節，その到来への期待や讃美は，ドイツの子どもの歌にもみられる。その一つに，"Trarira, der Sommer, der ist da!"《夏が来た》がある（譜例5）。この歌では，「冬と夏との対決で，夏が勝った」と歌われる。まさに，冬の追い出しである。

譜例Ⅱ−5　Trarira, der Sommer, der ist da!《夏が来た》

〈歌詞〉

1. Trarira, der Sommer, der ist da!
   Wir wollen in den Garten
   und woll'n des Sommers warten.
   Ja, ja, ja, der Sommer, der ist da!

2. Trarira, der Sommer, der ist da!
   Wir wollen hinter die Hecken
   und woll'n den Sommer wecken.
   Ja, ja, ja, der Sommer, der ist da!

3. Trarira, der Sommer, der ist da!
   Der Sommer hat gewonnen,
   der Winter hat verloren.
   Ja, ja, ja, der Sommer, der ist da!

　歌詞には，1番から3番まで，各々の歌い出しと歌い終わりに「夏が来た」と歌われる。しかも歌い出しは，trarira というラッパの音を思わせるような言葉で景気よく始まり，最後は ja, ja, ja, という言葉が伴って「夏が来た」と締めくくられるのである。囃し立てるような，追いたてるような感じがとても面白い。また，歌詞では，特に3番の次の表現が注目される。

Der Sommer hat gewonnen, der Winter hat verloren.

　このような，「夏が勝った，冬が破滅した（負けた）」という歌詞では，夏が来たことが嬉しいだけでなく，夏が来たことがすなわち冬の消滅である，完全な夏の勝利と歌われているのである。子どもの歌においても，1年が大きくは夏と冬という2つの季節で捉えられている。およそ大人の歌である民謡においても同じような季節の捉え方がみられた。このことから，ドイツでは，冬と春の中間にあたる季節，春と秋があるものの，1年は大きく2つからなる，という季節感が広くあることがわかる。ただし，この歌で歌われている夏 Sommer とは，まさに春，5月の

頃にあたるものである。このような季節の表現は，ドイツならではの季節感の原型ともいえるものであろうか。そこには，1年の間に季節が順々に巡ってくるものであり，移り変わるものを受け入れていくという日本ならではの感覚や季節感とは異なるものがある。自然と共にどのように過ごすか，その向き合い方が興味深い。

　1年間が大きく2つの季節からなるという捉え方の一方で，1年間の4つの季節があると歌われた子どもの歌もある。4つの季節がそれぞれの性格のあるものとして歌われている。例えば，"Es war eine Mutter "《四人姉妹》（譜例6）である。

譜例Ⅱ－6　"Es war eine Mutter "《四人姉妹》

〈歌詞〉

1. Es war eine Mutter,
   die hatte vier Kinder,
   den Frühling, den Sommer,
   den Herbst und den Winter.

2. Der Frühling bringt Blumen,
   der Sommer den Klee,
   der Herbst, der bringt Trauben,
   der Winter den Schnee.

3. Und wie sie sich schwingen
   im Jahresreihn,
   so tanzen und singen
   wir fröhlich darein.

　この曲に歌われている母 eine Mutter とは1年間のことである。母は4人の子どもをもっており，それはすなわち，春，夏，秋，冬の4つの季節であると歌われる。歌詞の第2番では，それぞれの季節を象徴する事柄がみられ，春は花を，夏はクローバーを，秋は葡萄を，冬は雪を運んでくる，と歌われている。

　民謡のような自然発生的に生まれ歌われてきた歌において，人々の生活は，その生成の基盤となる。ドイツ民謡では，「春」が一つの季節のまとまりとして捉えられ歌われてきただけでなく，春への移り変わりが様々な角度から歌われてきたことが注目される。冬の終わりの頃にようやく気配として感じられていた春がいよいよその本番を迎えるという，移り変わっていく過程での時々の心情が，自然の情景やその変化と絡められながら歌われている。ここには，ドイツに暮らす人々ならではの季節感が感じられる。良くも悪くも，生活をしていくためには移り変わる季節を享受しなければならない。その営みの中で，季節は様々に歌われてきたといえよう。

　ここで，季節の捉え方の比較としてドイツより北に位置する地域の歌もみてみよう。例えば，中世イギリス，イングランドの"Sumer is icumen in"《夏は来たりぬ》（作者不詳）がある（譜

例7）。この曲は1,250年頃に書かれた歌で，現存する世界最古の合唱曲ともいわれている。輪唱のスタイルで歌われることから，歌詞の冒頭部分にある"Sumer is icumen in"「夏が来た」という言葉が次々に何回も繰り返され，聴く者に強い印象を与える（高声部四声と低声部二声からなる六声の歌）。まさに待ちに待った春への讃美といえよう。譜例Ⅱ－7に，高声部のみを示す。

譜例Ⅱ－7 "Sumer is icumen in"《夏は来たりぬ》

〈歌詞〉

    Sumer is incumen in: Lhude sing, cuccu!

    Groweth sed and bloweth med and springth the wed nu. Sing cuccu!

    Awe bleteth after lomb, Lhouth after calve cu:

    bulluc sterteth, buck verteth: murye sint, cuccu!

    Cuccu,cuccu!

    Wel thy singest,cuccu: ne swik thu naver nu.

歌詞の概要：夏が来た。カッコウよ，元気に歌え。種は育ち，野には花が咲き，木は芽吹く。カッコウよ，歌え。母羊は子羊にメェ，母牛は子牛にモゥ。雄牛が跳ね，雌牛が風を切る。さあ，カッコウよ，楽しく歌って，決して鳴きやめないで。

    この曲には，題名と歌詞に「夏」が登場している。しかし，夏と言っても「花が咲く」「木が芽吹く」「カッコウが歌う」といった言葉から，歌われている時期は5月くらい，春の頃にあた

るであろう。確かに，この曲に歌われている "Sumer" とは，今でいう夏ではなく，1年の暖かい方の半分の意味であるという。Spring, Autumn, Fall 等の中間の季節の名称が使われるようになったのは中世以後であると一般にいわれている。1年の暖かい半分が夏であるという季節の捉え方，とりわけヨーロッパの北の地域に住む人々が抱いていた季節の捉え方，その地で育まれてきた季節感が歌の表現を通してみえてくる。

　さらに，異なる地域や自然環境にくらす人々の季節感について各々の地域の民謡を通してみていくならば，新たな文化事象との出会いが期待されるだろう。例えば，1年の中で気温の差が少ない地域，大きく雨季と乾季に分かれるような地域等との比較も興味深い。

（4）ドイツ文化圏の季節の伝統的行事−春を迎える行事にみる季節感（ファスナハト，ゼクセロイテン，ヴァルプルギスの夜）−

　ドイツ文化圏においても，季節に関わる様々な行事，祭りが行われている。ドイツ文化圏をはじめ，ヨーロッパの祭りは大きく二種に整理される。一つは，キリスト教の教会行事と結びついた祭りであり，例えば，復活祭，クリスマス等，教会暦に基づく各種祭礼である。もう一つは，ファスナハトのように，農耕や牧畜のような農民の伝統的な生活と密接に結びついた世俗的な行事である。

　この世俗的な行事の発生について，谷口幸男，遠藤紀勝（1996, 6）は，季節とくらしの関わりから次のように述べている。「ゲルマン人にとって元来冬と夏のふたつの季節しかなかった。暗黒の支配する寒く長い厳しい冬，夜の魔軍が嵐をまいて疾駆する恐ろしい冬，じっと長い冬の間身をひそめて耐えていた人々は一日千秋の思い出陽光の再来の春（夏）の回帰を待望する。それが，中部ドイツからハンガリー，ロシアにいたる農耕儀礼としての「冬送りと夏迎え」あるいは「冬と夏のたたかい」の行事に結実する。」

　1年のくらしの中で何故季節の行事が必要なのか，人々にとってなくてはならないものであったのかがわかる。では，ファスナハト，ゼクセロイテン，ヴァルプルギスの夜をみていこう。

◆ファスナハト（Fasnacht）

　民謡や伝承歌に加えて，季節に関わる伝統的な行事も，その地に暮らす人々の生活に密着したものであり，当該地域の気候や季節感を捉える上でも大いに注目される。ドイツのように，長く暗く厳しい冬を過ごさなければならない地域の人々にとって，春の訪れは何よりも待ち望まれるものである。その春を迎えるために行われる色々な祭りの一つに，復活祭を迎える前に行われるファスナハト（Fasnacht）と呼ばれる祭りがある。

　ファスナハトは，ドイツ，オーストリア，スイスで，復活祭を迎える前の寒さの底が感じられる時期に行われる（2月後半〜3月初め頃）。ファスナハトでは，眠っている自然力や精霊を呼び覚ますために「普通ではないことを行う」のが一つの特徴である。例えば，「鳴り響く音や声」，「魔女やデーモン等の様々な仮面，派手な衣装をまとって，練り歩いたり飛び跳ねたり，踊ったりはやし立てたりする様子」等の異様さが挙げられる。「完全に春に転換させる」ことを願って「冬を象徴するもの」を連れ去ったり，退治したりすることにより「冬の退場を見届け」なければならないのである。なお，行事の内容には，地域による相違がある。（以上，植田・江波戸

61

（1988），武田（1980），Moser（1993）らの記載や映像，写真等に基づき，筆者らが纏めた）。

　この異様さ，悪魔，魔女，動物などの異様な仮面姿は，キリスト教以前，異教時代の神々の名残りであるという。冬や死，あらゆる悪霊などを追放して，太陽の輝き，農作物の生長をもたらす正義の神々を強めるための儀礼であったファスナハトでは，一日も早く，緑におおわれる春を迎え入れるために，農民は仮面をつけて冬の悪魔と戦い，冬を追放し，あるいは冬を焼き殺す「火祭り」や「冬の埋葬」という葬儀を行ってきたといわれている（谷口，遠藤1990）。

　冬と春の戦いが演じられる場では，最後に必ず春の勝利が宣言される。この種の上演では，登場人物や衣装，持ち物，掛け合いや対話の有無等，様々なバラエティがある。しかし，最後には，必ず冬の敗北，すなわち春（夏）の勝利で終わる。それを人々は見届け，歓喜と共に春の到来を祝い確信するのである。

　この行事のような「冬と夏の対決」は，ヨーロッパに古くからみられるのもので，紀元前6世紀に古代ギリシャのイソップの寓話集にすでに「冬と夏」の対話がある（谷口，遠藤1998）。

　では，イソップ寓話集「冬と春」をみてみよう。人々にとって冬と春がどのような存在であるのかを擬人化で表現している。

イソップ寓話集『冬と春』
　あるとき，冬が春をばかにして非難をあびせた。春が姿を現わすと，もうだれもじっとしてはいない。ある者は野原か森へ行き，ユリやバラの花を摘んだり，それを目の前でくるくるまわしてながめたり，髪にさして楽しむ。別の者は船に乗り，ときには海を渡って他の国の人たちに会いに行く。もはや風やどしゃ降りの雨のことを気にかける者はいない。冬はつけ加えていった。「それに比べると，私は族長や絶対君主のようなものだ。私は人が目を空の方にではなく，下に地面の方に向けることを望む。私は人々を恐れさせ，震えさせ，ときどきはあきらめて一日中家にとどまっていなければならないようにしてやるのだ」春が答えていった。「なるほど，それだから人間たちはあなたがいることから解放されるのをあんなに喜ぶのですね。私の場合は，反対に，春という名前さえも彼らには美しい，ゼウスにかけて，すべての名前のなかで最も美しいと思われています。だから，私が姿を消したときには，彼らはなつかしんで私の思い出を持ち続けるし，私が現われると，たちまち歓喜で満たされるのです」

　ファスナハトには，ただ厳しい寒さに耐え，やがて訪れる春を待つだけでなく，自然に対峙するという人々の姿がみられる。植田重雄，江波戸昭（1988，219-220）は，自然環境と農耕や牧畜を営む人々のくらしという視点から，当該の地域の人々にとって，そもそもファスナハトがどのような意味をもつ存在なのか，次のように紹介している。

　「暗くて寒い冬を5か月以上も長く過ごさなければならない中部ヨーロッパの人々は，春をひたすら待ち望む。だが，ただじっと春の到来を待っているのではなく，できるだけ早く冬を追い出し春がくるようにと，いろいろな祭りを行うのである。復活祭を迎えるために精進にはいる前に行うカーニバル（謝肉祭）は，本来は，〈冬の追い出し，春（夏）迎えのためにうかれ騒ぐ行事〉である。ドイツ，オーストリア，スイスでは，冬型の生活に終わらせ，夏型の生活に転換させ農耕を始めるためのこの祭りは，特に切実で熱狂的である。ヴィルフリンゲンのある西南ドイ

ツでは，この祭りはファスナットの名で呼ばれている。ファスナットはファスナハト（Fasnacht）の方言であり，春を迎えるために気狂いじみて浮かれ騒ぎ歌い踊るという意味である。人々は，熊，猫，鶏，こうのとり，羊，山羊をはじめ，麦の束，野菜，果物，そして魔女（ヘクセ），デーモンなどのさまざまな仮面をかぶり，異様な配色の衣装に身をつつみ，踊り歌い，騒ぎ立て，眠っている自然力や精霊を呼び醒そうとする。こうして，約一週間にわたり騒いだ最後には，たいてい，町や村の広場で冬の象徴の人形（魔女や熊など）を焼いたり，川に流したりする。その後，泉の下で財布を洗い懺悔をして，復活祭にそなえる精進の週に入るのである。」

　また，植田・江波戸によれば，シュヴァーベン・アルプ（山地）の最高峰レンベルク（1,015m）のふもとにあるヴィルフリンゲン（Wilflingen）の村では，古い素朴なカーニバル（ファスナット）の行事を伝えおり，このファスナハトの行事はキリスト教以前のゲルマンの春迎えの祭りの影響を濃厚にとどめているという（植田・江波戸1988，219-220）。

　このファスナハトの行事にみるような，「冬＝悪いもの，生命を脅かすものであり，そのような冬を耐え忍ぶだけではなく追い出すことで春を迎えよう」という，冬に立ち向かう姿からは，長く厳しい冬であるがゆえの春への期待感の大きさや切実さが強く感じられる。春本番ではなく，春になる前のまだ寒い頃に行われるファスナハトは，厳しく長い冬をようやく抜け出す，寒さという暗く長いトンネルの先にようやく光が見えてきた，ようやく抜け出すことができると感じる頃の冬から解放の宣言ともいえよう。

　ドイツの季節には，夏の冬の中間の季節もある。しかし，基本的に1年が大きく夏と冬の二つからなる季節感では，「春＝夏の始まり」である。ファスナハトでは，二つの季節の交代の一環として，「春（夏）の冬への勝利」であり，「何としても追い出したい冬」なのである。

　冬の追い出しの祭りの生成の背景について，浜木隆志・柏木治（2003）によれば，人々は，厳しい冬をゲルマンの神話と結びつけていたという。12月25日から1月6日の12日間は，12夜と呼ばれ，悪霊が暴れまわるとされてきた。人々は，冬の嵐をゲルマンの最高神ヴォーダンの軍勢が押し寄せてきたと考え，厳しい冬将軍の到来をも神話と結びつけていた。このころになると，悪霊と対決し，冬の追い出しを行うというのである。

　祭りの祝い方には，地域による違いがあるという。浜木・柏木（2003）によれば，南ドイツやアルペン地方では，大都会とはかなり様相が異なり，特に山岳地方では，その土地の風俗や異教的な風習の名残がみられるという。例えば，人々は悪魔や悪霊を象徴する仮面をかぶり，それを冬に見立てて追い出したり，埋葬したりする。冬を表す悪いペルヒトと夏を表す良いペルヒトとの対決がある。そこでは，掛け合いの後，必ず冬のペルヒトが負ける筋になっている。また，魔女の仮面をかぶり，手に箒を持った仮装もある。追い出すべき冬をシンボル化して，最後にはそれを追放するという。来る春を確実に迎える，そのために筋書き通り冬を追い出し，それをしっかり見届けるのである。

　また，ファスナハトは，スイスでも行われている。例えば，スイスの北西部の町バーゼルで行われるファスナハト（Basler Fasnacht）は，スイス最大級のもので，その起源をたどると，14世紀以前にさかのぼる歴史があるという。ドイツのファスナハトと同じように仮装やバカ騒ぎ，ファスナハト特有の音楽があり，町は人々の強い熱気，興奮に包まれる（バーゼルの位置は図Ⅱ−35を参照）。

このファスナハトは，日本のねぶた祭りのような装飾を施した大きな灯籠をもって暗闇を練り歩くパレードに始まり，仮装したグループと楽団のパレードなど，3日間，72時間も続けて盛り上がる熱狂の祭りであるという。次のように祭りの行程が紹介されている（スイス政府観光局公式ホームページ https://www.myswitzerland.com/ja/home.html）。

　灰の水曜日後の月曜，まだ辺りも暗い早朝4時からのパレード〈モルゲシュトライヒ Morgestraich/Morgenstraich/Morgenstreich〉（「夜明けの一撃」の意）で幕をあける。18世紀の文献にはすでにみられる暗闇でのパレードで，当初にはなかった灯籠（ランタン）が19世紀に認められ，現在に受け継がれている。日本のねぷた祭りのようにペイントが施された大きな灯籠や長いポールのうえにつけたやや小振りの灯籠，楽隊が頭の上につけた小さな灯籠が夜闇に浮かび上がる。その後にメインのパレードがスタートする。バーゼルのカーニバルでは，それぞれのグループが時事問題などの"スジェ Sujets（仏語でテーマ）"を決めて，そのテーマにあわせた灯籠や衣装を選ぶのも特徴のひとつである。

　午後には，仮面と衣装をまとった大勢の人からなる一団が，太鼓隊，ピッコロ隊，"グッゲGugge"と呼ばれる"グッゲンムジーク Guggenmusik"の音楽隊（カーニバルの定番となっている独特のリズムと大音量をかき鳴らす音楽）と共にカラフルな紙吹雪をまき散らし，"スジェ"に関わるユーモアと皮肉たっぷりの風刺をこめたメッセージなどを配り，市内を練り歩く。

　昔は行事なしで通常の仕事に戻る日だった火曜日も，今日では子供のカーニバルや灯籠の展示会，"グッゲ"のコンサートなどが開催される。水曜日の午後には再び，月曜と同じパレードがくり返され，3日間盛り上がった祭りは，水曜の深夜に最高潮を迎える。また，各地域で行われるファスナハトには，その地域ならではの特色が織り交ぜられている。

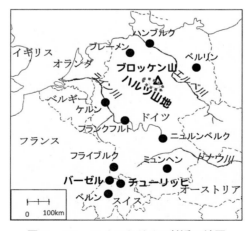

図II－35　スイスやドイツ付近の地図

◆ゼクセロイテン

　スイスには，ファスナハトの他にも興味深い季節の行事がある。その一つに，春から初夏へと季節の移り変わりを迎える前の4月に，チューリヒで毎年行われる春の祭り〈ゼクセロイテン（Sechseläuten）6時の鐘〉がある（図II－35）。この祭りは，長く厳しい冬に終わりを告げ春の訪れを祝うもので，4月の第3週目の日曜日と月曜日に行われる。この時期は，長く厳しい冬と

の闘いがようやく終わり，まさに春がそこまで近づきつつある頃，明るさが増す頃である。この祭りは，ベーグという雪だるま，（雪男）を焼く火祭りで知られている。春を目前にして，弱くなりかけた冬の悪魔を一気に追い払おうというものである。

　この祭の起源は，中世の「ツンフト」と呼ばれる職人組合にあり，祭りには 150 年以上の歴史がある。祭りの名称であるゼクセロイテンの，ゼクセは 6，ロイテンは鐘の音であり，アルプス地方の長い冬が終わり，夜の 6 時の鐘がなるまで働くことができるようになったことを祝う祭りである（芳賀 2006 26）。祭りでは着飾った多くの子どもたちによる楽隊を伴ったパレードや市内各地のツンフトハウス（ギルド会館）での舞踏会の開催等，町は活気に満ちる。

　祭りのクライマックスでは，6 時の鐘と共に〈ベーグ（Böögg）〉という雪だるまのような形をした藁でできた人形（雪男）に火が放たれる。冬の象徴でもある「雪」（＝雪だるま，雪男）を燃やすことによって，待ち望んだ春を迎え，完全に手に入れる。この時期に弱くなってきた冬の悪魔を一挙に追い払い，冬の終わりを告げるのである。

　祭りには独特の継承の伝統があり，行い方も独特である。遠藤紀勝（1990）は祭りの様子を次の様に紹介している。「祭りの日は，現在の職業が変わっていても，かつてギルドに加わっていた職人の子孫が，それぞれの職業を現す制服を身に着け，手に春の花をたくさん持ち，街中を行列しながら六つの鐘広場に集まってくる。夕方，教会の鐘が 6 つ鳴りわたって 6 時が知らされると，薪に火がつけられ燃える火のまわりを各ギルドの代表が馬に乗って，「冬よ，燃えろ！」とばかりに三度疾走する。やがて，炎は雪男〈ベーグ（Böögg）〉をつつみ，冬は焼き殺される。仕掛けられた花火が「バンバン！」と大きく鳴り響き，人々から感性の声が上がった。「春がやって来たぞ！」冬との訣別の祝火が，復活祭後も各地で焚かれた。」

写真：燃え上がるベーグ　許諾引用：芳賀ライブラリー

このように，燃やすことで冬を完全に消滅させ，それを人々が見届け春の到来の喜びを祝う，実感する，という非常に熱気に包まれ祭りから，人々がいかに冬からの解放，春を待ちわびるのかがわかる。祭りに託された思いと背景にある気候，冬の厳しさが如何ばかりのものか，推測することができる。

　また，ベーグの炎には古くからの伝統も続いている。「ベーグが完全に燃え尽きる時間によって，その年の夏がどんな夏になるのかを占う」というものである。ベーグが早く燃え尽きれば夏は美しく過ごしやすく，長ければ寒くて今ひとつの夏となるという。来る夏に天候に恵まれ，豊な実りをと願う人々の思いが，ベーグに託されているといえよう。

◆ヴァルプルギスの夜

　ヴァルプルギスの夜は，4月30日から5月1日に，中欧や北欧で行われてきた春の祭りである。キリスト教到来以前の春の風習に困んだこの祭りは，古代ケルトがその発祥という。古代ケルトではバルティナあるいはケートハブンと呼ばれる春の祭りが5月1日に行われ，その前夜がヴァルプルギスの夜などと呼ばれる。その夜は，魔女たちがサバト（Sabbath, Sabbat，魔女の夜宴）を開き，勢力をもって思うままにふるまうと伝えられてきた。

　ケルト人たちは1年を暖季と寒季の2つにわけ，暖季を迎えるこの日について，寒季の訪れる11月1日のサァオインあるいはハロウマスの祭り（ハロウィンの由来になった行事）と共に季節の変わり目として大切にしてきたという。

　ドイツでは，4月30日の日没から5月1日未明にかけての夜を，ヴァルプルギスナハト（Walpurgisnacht）またはヘクセンナハト（Hexennacht，「魔女の夜」の意）と呼び，この夜に魔女たちがブロッケン山（Brocken）で饗宴を催し，春の到来を待つと伝えられている。中央ドイツ北部の東方に位置するハルツ山地（Harz）の最高峰であるブロッケン山（標高1,142m）では（図Ⅱ－35），ブロッケン現象（太陽などの光が背後からさしこみ，影の側にある雲粒や霧粒によって光が散乱され，見る人の影の周りに，虹と似た光の輪となって現れる大気光学現象）が起こりやすいという。

　この祭りでは，かがり火を炊く風習がある。かがり火は，生者の間を歩き回るといわれる死者と無秩序な魂を追い払うためのもので，光と太陽が戻るメーデー（5月1日）を祝うことにつながるという。5月を祝う祭りは今も「五月祭」（メイフェア）としてヨーロッパに残っている。

　また，ヴァルプルギスの夜に関わる行事は，ヨーロッパの他の地域でも行われている。例えば，フィンランドでは，ヴァルプルギスの夜にヴァプンアート（Vapunaatto）が行われる。

　このようなヴァルプルギスの夜は，映画や音楽の題材にもなっている。歌曲では，F.メンデルスゾーン（Jakob Ludwig Felix Mendelssohn）による "Andres Maienlied (Hexenlied)"《もうひとつの五月の歌（魔女の歌）》が挙げられる（詩：ヘルティ Ludwig Heinrich Christoph Hölty）。この歌は，春が来てブロッケン山の舞踏会に行く日を心待ちにしている魔女たちがテーマとなっている。詩には，魔女たちのうきうきした様子や情景がうたわれ，音楽はそれらを描写的に，かつ大胆に表現している。「燕が飛び，春が勝利を得て私たちに花冠を与えてくれる，もうじき私たちはさっと音を忍ばせて戸を飛び出して，華やかな舞踏会へ飛んでいく」と歌いだされる。"

Allegro vivace の速い曲で，伴奏の16分音符の連続による流れるような音の動きは，飛びかう燕を思わせ，同時に，箒に乗って空を自在に飛びかう魔女たちの姿をも連想させる。

Die Schwalbe fliegt,

der Frühling siegt

und spendet uns Blumen zum Kranze;

bald huschen wir

leis aus der Tür

und fliegen zum prächtigen Tanze.

譜例Ⅱ－8　"Andres Maienlied（Hexenlied）"《もうひとつの五月の歌（魔女の歌）》Op.8 No.8

詩：Ludwig Heinrich Christoph Hölty / 曲：Jakob Ludwig Felix Mendelssohn

O - fen - ga - bel, der Wo - - - cken reißt uns ge -
Tan - zen - den Ga - ben auf Ga - - ben: sie sol - len

schwind, wie Blitz und Wind, durch sau - - sen - de Lüf - - te zum
schön in Sei - de gehn und Töp - - fe voll Gol - - des sich

Bro - - cken, reißt uns geschwind, wie Blitz und Wind, durch sau - -
gra - - ben, sie sol - len schön in Sei - de gehn und Töp -

- sen - de Lüf - te zum Bro - - - - cken!
- fe voll Gol - des sich gra - - - - ben.

2. Um
3. Ein

68

　魔女は，ドイツの子どもたちにとってもお話の世界で身近な存在といえる。その一つに Kline Hexe がある。Kline Hexe の物語は，子ども向けレコードでも広く親しまれているという。フライブルグ民謡研究所で資料収集の際に，ライブラリー担当のバーバラ・ブック氏から紹介していただいたレコードでは，物語は軽快な魔女の笑い声で始まる。

図　子ども向けレコード　"Kline Hexe"

　メンデルスゾーンの《もう一つの五月の歌（魔女の歌）》には，飛び交う燕が登場する。日本の芸術歌曲でも五月，燕が題材として歌われている作品がある。その一つが三木露風の詩，山田耕筰の作曲による《露風の巻》の〈燕（つばくらめ）〉である。

　歌の冒頭に〈皐月の浪を越へわたり，野をこそ慕へ，つばくらめ〉とある。五月初夏を迎える時期，燕が飛び交う季節が歌の舞台となっている。ピアノ伴奏には燕の飛び交う様子が描写的に表現されている。

燕

三木露風

皐月の浪を越へわたり
野をこそ慕へ、つばくらめ
野をこそ慕へ、つばくらめ
求めあぐみたる古巣ゆえ

求めあぐみたる古巣ゆえ
緑の岡の鐘楽の
ひびきの方に青岸に
求めあぐみたる古巣ゆえ
野をこそ慕へ、つばくらめ

三木露風 詩 / 山田耕筰 曲

　この曲について，塚田佳男・黒沢弘光（1998，27）は次のように解説している。「燕は，俳句では春の季語になっている。しかし，軒下の巣に雛鳥がひしめく姿が目立つのは梅雨も近くなる頃である。この詩は，懐かしい古巣の野をめざして，ひたすらに飛び急ぐ燕の姿を，愛おしみをもって描いている。皐月は，旧暦五月の称で，本来は六月初旬から七月初旬ごろにあたる。この詩では，今の暦での五月の美称として用いられている。五月の輝く日ざしを受けて，青い浪の上を越えて，燕が飛んでいく。「野をこそ慕へ」という表現は，「野を慕う」という文を強調した表現で，「まさにその野を慕っているのだ」という意味になる。懐かしい野をめざして，小さな翼の力の限り飛んで行くひたむきな姿に感動して「野をこそ慕へ　つばくらめ」とくり返し歌っているのである。」

　あらためて，メンデルスゾーンの《もう一つの五月の歌（魔女の歌）》と山田耕筰による〈燕〉の音楽をみると，興味深いことに気づく。それは，2曲の素材の着眼と音楽表現にみる共通性である。素材については，2曲共に五月，燕が取り上げられている。また，音楽表現では，ピアノ伴奏に燕の飛び交う様子を思わせる描写的な表現があり，共に，スピード感，躍動感にみちた表現が印象的である。

　このような共通性がみられる一方で，表現されている題材，内容は全く異なる。メンデルスゾーンの《もう一つの五月の歌（魔女の歌）》では舞台は夜，パーティに出かけようと浮かれる魔女であり，山田耕筰の作品は豊かな五月の明るい日差しへの賛美，回帰してきた小さな燕の姿への感動である。各々の視点から季節や季節感が見事に描き出されている。燕を介して，あるいは浮かれ出す魔女を介して，その頃の生命感あふれる時期に対する人々の期待や潜在するエネルギーには，その底辺に何か共通項があるように思われる。

Ⅱ－2－2　日本の歌と伝統的な季節の行事

(1)　日本の愛唱歌にみる季節感

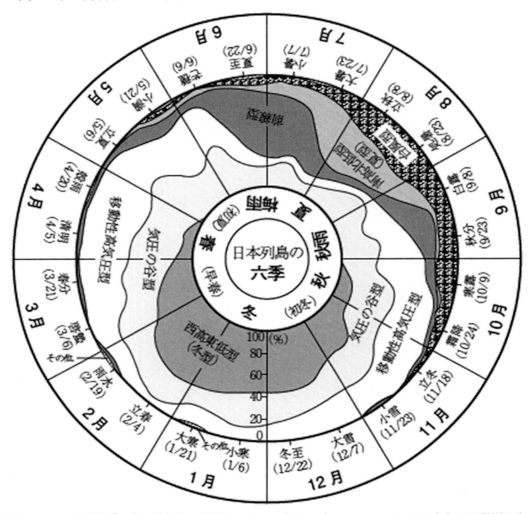

図Ⅱ－36　六季と『二十四節気』の季節サイクル　大和田（1992, 1994 による各気圧配置型の出現頻度の季節変化（％）も併せて示す（図Ⅱ－3の上段を再掲）

　日本の歌においても季節は大きなテーマとして様々に歌われてきた。表現をみると，その季節ならではの情景と共に，季節や季節進行に伴って生じる思い，心情がテーマとして歌われていることも興味深い。情景描写と心情表現が平易な言葉，旋律で綴られているのである。

　さて，日本列島の1年の季節サイクルは六季，すなわち「春」「梅雨」「夏」「秋雨」「秋」「冬」からなる。季節は，単に規則的に進行するというよりも，むしろ〈行きつ戻りつ〉しながら進行していく点が注目される。例えば，気温の変化では，2月の終わりから3月にかけて〈三寒四温〉のような寒暖のくり返しがみられる。

　1年を細分して二十四節気という捉え方がある。二十四節気とは，太陰太陽暦で，一太陽年を太陽の黄経に従って二十四等分し，それぞれに季節の名称を与えたものである。この分類をみる

と，季節から季節へ移り変わるが注目される。ただし，二十四節気は，中国の中原（黄河中下流域にある平原）を中心とした地域の気候をもとに名付けられていることから，日本で体感する気候とは季節感が合わない名称や時期がある。例えば，「立秋」といっても，実際にはその前後が暑さのピークである。このような事情に対応して，日本では二十四節気のほかに「土用」「八十八夜」「入梅，」「半夏生」「二百十日」などの「雑節」と呼ばれる季節の区分けを取り入れた。また，二十四節気をさらに約5日ずつに分けた七十二候という区分けもある。これは二十四節気と併せて暦注などに記され，現在でも農事暦や旬を楽しむ生活暦として使われており，微妙な季節感を感じ取ることが出来るという。

　前述したように，季節を歌った歌には，その時期ならではの現象や情景や心情が歌われてきた。民謡のように，郷土の生活，農業や漁業等の労働や集団の場で自然に生まれ育った素朴な歌には，地域性が強くみられ，その地ならではの季節の表現がみられる。季節の中で心打つ事象や思いが歌われてきた。子どものための歌である童謡や唱歌においても，季節はテーマとして様々に表現されている。そこでは，分かりやすい言葉の表現と平易な旋律によって，季節の事象や場面，思いが歌われている。では，二十四節季に対応させて春を歌った童謡・唱歌をいくつかみてみよう。

表Ⅱ−5　二十四節季に対応する童謡・唱歌にみる春の歌

二十四節気	季節の特徴	曲例	春を表す言葉や素材	音楽の様相
立春	立春を過ぎた頃から各地で梅の開花が始まる。	《うぐいす》詩：林 柳波曲：井上武士昭和16年『ウタノホン（上）』	・梅の小枝 ・鶯 ・鶯が啼き，春の到来を告げる。 〈ホウホウホケキョ，ホウホケキョ〉	曲の締めくくりには，鶯の鳴き声がそのまま旋律として歌われる。
雨水	一雨毎に暖かさが増してくる。各地で春一番が吹き，木の芽が膨らむ。一方で冬型も現れやすい。	《春よ来い》詩：相馬御風曲・弘田龍太郎大正12年1月『木かげ』	・春を待つ，幼子の呼びかけ〈春よ来い，早く来い〉 ・蕾が膨らむ ・はよ咲きたい	冒頭〈春よ来い，早く来い〉と，畳みかけるように幼子の呼びかけで始まる。ようやく歩けるようになった幼子の目線で歌われる。

啓蟄	大地が温まり，冬眠していた虫が穴から這い出てくる，冬ごもりをしていた生物が活動を始める。柳が芽吹き，蕗の薹が出始める。	《あわて床屋》詩：北原白秋曲：山田耕筰大正8年4月『赤い鳥』	・川辺を動き回る蟹〈春ははよから〉〈蟹が店だし床屋でござる〉〈チョッキンチョッキン，チョッキンナ〉と軽快なはさみの音の模倣	〈春ははよから〜〉メリスマを伴うユーモアのある旋律。伴奏には全曲を通してはさみの音を模した音型が持続する。温かさも日差しも増した春の長閑さが感じられる。

春分	豪雪地域でも次第に積雪深が減少し，冬型の気圧配置が緩む。高い太陽高度での日照時間が増加する。桜の開花が始まる。	《春の小川》詩：高野辰之曲：岡野貞一初版1912年（大正元年）『尋常小学唱歌（四）』掲載改訂1942年（昭和17年）『初等科音楽（一）』再掲改訂1947年（昭和22年）	・さらさら流れる小川〈春の小川はさらさらいくよ〉・川岸に咲く菫，蓮華草の花，・川を泳ぐめだかや小鮒の群れ	音が途切れずに進んでいく穏やかな旋律は，春になって水かさが増した小川が静かな音をたてながらゆっくりと流れていく様子を思わせる。「さけよさけよ」「あそべあそべ」のたたみかけで，高揚感が生じている。
清明	春分頃から継続して気温の上昇が特に大きい。周期的な天気変化が卓越する。関東以西ではソメイヨシノが花盛りを迎える。	《春がきた》詩：高野辰之曲：岡野貞一1910年（明治43年）『尋常小学読本唱歌』	・鳥が啼く・花が咲く〈春が来た，春が来た，どこに来た〉〈山に来た，里に来た，野にも来た〉	詩に合わせ旋律も問いと応答の形をとる。〈山に来た，里に来た，野にも来た〉と詩のたたみ掛けにも旋律が対応。平易なリズムの重なりを通して，春を待つ気持ちの高揚が感じられる
穀雨	日射が更に強くなる。葉桜の季節を迎える。春の末にからたちが開花する。	《鯉のぼり》文部省唱歌，作者不詳1913年大正2年『尋常小学唱歌（五）』	・雲の波（春の雲）・空高く泳ぐ鯉幟・端午の節句・橘薫る朝風〈朝風に高く泳ぐや鯉幟〉	白い雲と高い青空の春の晴天日。〈いらかの波と雲の波〉屋根の瓦と雲が重なる空の中ほどに風を受けてはためく鯉幟の情景が，付点のリズムで力強く躍動的に歌われる。

うぐいす

林　柳波

一、うめの小枝でうぐいすは
　　春が来たよと　うたいます
　　ホウホウ　ホケキョ
　　ホウ　ホウケキョ

二、雪のお山を　きのう出て
　　里へ来たよと　歌います
　　ホウホウ　ホケキョ
　　ホウ　ホウケキョ

春よ来い

相馬御風

一、春よ来い　早く来い
　　歩き始めた　みいちゃんが
　　赤い鼻緒の　じょじょはいて
　　おんもへ出たいと待っている

二，春よ来い　早く来い
　　おうちのまえの　桃の木の
　　つぼみもみんな　ふくらんで
　　はよ咲きたいと　待っている

あわて床屋

北原白秋

一、春は早うから川辺の葦に
　　蟹が店出し　床屋でござる
　　チョッキン　チョッキン　チョッキンナ

二、小蟹ぶつぶつ石鹸を溶かし
　　親爺自慢の鋏を鳴らす
　　チョッキン　チョッキン　チョッキンナ

三、そこへ兎がお客にござる
　　どうぞ急いで髪刈っておくれ
　　チョッキン　チョッキン　チョッキンナ

四、兎ァ気がせく　蟹ァ慌てるし
　　早く早くと客ァつめこむし
　　チョッキン　チョッキン　チョッキンナ

五、邪魔なお耳はぴょこぴょこするし
　　そこで慌ててチョンと切りおとす
　　チョッキン　チョッキン　チョッキンナ

六、兎ァ怒るし　蟹ァ恥ょかくし
　　しかたなくなく穴へと逃げる
　　チョッキン　チョッキン　チョッキンナ
　　しかたなくなく穴へと逃げる
　　チョッキン　チョッキン　チョッキンナ

春の小川

高野辰之

一、春の小川は　さらさらいくよ
岸のすみれや　れんげの花に
すがたやさしく　色うつくしく
咲けよ咲けよと　ささやきながら

二、春の小川は　さらさらいくよ
えびやめだかや　小ぶなの群れに
きょうも一日　ひなたでおよぎ
遊べ遊べと　ささやきながら

春がきた

高野辰之

一、春が来た　春が来た
どこに来た
山に来た　里に来た
野にも来た

二、花が咲く　花が咲く
どこに咲く
山に咲く　里に咲く
野にも咲く

三、鳥がなく　鳥がなく
どこでなく
山でなく　里でなく
野でもなく

鯉のぼり

一、甍の波と　雲の波
重なる波の　中空を
橘かおる　朝風に
高く泳ぐや　鯉のぼり

二、開ける広き　其の口に
舟をも呑まん　様見えて
豊かに振るう　尾鰭には
物に動ぜぬ　姿あり

三、百瀬の滝を　登りなば
忽ち竜に　なりぬべき
わが身に似よや　男子と
空に踊るや　鯉のぼり

譜例Ⅱ－10　《春の小川》　詩：高野辰之　曲：岡野貞一

　《春の小川》の春の表現をもう少しみてみよう。詩の1番には花が，2番には生き物が登場する。2番に歌われているめだかは，身近な自然の生き物の一つである。めだかは，その寿命が1年と数カ月程度である。めだかは通常，春から夏にかけて産卵し，孵った仔魚は夏，秋の間をかけて成長し，次の年に産卵する。また，めだかの産卵時期と水田に水が張られる時期は一致していることから，めだかは，日本の稲作文化と共存してきた「水田の魚」とも称されるという（魚類学会誌57（1）2010，日本魚類学会自然保護委員会）。

　このことから，《春の小川》の歌詞2番に歌われている〈めだかの群れ〉とは，孵化したばかりのめだかで，歌われているのは，そのめだかが田仕事の始まる時期に，近くの川の浅瀬に群れて泳いでいる情景と捉えることができるだろう。日本ならではの稲作にみる春の長閑な，どこか懐かしい情景である。めだかという，小さな生き物の存在を通しても，巡りくる季節と，受け継がれていく生命の強い息吹を感じ，味わうことができる。

農作業暦

3月	4月	5月	6月	7月	8月	9月	10月
●苗つくり（なえ）						●乾燥・もみすり	
●田おこし	●代かき（しろ）	●草取り・水の管理・肥料・防除（かんり　ひりょう　ぼうじょ）				●稲刈り・脱穀（いねか　だっこく）	
	●肥料（ひりょう）　●田植え						

　《春の小川》の歌詞は2回改訂された。そのため，世代によって親しんできた歌詞に違いがあるという興味深い現象がみられる。初版のオリジナル歌詞は，1912年（大正元年）に発表され（高野辰之による），『尋常小学唱歌（四）』に掲載された。第1回目の改訂は，1942年（昭和17年）である。1942年に国民学校への移行に伴う教科書の改訂で，《春の小川》は3年生用の『初等科音楽（一）』に再掲されたものの，当時の国民学校令施行規則では国語で文語文を教えるのは5年生以上と定められていたことから，詩人の林柳波が歌詞を口語体に変え，さらに3番の歌詞が

削除された。第2回目の改訂は1947年（昭和22年）である。その歌詞が今日広く親しまれているものである。

　このように高野辰之による初版の格調高い文語体から口語体へ，さらにより親しみやすい言葉の表現へと改訂が重ねられてきた。表記が変わり，言葉の響き，言葉から受ける印象等に，初版の創作当時とは違いがあるものの，この歌の根底にある春への思い，情景は時代を越えて受け継がれてきたといえよう。これも日本の季節感の一面ではないだろうか。

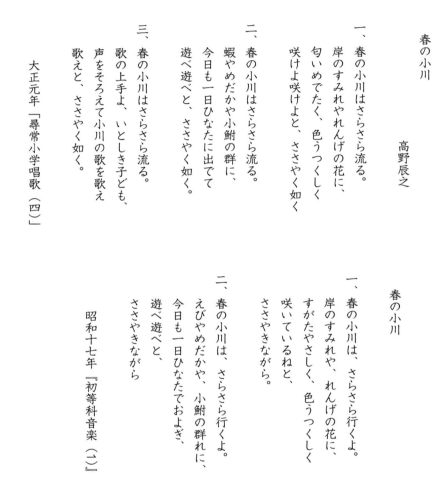

春の小川

高野辰之

一、
春の小川はさらさら流る。
岸のすみれやれんげの花に、
匂いめでたく、色うつくしく
咲けよ咲けよと、ささやく如く

二、
春の小川はさらさら流る。
蝦やめだかや小鮒の群に、
今日も一日ひなたに出でて
遊べ遊べと、ささやく如く。

三、
春の小川はさらさら流る。
歌の上手よ、いとしき子ども、
声をそろえて小川の歌を
歌えと、ささやく如く。

大正元年「尋常小学唱歌（四）」

春の小川

一、
春の小川は、さらさら行くよ。
岸のすみれや、れんげの花に、
すがたやさしく、色うつくしく
咲いているねと、
ささやきながら。

二、
春の小川は、さらさら行くよ。
えびやめだかや、小鮒の群れに、
今日も一日ひなたでおよぎ、
遊べ遊べと、
ささやきながら

昭和十七年『初等科音楽（一）』

　日本の長い音楽文化全体からみれば，童謡や唱歌は新しい時代のものといえる。子どもたちが歌うことを目的として，子どもたちのために大人が童謡や唱歌を作ったということは，日本の音楽文化として注目すべきものである。誰が誰のために作ったのか，歌うのは誰なのか，どのような目的で誕生したのか，といった点からみるならば，童謡や唱歌は，自然発生的に生まれた民謡や伝承歌とは異なる性格をもつものである。子どものものの見方や感じ方を推し量って作られた子どもの歌には，多かれ少なかれ，作者である大人の感覚がミックスされている。このような感覚の融合の面からみるならば，童謡や唱歌は，特殊性のあるジャンルの歌といっても良いかも知

れない。

　童謡や唱歌のテーマや題材は子どもにとって身近であり，言葉の表現も平易で直接的なものが多い。しかし，その基底には長い時間をかけて季節感や文化観の存在がある。とりわけ，日本の気候や風土ならではの生活の営みは大いに注目される。

　例えば，童謡《うぐいす》（詩：林 柳波，曲：井上武士）には，春を迎える象徴として〈梅と鶯〉の組み合わせが歌われている。子どもたちが〈梅が咲くということと鶯が啼く〉について実体験を通して，歌われている事象を捉えているかは定かではない。生活の環境によっては，鶯の鳴き声を耳にすること自体が難しいこともある。しかし，梅と鶯，春の到来を〈そういうもの〉があると知ることは難しくはない。それをきっかけとして春のイメージを膨らませていくこともできよう。このようなところに気候，風土と共に，社会生活の中で育まれた季節感の存在があるといえるのではないだろうか。

　ここで，人々のくらしの面から歌われている背景をみてみよう。花の開花や鳥のさえずりとあわせて春が歌われている背景には，農耕を中心に営まれてきた社会，生活の歴史が深く関わる。そこに季節感が培われてきたといえる。農耕を中心とした生活の営みで注目されることの一つに自然暦がある。自然暦とは，一年を通して定期的にみられる動植物の現象・行動の季節変化をもとに作られた暦の一種である。日本では，土地ごとの自然の変化を基準に，農業の生産暦として自然暦が伝承されてきたといわれている。生方徹夫は「花や鳥，雪，木の芽吹き，時には星の動きさえも，自然の動きは，われわれに時を知らせてくれた。これらは全国一律の暦上の期日ではなく，土地土地の気候の変化に応じた現象であるだけに，その土地に適確な農事始めの指標となりえた」と述べている（2002，194-195）。とりわけ田仕事のとりかかりの時期に咲く桜は，農耕生活を営む人々に深く関わるものであった。このような生活に欠くことができないことは，人々のものの見方，感じ方に深く関わるのであり，それはまた，子どもたちのための歌にも関わるといえよう。

　桜井満は桜について次のように述べている。「日本人にとって花は稔りの兆（ほ）である。その日本人は稲作を中心とした農耕生活を長く営んできたのであるから，稲穂の稔りの兆になる花が日本の花の代表になる。それは稲穂の稔りを占う「花見」の花すなわち「桜花」である。そうした日本人の生活の歴史があって，花といえば桜という文学の歴史も成り立つのであった。」（桜井 1993，95）一方，梅は藤原宮の時代に中国から渡来したものである。桜井によれば，『万葉集』巻十で雑歌と相聞が春・夏・秋・冬に分類されており「梅に鶯」もすでに定着している。かつては柳の芽吹きや鶯，霞，さらに竹に鶯などが春のことぶれの景であったのに対し，梅の渡来によって，その花が春のことぶれの花として歓迎されたのである（桜井 2000，54-61）。

　このような花の開花に代表される季節感は，歌の生成はもとより，春を歌った歌が今日まで長い間広く歌い継がれてきた要因の一つと考えられる。もちろん，童謡や唱歌が作られた当時と現在では，生活のスタイルが大きく様変わりをし，ものに対する価値観，人々をとりまく情報，等，数々の違いがある。詩の味わい方も変わってきたであろう。また，近年の新しい童謡には，古くからの歌にはないような，今日ならではのテーマや表現がみられる。しかし，梅の開花や鶯の初鳴に春の訪れを期待する気持ち，桜の開花を心待ちにする等，季節の移ろい，とりわけ「春」に寄せる思いやそれに対する共感という点では，時空を越えて共通するものがあるといえるのでは

ないだろうか。

地域	生物季節観測の項目	地域平均の日付 (1971-2000年平均)	1971-2000年平均値の地点間のばらつき(『平均±標準偏差』の範囲)				
			1月	2月	3月	4月	5月
九州～関東 (全55地点)	ウメの開花日	2月11日	←――――→				
	ウグイスの初鳴日	3月7日		←――→			
	タンポポの開花日	3月13日		←――→			
	モンシロチョウの初見日	3月24日			←――→		
	ツバメの初見日	3月27日			←→		
	ソメイヨシノの開花日	4月1日				←→	
	ソメイヨシノの満開日	4月8日				←→	
	ノダフジの開花日	4月23日				←→	
東北～北海道 (全19地点)	ウメの開花日	4月3日			←------→		
	ウグイスの初鳴日	4月12日			←------→		
	タンポポの開花日	4月23日				←---→	
	モンシロチョウの初見日	4月24日				←---→	
	ツバメの初見日	4月17日				←→	
	ソメイヨシノの開花日	4月30日				←---→	
	ソメイヨシノの満開日	5月4日				←---→	
	ノダフジの開花日	5月16日					←-→

図Ⅱ－37　生物季節観測の平年値（1971-2000 年の平均）の日付やその地域内でのばらつき。九州～関東の全55 地点，及び，東北～北海道の全 19 地点における気象官署における当該現象の日付の平年値について，各地域内での平均値と標準偏差を求め，「平均値－標準偏差」から「平均値＋標準偏差」に入る期間を矢印で表示した（矢印で示す範囲の期間に，それぞれの地域の約 68% の地点で当該現象が見られることになる）。理科年表 2004 年版に掲載されたデータを加藤・加藤・逸見（2009）が解析した結果に基づき，本図を作成。

　花の開花は心躍るものであり，花が咲くことによって，また木々の緑によって周りは彩の豊かな世界へと移り変わっていく。芸術歌曲においても春，桜を歌った歌は数多くある。とりわけ武島羽衣の詩，滝廉太郎の作曲による《花》は，隅田川（墨田川）の眩い春の一瞬一瞬を捉え，春の喜びを歌い上げた，まさに自然への讃歌といえよう。《花》は，4 曲から成る組歌《四季》の第 1 曲である。第 2 曲『納涼』，第 3 曲『月』，第 4 曲『雪』である。

　川辺には花見をはじめ，四季折々の賑わいがあり，これも日本ならではの，季節が巡る地であればこその文化といえる。春には花見，夏には納涼の花火，秋には月見，冬には雪見である。

花

武島羽衣

春のうららの　隅田川
のぼりくだりの　船人が
櫂のしづくも　花と散る
ながめを何に　たとふべき

見ずやあけぼの　露浴びて
われにもの言ふ　桜木を
見ずや夕ぐれ　手をのべて
われさしまねく　青柳を

錦おりなす　長堤に
くるればのぼる　おぼろ月
げに一刻も　千金の
ながめを何に　たとふべき

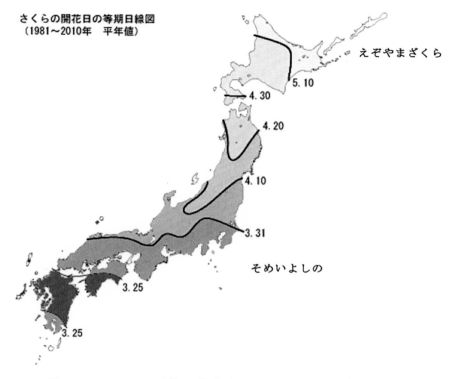

図Ⅱ－38　さくらの開花日（気象庁ホームページより引用）

　暫し，詩を味わおう。川の両岸の桜は満開である。第一連には，柔らかな春風が吹くたびに踊るように花びらが舞い，櫂のしずくが飛び散ったきらめきも花吹雪のように見えると感動が歌われている。第二連には「桜」と「柳」がある。黒沢弘光・塚田佳男は，そこにみるようなさりげない古典の引用もまた，表現の重要な美的装飾（表現技法）であると述べている。それは，第二連で「桜」「柳」があげられ，第三連が「錦織りなす」で始まっていることから，作者が『古今和歌集』で名高い「見渡せば　柳桜をこきまぜて　都ぞ春の錦なりける」（素性法師）という和歌を踏まえた表現をしていることが察せられるということである（黒沢・塚田 1998，12）。

　このような作者の感覚，感性の高さと同時に，それらを感じ取ることができる我々読み手の感覚も，巡る季節やそこに育まれた季節感によるといえるのではないだろうか。

　ひかんざくらの開花は沖縄地方・奄美地方で1月中旬頃に始まる。そめいよしの開花は3月下旬に九州地方，中国地方，四国地方，近畿地方，東海地方南部を結ぶ地域に達する。その後，東北地方北部を北上し，5月中旬に北海道地方北部・東部まで達する。

　では，次に春との対比として秋から冬へを歌った歌もみてみよう。一般に四季では，春と対比して秋が捉えられることが多い。双方とも，夏と冬の中間の季節であって，共にいわゆる〈気候の良いとき〉ではあるものの，性格は大きな相違がある。春が，寒さからの解放であると共に暑さに向かうのに対し，秋は暑さからの解放かつ寒さへ向かう，その方向が真逆である。この向かう方向の違いは，歌のテーマや内容に関わるものであり，そこから様々な表現が形作られている。

　では，愛唱歌では，秋，冬がどのように歌われているだろうか。秋から冬についても，季節の

特有な事象や移り変わりが歌に歌われている。その中でも,「寒さ」「風の吹き方」「ものの見え方」に関する表現は興味深い。愛唱歌として親しまれてきた中から,季節の事象が比較的明瞭に歌われている歌8曲を例にみてみたい。なお,ここでは,外国の民謡に日本語の歌詞がつけられた歌についても,その歌が広く親しまれてきたことから,考察の対象に加えることにする。

表Ⅱ-6　秋から冬を歌った愛唱歌

曲名	季節や気象を表す言葉	曲の冒頭
《紅葉》 詩：高野辰之 曲：岡野貞一 明治44年尋常小学（二）	秋の夕日（日差し） 紅葉（楓,蔦）	あきのゆうひに　てるーやまもみーじ
《野菊》 詩：石森延男 曲：下総皖一 昭和17年初等科音（一）	遠い山から小寒い風 野菊,秋の日ざし 霜 秋のなごり	とおいやまからふいてーくる
《冬景色》 作詩・作曲者不詳 大正2年尋常小学（五）	霧,霜,麦踏み 小春日 かえり咲きの花	さぎりきゆるみなとえの
《北風小僧の寒太郎》 詩：井出隆夫 曲：福田和禾子 1974年	北風 ヒュルルーン 電信柱も泣いている 冬,寒い,雪	きたかぜーーこぞうの
《たきび》 詩：巽聖歌 曲：渡辺茂 1941年	たき火 北風ぴいぷう さざんか こがらし	かきねのかきねのまがりかど
《ちんちん千鳥》 詩：北原白秋 曲：近衛秀麿 1921年	千鳥 ガラス戸を閉めても寒い	ちんちーんちどーりのなくよさーはなくよさーは
《冬の星座》 日本語詞：堀内敬三 曲：ヘイス 昭和22年中等音楽（一）	木枯らし さゆる空	こがらしとだえてさゆるそらより
《灯台守》 日本語詞：勝承夫 イギリス民謡 昭和22年5年生の音楽	凍れる月影（月明り） 真冬の荒波 激しき雨風	こおれるつきーかげそらにさーえてーま

秋から冬を歌った愛唱歌ではどのような表現がみられるか,「日ざし」「気温,寒さ」「風,風の吹き方」の3点から歌詞をみてみよう。

まず,「日ざし」についてである。《紅葉》では,「秋の夕日に　照る山紅葉」と歌い出される。夏のような頭の真上近くからの日ざしではなく,山肌にはやや斜めの日ざしが当たり,紅葉が日に照らされて輝いている様子である。この日ざしも真夏のような強い光ではなく,柔らかさのある光であろう。《紅葉》の2番で「赤や黄色の　色様々に」と木々の紅葉の様子が歌われている。

紅葉についても触れておこう。紅葉でどの程度赤くなるかは，その年の気候と大きく関係している。色づくための条件「日中の天気が良いこと」「昼と夜の気温の差が大きいこと」「葉が枯れないくらいの雨や水分があること」が揃う山の中や渓谷，川沿いで美しい紅葉を見ることができる。また，《冬景色》では，2番で「げに小春日の　のどけしや」と歌われる。ここでは，初冬の頃の暖かくて穏やかな天気の柔らかな日差しが感じられる。

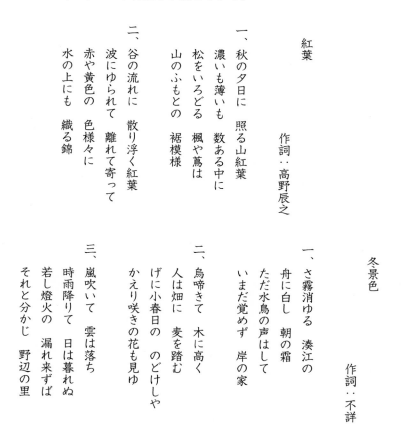

紅葉

作詞：高野辰之

一、
秋の夕日に　照る山紅葉
濃いも薄いも　数ある中に
松をいろどる　楓や蔦は
山のふもとの　裾模様

二、
谷の流れに　散り浮く紅葉
波にゆられて　離れて寄って
赤や黄色の　色様々に
水の上にも　織る錦

冬景色

作詞：不詳

一、
さ霧消ゆる　湊江の
舟に白し　朝の霜
ただ水鳥の　声はして
いまだ覚めず　岸の家

二、
烏啼きて　木に高く
人は畑に　麦を踏む
げに小春日の　のどけしや
かえり咲きの花も見ゆ

三、
嵐吹いて　雲は落ち
時雨降りて　日は暮れぬ
若し燈火の　漏れ来ずば
それと分かじ　野辺の里

　次に，「気温，寒さ」である。《たきび》では，たき火を見つけた子どもたちが，少し遠くから，たき火に「あたろうか」「あたろうよ」と相談をしながら歩いてくる愛らしい様子が描写されている。きっと大人たちも子どもを快く迎え入れ，たき火にあたらせたのだろう，どのような会話がなされたのであろうか，ほのぼのとした場面が想像される。たき火は秋から冬へ移り変わる時期ならではの一コマ，風物詩である。ここでの寒さは，手がかじかむような寒さ，冷えた手を温めたくなるような寒さとはいえ，まだまだ骨身に凍みるような厳しいものではないだろう。寒さで赤く頬を染めた子どもたちと辺りを包む温かい空気が思い浮かぶ。
　一方，《ちんちん千鳥》では，「硝子戸閉めてもまだ寒い」と歌われている。ここでは，「硝子戸閉めても」という表現が注目される。外からしんしんと冷え込んでくる強い寒さ，全てを遮る程の冷え切った空気が感じられる。

たきび　　　　巽　聖歌

一、かきねの　かきねの　まがりかど
たきびだ　たきびだ　おちばたき
「あたろうか」「あたろうよ」
きたかぜぴいぷう　ふいている

二、さざんか　さざんか　さいたみち
たきびだ　たきびだ　おちばたき
「あたろうか」「あたろうよ」
しもやけおててが　もうかゆい

三、こがらし　こがらし　さむいみち
たきびだ　たきびだ　おちばたき
「あたろうか」「あたろうよ」
そうだんしながら　あるいてる

ちんちん千鳥　　　　北原白秋

ちんちん千鳥の啼く夜さは
啼く夜さは
硝子戸しめてもまだ寒い
まだ寒い
ちんちん千鳥の啼く声は
啼く声は
燈を消してもまだ消えぬ
まだ消えぬ
ちんちん千鳥は親ないか
親ないか
夜風に吹かれて川の上
川の上
ちんちん千鳥よお寝らぬか
お寝らぬか
夜明けの明星が早や白む
早や白む

　では,「風,風の吹き方」についてみてみよう。秋から冬の時期にかけて吹く風とその情景が様々に歌われている中で，吹く風の冷たさ，強さに違いがみられる。
　《野菊》では,「こ寒い風」という言葉で，野菊を揺らすやや寒い感じのする風が歌われている。遠い山から吹いてくるというこの風には，細い野菊の薄紫の花を揺らす程度もので，冷たさや強さはそれほど感じられない。また，前述した《たき火》に歌われている北風は,「ぴいぷう」という擬音語で表現されており，《野菊》に描かれた風よりもやや強めの，頬に冷たさを感じるような風を思わせる。同じように《北風小僧の寒太郎》でも表現に擬音が用いられている。「ヒュルルーン」という擬音語からは，枯葉をくるくると舞わせるような強さが感じられ，冷たさも増しているようである。「今年も町までやってきた」という表現がおもしろい。巡り来る季節，北風があたかも冬の到来を告げる使者のようである。《冬の星座》には，秋から初冬にかけて吹く，強く冷たい風である「木枯らし」が歌われている。しかも「木枯らし途絶えて冴ゆる空より」という表現には，木枯らしが止んだ後の澄み切った夜空が描かれており，そこからは凍てつくような寒さも伝わってくる。

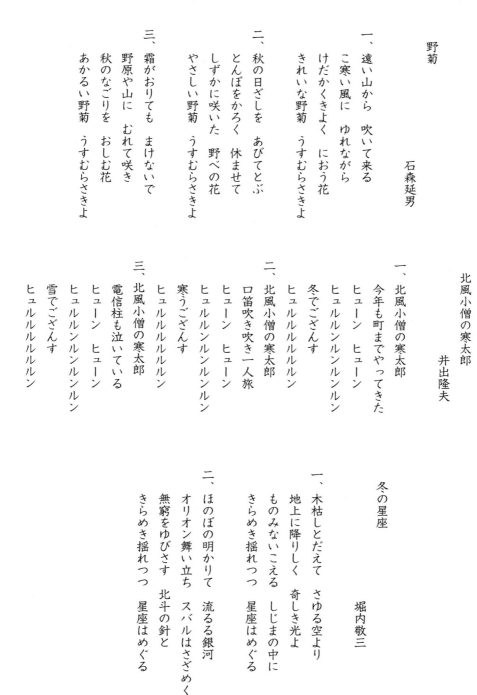

野菊

石森延男

一、遠い山から　吹いて来る
　　こ寒い風に　ゆれながら
　　けだかくきよく　におう花
　　きれいな野菊　うすむらさきよ

二、秋の日ざしを　あびてとぶ
　　とんぼをかろく　休ませて
　　しずかに咲いた　野べの花
　　やさしい野菊　うすむらさきよ

三、霜がおりても　まけないで
　　野原や山に　むれて咲き
　　秋のなごりを　おしむ花
　　あかるい野菊　うすむらさきよ

北風小僧の寒太郎

井出隆夫

一、北風小僧の寒太郎
　　今年も町までやってきた
　　ヒューン　ヒューン
　　ヒュルルンルンルンルン
　　冬でござんす
　　ヒュルルルルルルン

二、北風小僧の寒太郎
　　口笛吹き吹き一人旅
　　ヒューン　ヒューン
　　ヒュルルンルンルンルン
　　寒うござんす
　　ヒュルルルルルルン

三、北風小僧の寒太郎
　　電信柱も泣いている
　　ヒューン　ヒューン
　　ヒュルルンルンルンルン
　　雪でござんす
　　ヒュルルルルルルン

冬の星座

堀内敬三

一、木枯しとだえて　さゆる空より
　　地上に降りしく　奇しき光よ
　　ものみないこえる　しじまの中に
　　きらめき揺れつつ　星座はめぐる

二、ほのぼの明かりて　流るる銀河
　　オリオン舞い立ち　スバルはさざめく
　　無窮をゆびさす　北斗の針と
　　きらめき揺れつつ　星座はめぐる

　「日ざし」「気温」「風」のような気象の要素と共に，ものの存在だけでなく，ものの見え方も季節によって違いがある。このことも歌の表現にしばしばみられる。一般に，秋は夏に高かった湿度が下がり空気が澄むことで視界が良くなる。春の頃の湿気っぽさのある空気とは違う。例えば《朧月夜》に歌われているような，ものの姿や音までも，おぼろにかすむような見え方とは全

く違って，くっきりと見えるありさまが空や星，月の描写を通して歌われている。また，《冬の星座》では，木枯らしが止み，静けさの中で冴えわたった空から地上に降ってくるかのように輝く星の光が描かれ，《灯台守》では，「凍れる月影，空に冴えて」と，寒空に煌々と輝く月が情景として歌われている。

朧月夜

高野辰之

一、菜の花畑に　入日薄れ
　見わたす山の端　霞深し
　春風そよふく　空を見れば
　夕月かかりて　にほひ淡し

二、里わの火影も　森の色も
　田中の小路を　たどる人も
　蛙のなく音も　かねの音も
　さながら霞める　朧月夜朧月夜

灯台守

勝　承夫

一、こおれる月かげ　空にさえて
　真冬の荒波　よする小島
　思えよ灯台　まもる人の
　とうときやさしき　愛の心

二、はげしき雨風　北の海に
　山なす荒波　たけりくるう
　その夜も灯台　まもる人の
　とうとき誠よ　海を照らす

　日本の愛唱歌にみられる季節の表現について，春から夏，秋から冬をみてきた。その表現は多彩かつ繊細である。例えば，「春」といった一つ季節，まとまり全体をどのように表現するかにとどまらず，春に至るまでの移り変わり，次の夏へ移り変わりの微妙な変化を捉えている作品からは，その時その瞬間と同時にそれを包む時間の流れが伝わってくる。

　愛唱歌は，その多くが短くて平易である。言葉そのものも分かりやすい語で綴られ，音楽もシンプルである。そのため曲の表層にみえるものは限られている。しかし，その背景に目を向けて歌をみた時，詩，音楽の奥深さが一層しみじみと感じられる。

　そもそも歌というものは，気候や気象，季節をテーマとしていたとしても，気象現象を忠実に表現することを目的としたものではない。曲によっては，異なる時期の様子や相前後に生じるような事象が混在していることもある。また，実際の気候や季節の移り変わりとは別に，俳句の季語のように，ある語が季節を表すものとして用いられることもある。また，民謡や芸術歌曲にお

いてみられる季節の表現には，ある語が象徴的に用いられている場合もある。愛唱歌でも民謡，芸術歌曲でも，詩に織り込まれている季節の事象に関わる言葉は，歌われてる作品の世界を捉える際の大きな手がかりとなる。同時に，作品の表層に現れている言葉や語の意味そのものだけでなく，歌を聴いたり歌ったりする者個人の，ものの捉え方や感じ方，あるいは経験も反映される。

　普段の生活の中では，あらためて意識されることはあまりないものの，人はそれぞれに季節感をもっている。季節を歌った歌にみられたような季節感は，変容を伴いつつも受け継がれていくのではないだろうか。このような，その時々に，時代に生きていく音楽文化に注目していきたいものである。

(2)　日本の伝統的な季節の行事にみる季節感－節分を中心にみる季節感－

　日本の各地に，古くから四季折々伝統的な祭りが継承されてきた。祭りの由来は主に，「豊穣への祈りと感謝」にある。神を呼び，心を尽くしてもてなす。そこで，この一年の豊作を祈り，また豊作に感謝するのである。日本の祭りには，季節と農耕が密接に関わっている。

　農耕の生活の一年は，祈りと共に経過するといってよいだろう。春の訪れとともに種を撒く，これが一年の「始まり」であり，その「始まり」にあたって，一年が実り豊かであるようにと祈る。夏には作物が育つように天候に恵まれるように祈り，疫病にあわないように願う。秋には，豊かな実りに感謝を捧げる。農閑期である冬には，厳しい寒さを無事に乗り越えて，春を迎えることができるように魂の充実を願う。このような伝統的な祭りには，季節の移り変わりに寄り添ってくらす人々の姿，自分たちの力ではどうすることもできない自然に対する畏敬の念，思いが凝縮されているといえる。祭りを通して，一年の節目が人々の中に刻まれていくのである。

　柳田国男が，祭りと四季の循環の関わりについて「温帯の国々においては，四季の循環というものが，誠に都合の良い記憶の支柱であった。我々の祭りはこれを目標にして，昔から今に至るまで繰り返されていたのである。」と述べているように（柳田 1956，32），祭りの目的と開催の時期は不可分の関係にある。日本のような稲作文化では，田仕事が始まる前の春の祭りと，豊穣を感謝する秋の祭りは，とりわけ重要なものとして位置づけられてきた。春の「お田植祭り」や秋祭りは，全国各地にみられる。また柳田は，祭りが行われる地域と季節に関して，次のようにも述べている（1956，48）

　「祭りと都市文化との交渉はかなり深いが，その中でも祭りの季節というものの違いは，誰の目にもはっきりとしている。町の祭りの思い出は夏のものに多く，夏の祭りというものは上代に少なかった。もちろん四時の境目ごとに，祭を営むべき機会はあったろうが，一年を通じていちばん大きな祭りは，なんとしても秋の収穫後の，ものの豊かな時に行われるもので，その次には春の末または夏のかかり，農村では苗代ごしらえにかかる前のものがあった。旧暦四月八日という日が，特に山の祭りと関係があったようである。人のよく言うのは春秋両度の祭，これは農業ことに稲作の始めと終わりとを，表示したことはほぼ確かで，その前と後と定まった日を，山の神が田に下りまた田の神が山に入る日として，まつるというふうも農村には多い。」

　さあこれからというエネルギーに満ちる時と農作業が無事終えて一息つく時は，1年のサイクルの中で大きな場面である。

さて，前述したように，日本の季節やその移ろいを知る上で，二十四節気は大きな手掛かりを与えてくれるものである。1年のサイクルが，立春で始まり大寒に終わる二十四節気では，夏至と冬至，春分と秋分が柱である。四季それぞれの始まりが，立春，立夏，立秋，立冬であり，季節の分かれる日，それぞれの前日が節分である。単に暑い時期，寒い時期というだけでなく，季節の移り変わり，その境目に目が向けられている。

　暦の上で農作業の目安となる「雑節」の一つである節分は，年に4回訪れる。この日は季節の分け目に当たるため，古来厄除けなどの様々な行事が行われてきた。冬から春への時期をみると，冬は太陽の力が弱まる季節であるという。夜の時間が最も長い冬至には最も力が弱くなる。しかし逆に，冬至を境に太陽の力は復活に向かうという。春の節分は大寒の最後の日にあたるため寒い日が多く，病気にかかりやすい等，悪いものが体に入って来やすい季節である。冬の間に体力を消耗し，身体が弱っている時期でもある。また，農耕を営むくらしにとっては，田仕事の始まりをいよいよ迎えようとする立春は，まさに一年の始まりといえる。

　このようなことからみるならば，様々な季節の行事の中でも，立春の前日，2月3日頃に行われる節分祭は，一年のスタートに立つ，スタートを切る上で最も重要なものとして，時代を越えて受け継がれてきたものと捉えられるのではないだろうか。祭礼では，季節の変わり目に，悪いものが体の中に入ってこないように，人々の厄難を祓い，心身健全，開運長久が願われる。

　節分祭には，節分祭ならではの音や所作，由来がある。節分祭では，一般に「鬼は外，福は内」と掛け声と共に福豆が撒かれる。この福豆には，煎った大豆が用いられる。この煎った豆を使う由来について，一説に，豆は悪いものを追い払うためにぶつける丸い堅いものであり，煎った豆には，火の力が入っているという。また，年齢の数だけ（もしくは1つ多く）豆を食べて厄除けを行ったり，邪気除けに木の枝に鰯の頭を付けて門戸に挿したりする。これらの風習については，地方や神社などによって相違がある。

　例えば，岡山県岡山市にある宗忠神社（岡山市北区）では，豆まきの時に「鬼は内！福は内！」と掛け声をかける。同神社によれば，これは，「追われる身である鬼にも福がありますように」という御祭神の憐みの心，寛大な心にもとづくという。また，同市の最上稲荷の掛け声は「福は内！福は内！」で，鬼は登場しない。鬼を追い払うのではなく，本尊である最上尊の慈悲によって鬼の中にある良心を呼び覚まそうというものであるという。

　大きな掛け声と共に豆を撒き，それを拾う，あるいは手にすることで人々が福を授かる，ここには，「悪いものを追い払い，福を招き寄せたいという」人々の思いが所作や声に託されているのではないだろうか。また，たとえ厳しいものであったとしても自然や季節を受け入れながら，物事の開始，来る年も無事に過ごせるようにという1年の幕開けの宣言をも思わせる。また，岡山県岡山市の岡山神社（岡山市北区）で2016年に行われた節分祭では，豆まきは行われず，神主による祝詞，一連の流れが終了後に，参拝者全員に福豆が配られ，神主から参拝者への節分にあたっての言葉があった。自然に立ち向かう姿ではなく，心穏やかに迎え，祈る節目である。

　日本の各地で，古くからのいわれや風習に基づいて，その地域，その神社ならではの節分祭が行われてきた。そこでは，時代や地域社会の様変わりに伴う変容もみられ，人々の祭りの捉え方も多様になってきた。今日では，季節のイヴェントの一つとしての楽しさが前面に出てきていることもある。祭りには，地域や神社あるいは時代に伴う様相の変化がみられるものの，祭りの根

写真：左上　宗忠神社前の節分祭の案内
　　　中央　豆まきの様子
　　　左下　節分祭の日の空
　　　右上　宗忠神社の節分のいわれ
　　　右下　参拝に訪れた人々，本殿と五色の幟　　　宗忠神社（2016 年 2 月 3 日　筆者撮影）

写真：左　参拝に訪れた人々　　　　　写真：右　節分祭の空，紅梅が咲く境内

岡山神社（2016 年 2 月 3 日　筆者撮影）
以上，カラー版は口絵参照。

底にあるものは脈々と受け継がれているのではないだろうか。祭りを楽しみに神社に足を運ぶ，参拝して家内安全や無病息災を祈願する，豆まきをする，福豆をいただく等，祭りに関わる様々な場面を通して安堵する。祭りが，日本の季節の移り変わりや人々のくらし，気候風土，季節感に密接に関わるものであることをあらためて感じることができる。

　さて，節分祭のように，全国各地で行われる祭りと共に，その地域ならではの季節の祭りも非常に興味深い。

　例えば，夏の祭「青森のねぶた祭り」は，「秋田の竿燈」「仙台の七夕」と並ぶ東北夏の三大祭りの一つである。「青森のねぶた祭り」は毎年8月2日～7日に青森市で行われる。この祭の起源は，七夕の灯籠流しにあるともいわれている。青森観光コンベンションセンターの青森市文化観光交流施設ワ・ラッセによれば，ねぶた祭りの起源は，七夕の灯籠流しの変形であるといわれているものの，その起源は定かではないという。その上で，「青森のねぶた」の起源について，次の様に紹介されている。

　「奈良時代に中国から入った七夕祭りと，古来，北国青森にある習俗と精霊送り，人形，虫送り等の行事と一緒になり，紙と竹，蝋燭が普及されると灯籠になり，それが変化して扇ねぶた・人形ねぶたとなったのではないだろうか。「ねぶた」と呼ばれる「灯籠」は，祭りの最終日に川などに流され，これを「ねぶた流し」と呼んでいた。古くは，夜に何かシンボル的なものを外から松明等で照らす時代を経て，紙を透かして光り輝く灯籠の魅力，提灯の合理性を知った人たちの知恵の産物こそ，ねぶた祭りであろう。」

　祭りでは，巨大な人形灯籠ねぶたが運行され，それを幾重にも取り巻くように大勢の跳人（ハネト：踊り手）が踊り跳ねる。華やかなねぶたと，笛と締め太鼓，手振り鉦によるに賑やかなねぶた囃子に合わせた跳人の乱舞は，見る者を圧倒する。篠笛の音，締め太鼓の力強い音，シャンシャンという鉦が青森の夏の夜空に響き渡り，ハネトが大地を踏みしめた振動は大地を伝わり，広がっていく。

　前述のワ・ラッセによる資料（ねぶた入門 p.2～7）をもとに，青森ねぶたの音楽と踊りについてみてみよう。

　ねぶたの運行では囃子が伴う。楽器は，締め太鼓，篠笛，手振り鉦（ジャガラギデビラガネとも呼ばれる）であり，これらが揃ってねぶた囃子となり，一団体当たり50～100人で構成されているという。非常に大規模なものである。

写真　「青森ねぶた」の囃子方（締め太鼓，篠笛，鉦）写真：芳賀フォトライブラリー

　囃子には複数の種類があり，その場面に応じて奏される。集合，出発準備，進行，ころばし，大休止，小休止，戻り，小屋入れ，雨天中止，雨上がり再開，最終日囃子などを含め12種類もあるという。

　もともと囃子は，笛を主体に7日分（53節）が別々に用意されていたということも非常に興味深い。初日は「感謝の気持ちを表し」（8節），2日目は「神を迎える」（7節），3日目は「神が降下し」（7節），4日目，5日目は「歓喜と乱舞」（各日8節），6日目は「神送り」（7節），最終日は「神は天から　悪役や災難を祓って安らかな生活がやって来る」（8節）という意味を持つという。

　前述した跳人（ハネト）は，ねぶた祭りの大きな特徴である。跳人は，集団の踊りで，その名の通り，「ラッセ，ラッセ」の掛け声を叫びながら，男性も女性も同じいでたちで，思い切り飛び跳ねて踊るものである。この踊りには，どこからこのエネルギーが湧き出てくるのだろうかという程の激しさがあり，時には，一種のトランス状態をも引き起こすのではないかと思われるくらいに場が高揚する。北国の人々の穏やかさや寡黙な姿といったありきたりのイメージだけからは，とても想像がつかないような弾けるエネルギーの結集である。跳人のエネルギーは，地響きのように，辺りを熱狂に包む。一台のねぶたを囲むようにして，大勢の跳人が大きな輪を作って競うように跳ねる。一台のねぶたに約2000人もの跳人が乱舞し，見物人も跳人の輪に加わることもあるという。跳人の衣装は，今日では基本は，浴衣にタスキ，オコシ（腰巻）ガガシコをつけ，頭には花笠，足には白足袋であるという。

　このような地面を踏み跳ねる跳人の乱舞には，大地の邪悪な霊を踏み鎮める，あるいは踏むことで大地を目覚めさせ豊作を約束させるという。ここには，日本の各地の祭礼で行われる民俗相撲の言い伝えに何か相通じるものがあるのではないだろうか。

　東北の夏は短い。8月とはいえ，盆を過ぎる頃には急速に秋に向かっていく。この祭から，東北にくらす人々の満ち溢れるエネルギーと同時に，どこからか秋の訪れの気配が感じられる。

　節分祭や夏祭り等，季節の伝統的な行事には，移り行く季節を受け止め，自然と共に生きる人々の祈りの姿がみえてくる。その祈りを託す音の存在，音の意味を改めて問いかけることで，音と文化の一端を垣間見ることができるのではないだろうか。

Ⅱ-2-3　フィンランドの民謡や伝統的な季節の行事

(1)　フィンランドの民謡にみる季節－冬から夏－

　フィンランドの民謡においても，季節の折々の事象や心情は様々に歌われてきた。気候環境や自然環境は人々のくらしや精神生活に直接的，間接的に種々の影響を与えるものであり，そこから，その地ならではのくらし方や季節感が育まれてきた。厳寒や白夜といった現象をはじめ，とりわけ冬が極めて厳しい気候環境にあるフィンランドでは，自然と共に生きる人々のくらしの様子やくらしの知恵，あるいは生きるエネルギー，等，自然に向き合う人々の思いが民謡や伝承歌にたくさん歌われている。歌われているテーマや内容を通して，当該の地域の人々のもつ季節感を垣間見ることができる。

　さて，国土の約7割が森に覆われているフィンランドは「森と湖の国」と呼ばれている。森には，目に見えないたくさんの精霊が住んでいると考えられてきた。トロル（Troll）の妖精伝説も，森の国，北欧ならではので興味深いものである。目に見えないものの存在をも大切にするという考えに基づいたくらしの在り方，フィンランドならではの風習が古くから生活に息づいてきたという。

　気候をみると，北方に位置するフィンランドにおいて，1年の季節サイクルの中で最も長い季節は冬であり，ようやく訪れる春，夏の期間は短い。厳しく長い冬の後にやっと訪れる春は，人々のくらしにおいて，1年の始まりである。この1年がどのような気候になるのか，それは人々の生活に直接的に関わる最も大きな関心事の一つである。春と夏の間に畑を耕して作物を育て，秋には実りを得て収穫の時を迎える。やがて再びやって来る冬を越す準備をしなければならないのである。のんびりとただ待つことはできない，自然と向き合い，自然に逆らわず，自然と共に暮らしていく知恵が求められよう。長い冬を乗り越えてようやく春の兆しがみえてきた頃には，氷の解けかかった湖でその年の天候を占うという習慣もあるという。これも「天候がいかに人々の生活を左右するか」ということから生じたものであろう。1年の起点となる春に対する期待の大きさが感じられる。

　高緯度にあるフィンランドでは，6月中旬には水平線ぎりぎりに月が動いていく。夏至を迎え，本格的な夏の時期は，人々にとって，大人も子どもも，自然の中で開放される輝きのひと時である。夏の到来を祝う夏至祭では，人々は，白樺の木（生命力あふれる緑）を家のあちこちに飾り，夏の喜びを分かち合う。この祭は，フィンランドの地の妖精伝説と共にあるという。子どもたちも夏には森に入り，自由に子どもたちだけで遊ぶことが許される。子どもたちの夏の森での遊びの中にも，妖精伝説が息づいている。例えば，木の葉や小枝を使って思い思いに妖精を作って想像の世界を楽しむような遊びである。妖精たちの物語は親から子へと語り継がれてきた。

　例えば，今日世界各地で広く親しまれているトーベ・ヤンソン（Tove Marika Jansson 1914～2001）による《ムーミン》の小説（シリーズ全9巻）が創作された背景にも，このような伝統とその育みがあるといわれている。ムーミンシリーズ全9巻の中の《ムーミン谷の冬》は，冬のムーミン谷が舞台となったお話で，ストーリーが展開する中で，フィンランドの気候や冬から春への季節の移り変わりが随所に描かれている。気候や気象の特徴が描写的に綴られているのである。この物語を通して，フィンランドとは住んでいる気候環境が異なる，あるいはフィンランドのような気候を体験したことがない者でも，フィンランドの気候や季節，季節にまつわる習

慣，伝説や伝統，さらにはくらしの一端をも感じとり，その地に思いを馳せることができる。《ムーミン谷の冬》については，あらためて後述する。

　再び，巡る季節に目を転じよう。北欧の夏は活気にあふれるものの，その期間は極めて短い。夏至が過ぎ，本格的な夏を迎えても，8月に入ると気温が氷点下になることもあるという。緑の生命感に包まれる期間は実に短いのである。本格的な夏の到来は，夏へ向かう期間，言い換えれば上昇の終わりともいえる。

　このような短い夏の後，秋には白樺の葉も色づき紅葉と実りの季節を迎え，それを経て，再び冬を迎える。冬には，太陽が昇っているのはわずか数時間という，いわば暗に支配される時期である。冬至を過ぎると，ようやく日は少しずつ長くなっていく。寒さだけでなく明るさの乏しい冬，望むものでは決してないであろう冬の厳しさに対し，人々はどのように向き合ってきたのであろうか。冬は人々に何を与えてくれるのだろうか，フィンランドの人々の春を待ち望む心は，このような冬があってこそのものであろう。

　少し細かく地域と気候をみると，南部の海岸と南東部でのみ夏と冬の長さがおおよそ同じである。諸島地域と南西部海岸のうちハンコ半島など最も暖かい地域では冬が1月初から2月末までであり，一方ラップランド北西部の高地や北東部の低地では冬が10月初から5月中旬と長い。そのため，フィンランド南部で降雪するのは毎年3から4か月間であるのに対し，北部では7か月ほどである。北部では冬が長いため，毎年500mmから600mmの降水のうち半分ほどが雪である。南部の降水は毎年600mmから700mmほどであり，北部と同じく一年を通して降水するが，雪の比率は北部のそれより低い。

　このようなフィンランドに暮らす人々の季節感を知る上で，民謡に歌われている季節やその情景は，私たちに多くのきっかけを与えてくれる。では，民謡には，季節やその移り変わりがどのように歌われてきたのか，冬から春，夏へと季節の移り変わりと共にみていこう。まず，冬を歌った歌からみていくことにする。ここでは資料として，CD「北欧の歌～フィンランド民謡の花束」2002 解説7－9（歌詞対訳：谷口ひろゆき 1996）を引用し，《カンガサーラの夏の日》については東山魁夷（2005，『東山魁夷の世界』6）を引用して論を進めていきたい。

《2月がやってきた》
　2月がやってきた　白い雪が舞い散る
　霜は影のほうで凍りついている
　生あるものは皆夢から覚め
　スキーやそりをだして急ぎましょう
　足にスキーを履いて滑りましょう！
　誰が一番速いかな？
　ほっぺは赤く火照り　歌声は響く
　ラスキアイネンは皆の楽しみ（以下，略）
　　※ラスキアイネン（Laskiainen）は，フィンランドのミッドウィンターのお祝い

この歌では，「2月がやってきた　白い雪が舞い散る」と冬の情景が歌われている。「霜は影の

ほうで凍りついている」という描写からは，寒さの厳しさの程がうかがい知れる。しかし，それも関わらず元気に戸外で活動しよう，という呼びかけには，寒さに真っ向から向かい合う，生きる人々の活気が感じられる。

《霜じいさん》
　　ラティ　リティ　ラッラ
　　氷の髭に　吹雪の髪
　　霜じいさんがやってきた
　　雪のマントにグレーの靴下
　　ラティ　リティ　ラッラ
　　そんな恰好の霜じいさん（以下，略）

　この歌では，「霜じいさんがやってきた」と寒さの到来が歌われている。「氷の髭に吹雪の髪，雪のマント」という姿は冬の象徴かもしれない。トロルを思わせるものの，どことなく愛嬌が感じられる。ラティ　リティ　ラッラと歌い出され，曲調は明るい。

《春の調べ》
　　再び雲雀たちが空で戯れる
　　春の賛歌が森にこだまする
　　雪は解け　もう花の小道が続く
　　氷は流れ　もう白夜の季節は近い
　　今は希望と愛のとき（以下，略）

　この歌では，雲雀が登場する。雲雀は，春を告げる鳥として古より洋の東西を問わず親しまれた鳥である。雪が解ける，氷が流れる等の春の季節の情景と共に，待ちわびた春の到来と，生命あふれる春への期待が歌われる。

《夏至祭の夜》
　　待ちに待った夏至祭がやってきた
　　澄み切った空が青く輝く
　　馬もきれいに洗ったし
　　庭もすっかり掃き終えた
　　門には白樺の枝を立て
　　ナナカマドが夏祭りのことを囁いている
　　森からスズランも取ってきた
　　青い花を部屋に飾った

　　日々の仕事も終えた

みんな夕方を待っている
岩の上には火を焚く準備も整った
あとは夜を待つだけ
その夜はみんなで歌う
子どもも大人もダンスの輪
大きな篝火がぱちぱち燃え
夏の夜に消えゆく

　この歌では，人々がどれ程夏至祭を待ちわびているのかを感じ取ることができる。夏至祭のための準備が着々と進む様子が歌われ，高まる期待に胸膨らませる様子が思い浮かぶ。

《カンガサーラの夏の日》
ハルユラの　空に浮かぶこずえから
見渡すかぎりに　郁万もの湖が
彼方まで　果てしなく続く

陽差しをあびて　ランゲルマヴェッシの入江は
銀色にきらめくリボンのよう
美しいロイネのさざなみは　湖岸にそっと口づけをする
（中，略）
神よ　この湖に愛と平和の輝きを映したまえ
父よ　教えたまえ
美しきこの大地への熱き思いを（訳：福井チナミ）

　この歌では，フィンランドのタンペレ近くにあるカンガサーラの美しい光景が描写されている。目の前に広がる雄大で美しい自然への賛美と共に，祖国を思う熱い気持ちが歌われている。非常に美しい旋律である。

　これらの民謡を通して，冬がどのようなものとして捉えられているか，その一端を知ることができる。歌には，冬は生きていく上では極めて厳しい季節であってもそれを受容し，自然と共に生きるフィンランドの人々の逞しさが感じられる。人々の自然への畏敬の念，それはまさにフィンランドの人々の季節感といえるのではないだろうか。
　また，民謡の他に，フィンランドには古くから伝わる民族叙事詩カレワラ（Kalevala カレヴァラ）があり，それは世界三大叙事詩の一つといわれている。カレワラのもとになるものは，フィンランドの各地に口承伝承されてきた叙事詩である。カレワラには，詩には，天と地，音楽と言葉，月と太陽などを作り出していったカレワラ（英雄たちの里）に住む英雄たちの活躍が綴られている。カレワラが歌われる際には，フィンランドの民族楽器の一つであるカンテレ（kantele 琴のように指で弦を弾いて音をだす，ツィターに属する撥弦楽器）が伴奏に用いられる。

詩：Zachris Topelius / 曲：Gabriel Linsén

Mä ok-sal-la y - lim-mäl - lä　oon Har-ju-lan sel - jän-teen;_____niin

kau-as kuin sil - mään siin - tää,　nään jär-vi-ä lah - ti-neen._____Kas

Län-gel-mä-ve - si tuol - la　vöin ho-pei-sin hoh - tel - lee,_____ja

Roi - neen ar-mai-set aal - lot　sen ran-to-a hy-vä-e - lee,_____ja

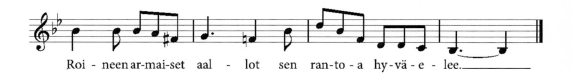

Roi - neen ar-mai-set aal - lot　sen ran-to-a hy-vä-e - lee._____

（2）フィンランドの伝統的な季節の行事－夏至祭（ユハンヌス juhannus）にみる季節感－

　フィンランドで，夏を迎えることが1年の中で最も大切なことの一つであり，それが季節の伝統的な行事となっている。夏には，夏至祭（ユハンヌス juhannus）という祭りが国内の各地で行われる。夏至祭は，一年の中で最も大きな季節の行事といわれている。夏至は，太陽が夏至点を通過するときで，北半球では昼の時間が最も長く，夜の時間が最も短くなる。フィンランドの夏至祭はキリスト教が広まる以前から行われてきたものである。なお，現在のヨーロッパ各地に夏至祭があり，それらは，キリスト教の聖人の日と北欧伝統の季節の祝祭が一緒になった文化現

象といわれている。

　フィンランドの夏至祭は，夏至の日に一番近い週末の夜に行われ，幼なじみや親戚と共に一晩中踊り明かす等，夏の到来を祝う。夏至祭の日，北極圏に近いこの地では，太陽が沈むのはわずか２時間ほどである。１年で一番昼が長くなる夏至をフィンランド独特の方法で祝う。

　夏至祭には，いくつかの伝統的な習慣がある。例えば，その一つは，家のいたるところを緑の若葉で飾り付けることである。飾り付けにはこの時期に最も青々と茂る白樺が使われ，玄関や門には幹が，窓には葉の茂った枝が飾られ，室内にも葉が敷き詰められる。白樺のほかにポプラも使われ，室内にはスズラン，ナナカマドやウワミズザクラ，ライラックといった花が花瓶に挿して置かれる。緑生命あふれる緑で家中を満たし，夏の喜びを家族で分かち合うのである。人々の生活と深く関わっているサウナ小屋にも白樺が飾り付けられる。

　このような家中を緑で満たすことと共に，もう一つ，伝統的な特色ある習慣として，湖のそばで燃やす焚火がある。この火（ボーンファイアー）はフィンランドではコッコ（kokko）と呼ばれ，ゲルマン民族の焚火祭が原型であるといわれている。木を組んで作った櫓のようなものが水辺に置かれ，あたりが薄暗くなるとそこに点火される。ここで祭りは最高潮に達する。コッコには厄払い的な意味もある。夏至の夜は，昔から神秘的かつ超自然的なものと結びついているといわれ，夏至を過ぎると夜の時間が長くなり，悪霊が増えてくるといわれ，それらを追い払うために火を焚くようになったという。

　また，大きな木や古い木には力が宿ると考えられていたことから，ヨーロッパには，ポールを立てる祭りが多くあり，ポールの周りで踊り，大地からのエネルギーを得ようとしたという（芳賀 2006，28）。

夏至祭のポール

コッコ（kokko　焚き火）

　夏至祭はフィンランドをはじめ，夏が短い北欧諸国で行われている。絵画作品からもその様子を知ることができる。スウェーデン出身の画家アンデシュ・レオナルド・ソーン（Anders Leonard Zorn 1860年〜1920年）による絵画作品《真夏のダンス（Midsummer Dance）》をみてみよう。この作品からは，北欧の夏至祭の人々の様子や活気が伺い知れる。作品の右手上方に

は，飾られたポールが描かれ，農民が民族衣装を着て屋外でダンスに興じている活気ある姿が描かれている。農民たちが踊る足元には緑が生えている。ソーンと作品《真夏のダンス》について，大塚国際美術館の資料では次のように紹介されている。

「ソーンはスウェーデンのモラという小さな村で育った。この辺りは伝統的な風習や民衆芸術の残るところであった。夏の日の真夜中，この地方の農民は花や草で飾られた柱を立て，夜が明けるまで踊り続ける。しかし，夜といってもいわゆる白夜であり，画面には夕暮時のような柔らかな光が満ちわたっている。農民の表情，衣装，農家，民族的なダンスなど，北欧のローカル・カラー豊かに描かれた作品である。」

このように「夏の真夜中」「白夜」ということからも，この作品に描かれているのは夏至祭の様子と判断して良いだろう。

《真夏のダンス（Midsummer Dance》1897 年（169 × 135cm）所蔵：ストックホルム国立美術館

大塚国際美術館にてレプリカ（原寸大）を 2018 年筆者撮影

さて，夏の祭夏至祭（ユハンヌス）と共にフィンランドの大きな季節の行事の一つにラスキアイネン（Laskiainen）がある。ユハンヌスが夏の祭りであるのに対し，ラスキアイネンは，フィンランドのミッドウィンターのお祝いである。もともとは宗教的な習わしを持つもので，復活祭の前，2 月の終わり頃に行われる。祭りでは，厳冬の季節にスキーやそりで滑り，伝統的な食べ物を楽しむのである。そり遊びをして豆のスープを食べ，ジャムやアーモンドペーストの入ったパンを食べるという慣習は，この日に脂肪分の多くものを食べると，その年の収穫が約束される

と信じられていたことによるという。厳しい寒さをものともせず，スキーやそりを楽しむという，冬に向かい合うという姿からは，冬を受け入れ，自然の中で生き抜こうという人々の気概が伝わってくる。

　脂肪分の多いものを取ることでその年の実りを願うということは，実は，冬の寒さの厳しい時期に滋養分に富む食品や身体に良いものをとり，冬を乗り切ろうということであろう。また，家の中に籠もってばかりおらずに外に出て身体を積極的に動かすことで，心も身体も開放しようということであろう。このように考えてみると，伝統的な風習は大いに納得できる。厳しい環境に生きる上での知恵が伝承されているといえるのではないだろうか。

　また，春の祭りには，4月30日から5月1日にかけてドイツ文化圏でみられるような，ヴァルプルギスの夜に関わる行事がフィンランドでも行われている。ヴァルプルギスの夜に行われるヴァプンアーット（Vapunaatto）は，大晦日と夏至祭に次ぐ大規模なカーニバル風の祝祭といわれ，フィンランド各地の市街でにぎやかに祭りが行われる。5月最初の日に，人々は春の最初の日と夏の到来を祝う。人々が冬からの解放を心底祝う時である。

（3）童話を通してみるフィンランドの気候や季節変化−トーベ・ヤンソン作『ムーミン谷の冬』を例に−

　生活の中で生まれ継承されてきた民謡や伝承歌と共に，民話や子どもたちのために作られた童話にも，その地域の気候や季節が素材になっているものや，自然と人々のくらしに目が向けられているものがいくつかある。読み手は，物語に描かれている気候や季節の表現を手がかりに，時空間をこえて，その地に，その場に思いを馳せることができる。そこから，当該の地域ならでは気候の特徴や季節の移り変わり，またそこで生活を営むの人々の心情やその変化の一端に触れることができる。

　民話や童謡の生成をみると，その地の気候や季節，自然，風土と共に，そこで育まれ継承されてきた伝説がその背景になっているものもある。「森と湖の国」とも呼ばれるフィンランドでは，その地ならではの妖精の伝説が古くから今日に至るまで語り継がれてきており，そのような伝統の意識は子どもたちにも育まれているという。民話や童謡にもその姿をみることができる。

　フィンランドを代表する画家で作家の一人であるトーベ・ヤンソン（Tove Marika Jansson 1914年〜2001年）によるムーミンの物語には，フィンランドの自然への眼差しと，フィンランドの妖精伝説がその背景にあるという。1948年の「たのしいムーミン一家」出版の以後，発表された一連のムーミンシリーズ全9作は，国や世代をこえて広く親しまれてきた傑作である。

　フィンランド文化研究家の高橋静雄（ムーミン谷の冬 1982, 205）は，トーベ・ヤンソンについて，『ムーミン谷の冬』の解説「ムーミン童話の三つめのなぞ」の中で，「彼女はまた，生地フィンランドの極地の自然を愛し，微細な生き物も含めて，生きるものたちの，やさしい観察者であり続けました。零下三十度を下ることもあり，昼でさえ太陽がわずかにしか顔を出さない長い冬を生きぬいて，つかのまの白夜の夏に生命を謳歌する生きものたちに，心の目を向けていたのでしょう。」と述べている。

　ムーミンシリーズの中でも『ムーミン谷の冬』は，唯一，冬のムーミン谷が描かれた作品であ

る。ムーミン谷の冬から春までを舞台に描かれた心温まる物語には，物語の進行にともなって随所に，フィンランドの気候，季節やその移り変わりが表現されている。言い換えれば，気候や季節の移り変わりと共に，物語が進行していくのである。そこにみる自然の描写表現や登場人物を介した心情表現は，フィンランドの冬がどのような様子なのか，そこに暮らすものにとって厳しい冬とはどのくらい過酷なものなのか，春の訪れがどれほど待ち遠しいものか，その地を訪れたことのない者にも，容易に想像を描き立たせてくれる。また，冬から春への移り変わりの様子の描写も実に興味深い。フィンランドならではの特有の春の兆し，自然の僅かずつの変化と，それを肌で感じる季節感を読み取ることができる。物語が展開していく中で描かれている気候や自然の一つ一つの様相は，フィンランドの気候，季節の移り変わりを身近なものとして感じ，捉えていく上でも大きなヒントを与えてくれる。またそこでは，フィンランドならでは妖精伝説が生まれた背景や文化観の一端を垣間見ることもできる。

　では『ムーミン谷の冬』をみてみよう。この作品は，全6章で構成され，第1章「雪にうずくまった家」，第2章「水あび小屋のふしぎ」，第3章「大きな白うま」，第4章「おかしな人たち」，第5章「あたらしいお客たち」，第6章「春がきた」である。物語の舞台は，真っ白な雪に閉ざされたムーミン谷である。両親と一緒に冬眠に入ったはずのムーミンが，なぜか一人目覚めてしまう。外に出て，はじめて見る雪の世界で様々な精霊や生き物との出会いを通して冬を体験し，感動の春を迎えるという物語である。冬，冬から春への移り変わり，春，と展開していく中での，自然や気候についての描写や心情の表現が非常に興味深い。それらの表現は，フィンランドの気候，季節を身近に感じる素材になりうると同時に，気候や季節，風土と伝統的な文化との関わりを知る上での手がかりも与えてくれる。

　では，第1章から第6章まで，順に『ムーミン谷の冬』に描かれている冬，冬から春への移り変わりの気候，自然の様子をたどってみたい。ここでは資料として，山室静訳による『ムーミン谷の冬』（講談社青い鳥文庫 1982）を用いる。自然や気候のどのような要素が，どのように描かれているのか，文章を引用しながらみていくことにする。引用した文章（◆を付して掲載）を示した後に，その箇所ではどのような気象現象が起きていると推測されるか，描かれている内容について解説を加える形で物語全体をみていき，冬から春までの進行と際立った様子を捉えよう。

第1章「雪にうずまった家」にみる冬の情景
〈物語の冒頭部分，冬の夜，凍てつく寒さに静まり返った情景〉
　◆空はほとんど真っ黒でした。でも，月の光をあびて，雪がきれいな青い色に光っていました。海は氷の下でねむっているし，すべての小さい動物たちは，みんな土のおくふかくねむって，やってくる春のことをゆめに見ていました。

　でも春はまだまだ遠かったのです。なにしろ，まだやっと新年をすこしすぎたばかりでしたから。(p.7)

　物語の冒頭には，新年を少し過ぎた頃の冬の情景が描かれている。雪に覆われた真っ暗な冬の夜，漆黒の闇の中，積もった雪が月の光を受けて煌々と光っている様子の描写からは，静まり返った中に冷たい空気と冴え冴えとした月が連想され，積雪の多さも想像することができる。

　この情景は，吹雪が吹きあれるような動きのある情景というよりは，ずっしりと積もった雪で地上がすっかり覆われている，静止しているような様子であるように思われる。また，「海は氷の下でねむっている」ということは，海の水が凍り付く，きわめて厳しい寒さであろう。ここからも生き物が地上では生きていくことができないような寒さであることがわかる。そのような中で，生き物は冬眠し，地中で春の到来を待っている。自然環境に厳しさに耐え，春をまつ生命の営みの存在が意識される。

〈冬の期間 11 月から 4 月，冬眠〉
　◆いつでもみんなは，十一月から四月まで，冬眠するのです。なにしろ，そうするのが先祖からのならわしで，ムーミンたちは，とてもしきたりをおもんじたからです。(p.8)

　フィンランドの 1 年の季節は，大きく二つだけしかない，冬と夏の二つであるとよくいわれている。中間の時期があるものの，それはごくわずかであり，1 年は冬と夏（春）である。「11 月から 4 月まで，冬眠する」ということからも，1 年の半分は冬である，活動を停止する時期＝冬として捉えられていることがわかる。4 月が冬の期間に入れられていることも興味深い。実際，本書のⅡ－ 1 － 5 で述べたように，日々の気温の大きな変動の中で，日平均気温が－ 10℃近い日が，時々ではあるものの，4 月いっぱいまで現れるのである。

〈降り積もった雪の多さ〉
　◆いまでは，まどはすっかり雪でうずまってしまい，家の中には，ただよわい灰色の光がはいってくるだけでした。広間は，まるで土の中ふかくしずんでしまったみたいに，とてもふしぎに見えました。(p.12)

　どのくらい雪が積もるのかを推し量ることができる。「窓はすっかり雪でうずまっている」ということから，解けずに降り積もった雪の深さ，量の多さを容易に想像することができる。また，家の中に差し込む冬の光がとても弱いものであることと，光の方向（斜めから射す光であり，日中，太陽が高くまではのぼらない）の様子を感じ取ることができる。

〈雪に包まれた情景，冬の静寂，ムーミンが雪を初めて知った時の驚き〉
　◆谷間は，一種の灰色のうすあかりでつつまれていました。みどりというものは，どこにも見えません。白一色です。おまけに，まえにはうごいていたものも，いまはじっと静止しています。生きものの音は，ひとつもしません。角っていたものも，いまではみんな，まるみをおびていました。(p.16)

　あたり一面が雪に覆われた冬の情景とその静寂がムーミンの思いとして綴られている。谷間は雪にすべてが覆われて動きのない世界となり，生命感や躍動感が全く感じられない，しんと静まり返った音のない情景である。

〈冬の川の夏との違い〉

◆そのあいだにも，ムーミントロールは，せっせと雪の中を歩いていきました。まもなく川の岸にでました。ムーミンやしきの夏の庭をぬけて，いつでもサラサラ音をたてながら，いかにもたのしそうに流れていた，あのすみきった川なのです。

　ところがいまは，すっかりようすがちがっていました。まるで黒くなって，よどんでいるのです。まわりの世界とおなじく，ムーミントロールにとっては，ちっともしたしみがない感じでした（p.17）。

　夏の時期にサラサラと音をたてて流れている小川が，冬には黒くよどんでしまう。ここから，水の流れが止まってしまうような厳しい寒さが連想される。川の両岸付近はきっと凍っていて，流れが弱まっているのだろう。川の真ん中あたりは少し流れがあるかもしれない。

　このように，同じ小川でありながら，夏と冬では大きく様子が違い，一帯の情景も変わってしまう。自ずから，それを目にした印象も変わってしまうだろう。夏には楽しげであったものが，冬には親しみのないもの変わってしまうという，夏と対比させた冬，季節による違いが興味深い。実際，夏には，短い期間ではあるがフィンランド南部では平均気温が15℃を超え，日々の変動の中では25℃近い平均気温の日も時々は現れるという冬との大きなコントラストが見られる（Ⅱ-1-5参照）。

第2章「水あび小屋のふしぎ」にみる冬の情景
〈日照時間の短さ。降り積もった雪の深さ，たくさんの雪が積もった林の静けさ〉

◆そのあいだに，ムーミントロールは南をめざして歩いていきましたが，いくらもいかないうちに，林の木々のあいだには，もう夕やみがしのびよってきました。

　ひと足ごとに，足はずぶずぶと，雪の中にしずみました。はじめのうちはめずらしかったけれど，いまでは雪も，それほどおもしろくはありません。

　林の中は，きみがわるいほどひっそりとしずまりかえっていて，ときたまドサリと，大きな雪のかたまりが，木のこずえからおちるだけでした。雪をはらいおとしたえだは，しばらくゆれています。でも，じきにまた死んだようにうごかなくなるのでした。

　（世界じゅうがねむっているんだ。おきて，ねむれないでいるのは，ぼくひとりらしいぞ。きっとぼくは，くる日もくる日も，今週もつぎの週も，さまよいにさまよって，じぶんでもこんな雪のかたまりになってしまうんだ―だれにも知られないで。）（p.25）

　「いくらもいかないうちに，夕やみがしのびよってきた」ということから，すぐに日が暮れてしまう，冬の日の日照時間の短さがわかる。

　「一足ごとに，足が，ずぶずぶと雪の中に沈み込む」ということからは，歩いているところ，平たいところすら雪が深いこと，歩きにくいほど雪が積もっている，雪の多さが感じ取れる。

　木の枝にはたくさんの雪が積もり，全く音と動きのない世界である。梢に積もった雪が落ちる時だけ，音が響き，その間だけ林の中に音と動きがある。この様子は，冬の，ある種不気味な静寂を思わせる。すべてのものが動かなくなる冬に対する不安が伝わってくる。「世界中が眠っ

ている。自分も，来る日も来る日もさまよい，人知れず雪のかたまりになってしまうだろう」この心情表現が印象的である。

第3章「大きな白いうま」
〈長い冬の夜，日照時間の少なさとつのる不安〉
　◆でも，ひとつのことだけは，どうしても気になってしかたありません。それは，おそろしいことでした。
　（お日さまは，これきりもう，のぼらないのではないだろうか。）そうです，じっさいそれは，たしかなことのようでした。
　朝がくるごとに，灰色のうすい光が，さしてはきます。でも，それがたちまちまた，長い長い冬の夜の中に，そのまますいこまれてしまって，お日さまはいつまでたっても，すがたを見せません。(p.44)

　冬は長く，冬の夜も長い。長く暗い夜の後にようやく日が上る。しかし待ちわびた太陽が出る昼間の時間は短く，すぐに暗くなってしまう。闇に閉ざされる時間がとても長い，それが日々繰り返される中で，おのずから「日が上らなくなるのではないだろうか」という不安が抱かれるのだろう。冬の光は時間も短い上に，弱く，日の射す方向も斜めである。太陽の姿，エネルギーのある太陽を見たいと願わずにはおられない，日照が生きていく上で，いかに重要かがあらためて感じられる。

〈冬をののしり戦いを挑むような歌，夏へのあこがれ〉
　◆ところが，だしぬけにかれは，じぶんでもうたいはじめました。おしゃまさんの耳までとどいて，あいての歌をうちけしてしまうように，ありったけの大きな声で。
　それはこんな歌でした。

　　よくおきき　お日さまをぬすんでしまった冬のやつら
　　暗やみにかくれて谷間をすっかり灰色にしたやつら
　　ぼくはまったくひとりぼっちで
　　ほねのしんまでうんざりしているんだ
　　ふぶきはぼくをころがして　うめかせるばかり
　　ぼくは青いベランダや　かがやく夏の海がこいしいな
　　きみたち冬のなかまなんか　くそくらえ！

「ぼくのお日さまがでてくるまでまってろ。きみたちなんか，みんな，とんだまぬけに見えるから。」
　ムーミントロールはこうさけんで，もう，ふしまわしもなにもかまわず，ありったけの声でうたいました

そのときぼく　ひまわりの花の上でおどろ
あたたかいすなに　はらばいになろ
まどを一日あけっぱなしにしてながめよう
花のさいてる庭や　ブンブンいうみつばち
青い青い空や
それからぼくの大きな大きな
オレンジ色の
お日さまを（p.51）

　冬に対抗する，冬をののしって，やっつけてしまおうという歌は，非常に興味深い。なんとしても冬を追い出したいという，強い思いが伝わってくる。ありったけの大きな声で歌ったということは，冬への挑戦でもあるといえよう。夏へのあこがれと対照させて冬を罵倒する中で，冬を乗り切らなくてはならない，冬に勝たなければならない自分を奮い立たせようとしているとも捉えられる。

〈夏，秋，春には暮らす場所をもたず冬になって出てくるものの存在〉
　◆「この世界には，夏や秋や春にはくらす場所をもたないものが，いろいろといるのよ。みんな，とっても内気で，すこしかわりものなの。ある種の夜のけものとか，ほかの人たちとはうまくつきあっていけない人とか，だれもそんなものがいるなんて，思いもしないいきものとかね。その人たちは，一年じゅう，どこかにこっそりとかくれているの。そうして，あたりがひっそりとして，なにもかもが雪にうずまり，夜が長くなって，たいていのものが冬のねむりにおちたときになると，やっとでてくるのよ。」（p.60）

　「世界には，夏，秋，春には暮らす場所をもたない，思いもよらない色々な存在がある，それが冬になると出てくる，冬でないと姿を現すことができない」というものの捉え方は，非常に興味深い。妖精伝説の世界観といえるのではないだろうか。

〈冬の厳しい寒さの到来，氷姫〉
　◆みんなは桟橋の上にでて，海のほうをながめました。夕方の空は，すっかりみどり色になって，世界じゅうがまるで，うすいガラスでできているように見えました。
　どこもかしこも，ひっそりとして，身うごきひとつするものもありません。小さい星が，かずかぎりなくまたたいて，氷の上にかげをおとしていきます。おそろしいほどのさむさでした。
「うん，たしかにやってくる。もう中にはいったほうがいいわ。」
　こう，おしゃまさんはいいました。
　とんがりねずみも，テーブルの下で，ふえをふくのをやめました。
　こおった海の遠くのほうから，氷姫は近づいてきました。（p.62）

　「夕方の空の色が緑色になり」ということから，時間帯は，日没後であろう。「世界中が薄いガ

ラスでできているよう」という表現は，それまでの夜の夜とは様相の異なる，もっと厳しい寒さにつつまれるような夜の始まりと不気味な静けさを思わせる。ここに氷姫の到来を通して，すべての生命を奪ってしまうような厳しい寒さの到来が描かれている。氷姫の姿を見たもの，彼女に触れられものは，みな凍ってしまうという。氷姫は，冬の厳しい寒さの象徴といえよう。息をひそめて，氷姫が通り過ぎるのをひたすら待つ，命が奪われかねないおそろしい寒さにただ耐えねばならない冬の厳しさが想像できる。

第4章「おかしな人たち」この章からは引用無し

　秋分から春分までの間，北半球では太陽は真東からやや南寄りの方角から上り，真西からやや南寄りの方角に沈む。冬至の日にはこの日の出（日出）・日の入り（日没）の方角が最も南寄りになる。冬至の日には北緯66.6度以北の北極圏全域で極夜となる。
　なお，『ムーミン谷の冬』に描かれた冬から春への変化の様子と太陽高度の季節的変化とを対比させながらイメージする一助になる資料として，南中時の太陽高度（左図）や昼間の長さ（右図）の季節変化を以下に示す。1日の中の昼間の時間数に関しては本書のⅡ－1－5で示した図Ⅱ－33の中央の図を再掲する。北緯60°（スカンジナビア半島南端付近），50°（南ドイツの緯度），35°（山陰～東京の緯度）について示す。

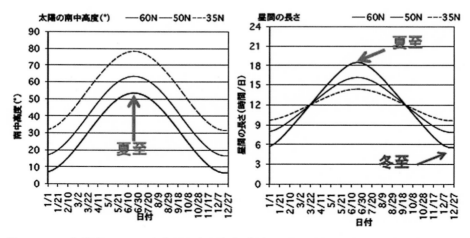

　　　図Ⅱ－39　各緯度における南中時の太陽高度（左）や昼間の長さ（右）の季節変化。右図
　　　　　　　に関しては，図Ⅱ－33の中央の図を再掲。

第5章「あたらしいお客たち」
〈だんだん太陽が高く上り始める。太陽高度の変化，日射〉
　◆まいにち，お日さまは，すこしずつ高くのぼりました。そのうちに谷間へも，よわい光がさしこむまでになりました。それはたいへんだいじな日でした。（略）
　「氷姫が谷間へやってきてからというもの，たべものを見つけるのは，いよいよむずかしくなりました。」（p.109）

太陽が毎日，少しずつ高く上るようになるということから，描かれている時期は冬至を過ぎた頃であろう。日差しの角度も少しずつ上がってくることから，谷間にも，少し日の光が差してくると思われる。日差しがあるとはいえ，その光は，まだまだ弱いものである。

また「氷姫が谷間にやってきてから」ということから，冬至を過ぎて冬本番の頃であろう。冬至を過ぎて，少しずつ光が射すようになったとしても，寒さは一層厳しくなる時期である。冬を越す準備を十分にしておかなければならない，いかに辛い冬であるかを思わせる。

〈春の始まり，春の「あらし」，雪のつむじ風〉

◆けれども，かみなりは鳴りません。

いなびかりも，しません

そのかわりに，海岸のはずれの，白い丘から，ちょっとした雪のつむじ風がたちのぼりました。

きみのわるい風が，こおった海の上をふきぬけては，またふきもどりました。海べの林も，ざわめいています。どす黒い青さがまし，ふきつける風が，はげしくなってきました。

だしぬけに，大きな戸がふきとばされてきたみたいに，くらやみが，さあっとあたりにひろがったと思うと，すべてのものが，べとべとしたよこなぐりのしめった雪を，いちめんにうけました。

もはや，雪は上からふってくるのではありません。地面にそってとんでくるのでした。いきもののように，ヒューヒューうなって，おしよせました。(p.146～147)

春の前触れ，春の到来を予告する風が描かれている。雪のつむじ風，渦を巻いて噴き上げる強い風の様子が描写的に表現され「もはや雪は上から降ってくるのではない，地面にそってとんでくる」と描かれている。この表現は非常に興味深い。この時期に特有の嵐の存在を知ることができる。

第6章「春がきた」

〈春の到来，南からの強い風〉

◆くもった，あたたかい夜で，どことなくざわついていました。木々はもうずっとまえに，雪をふるいおとしていました。くらやみの中でも，そのえだのゆれうごいているのが感じられました。

遠く南のほうから，つよい風がふきつけてきます。ムーミントロールは，それが森のざわめきとして，さらにむこうの丘へと，ふきのぼっていく音をききました。

しずくがぱらぱらと，黒ずんだ雪の上に，雨のようにおちます。ムーミントロールは，鼻をもちあげてそのにおいをかぎました。

きっと，それは土のにおいだったのでしょう。かれは歩きながら，おしゃまさんがいったとおり，ほんとうの春になりかけているのだと，知りました。(p.168)

冬の間，生き物たちは音を立てずに息をのむようにひっそりと過ごしていた。その辺りが，暖

かい夜に，どことなくざわざわしている，動き出すものの気配が感じられる情景である。冬の冴え冴えとした，身を切るような鋭さのある空気ではなく，春の曇った暖かい夜，湿度の高い，まったりとした空気が感じられる。

　「土のにおいで，本当の春になりかけているのを知った」という表現がある。この表現は，季節の移り変わりをどこで感じるか，という点で興味深い。「土のにおい」と「本当の春になりかけ」，が印象的である。

〈雪解け〉
　◆屋根の上では，じとじとした雪が，とけはじめて，ポツンポツンと音をたてて，のきからしたたりおちていました。南がわのまどからは，だしぬけに，くもった夜空がのぞきました。（p.169）

　雪解けの様子が描写的に表現されている。冬には，屋根をすっぽり覆うように積もっていた雪が，湿り気の多い雪になっていく。そのじとじとした雪が解けだして，しずくとなってポツンポツンと音を起てて落ちている。この様子からは，日差しを受けて気温が上がり，暖かくなってきたことがわかる。

〈春の日差し，海を覆った氷が解ける〉
　◆お日さまの光は，雪だまりの中へまっすぐさしこむようになり，雪だまりはもろくなって，ガラスみたいにひびわれていました。そして，海をとざした氷は，黒っぽい色になって，その下から海がすけて見えるように思われました。（p.174）

　春の日差しが表現されている。「雪だまりの中へまっすぐにさしこむようになり」という表現からは，日が高いところから射すようになってきたことがわかる。春の日差しによって生じるあたりの様子がわかる。昼間の日差しで雪だるまの表面が解け，それが夜の間に凍ったものが，日が当たってひび割れていくような暖かさである。冬の間凍り付いていた海も，解け始めて氷が薄くなっている様子が描かれている。地にも海にも春の兆しがみられるである。

〈日差しの強まり〉
　◆お日さまは，日ましにいよいよあたたかく，てりかがやきました。
　氷の中に，小さいあなやわれめができました。その下で，海の水がざわめいて，ふくれあがりました。
　水平線のかなたでは，大きなあらしが，ゆきつもどりつしていました。（p.176）

　強まっていく日差しとそれによって生じる辺りの様子が描かれている。日が日増しに強くなっていき輝きを増していくこと，海の氷が解けていく様子，大きなあらし，等，春へと移り変わりに伴って生じる様子がわかる。

〈春の大砲，冬の終わり春の到来を告げる音〉
　◆ある風のつよい日のことです。夕ぐれまえに，力づよくいきおいのよい音が，海のほうからきこえてきました。
　「あらまあ！」
　おしゃまさんが，手にもっていたコーヒー茶わんをおいて，さけびました。
　「むこうで，春の大砲が鳴ったわ。」
　氷がゆっくりともちあがりました。するとまた，あたらしい大砲の音がひびきました。
　ムーミントロールは，水あそび小屋からとびだして，なまあたたかい風の中に，きき耳をたてました。
　「ほら，むこうから海がおしよせてくるでしょ。」
　うしろで，おしゃまさんがさけびました。
　遠くで白い波がしらがたち，おなかをすかせておこった波は，つぎつぎと冬の氷をのみこんでいました。
　黒いわれめが，もう氷の上を右に左にはしっていきます。しまいに，われめはくたびれたのかすがたをけしました。すると，海がまたもりあがって，あたらしいひびわれができます。それは，まえのわれめよりも，ずっとひろくなっていました。(p.178)

　春を告げる音，春の大砲と，刻々と変化する海の様子が表現されている。氷が解けはじめた海では，波が次々に押し寄せている。「おなかをすかせておこった波が，冬の氷を飲み込んでいく」「黒いわれめが，もう氷の上を右に左に走っていく」「しまいに，われめは姿を消した」等，冬を打ちたおす様子が，擬人化で表現されている。氷の解けていく様子を通して，冬との戦いでの勝利への期待が伝わってくるようである。

〈道の雪解けの様子〉
　◆道は雪がとけて，ぐちゃぐちゃでした。そうして，足の下には木の根や，まつ葉がかんじられました。(p.185)

　雪解けの様子が描かれている。雪を踏みつけた足の下に木の根や松葉が感じられる，ということから，雪は，随分解けて，シャーベット状になっていることがわかる。じきに地面が見えてくる頃であろう。

〈春四月，春の雲〉
　◆きょうは，ただの気分ではなく，しんからゆかいになってやろうと，春は決心していたのです。空には，小さいちぎれ雲をいちめんにまきちらし，なごりの雪も，屋根という屋根からおっぱらいました。どの丘もさっぱりとして，どこもかしこも，うきうきするような四月でした。(p.199)

　いよいよ春４月になり，本当の春になったという喜びが「しんからゆかいになってやろうと春

は決心した」と表現されている。それまで春に向けて，行きつ戻りつしていたのが，ようやく春になったのである。春の勝利である。空の様子も描かれている。空一面にちぎれ雲が浮かび，冬の間覆われていたものから解放された，憂鬱さから解放された春である。「どこもかしこも，うきうきする4月」からは，生命が戻り，活気に満ちた季節を迎えた喜びが伝わってくる。

　以上，『ムーミン谷の冬』の物語の中で，自然や気候のどのような要素が，どのように描かれているかをみてきた。フィンランドのその時期ならでは特徴ある事象が綴られている中でも，とりわけ，冬から春への季節の移り変わりには，大いに注目されるものがある。

　同時に，生命感についても，読み手に色々なことを語り掛けてくる。例えば，様々な思いもよらないような生き物や目にみえない生き物がいること，厳しい寒さの中でまるで時間が静止したような冬の世界であっても，そこに生きる冬の生き物がいる，等である。そこには古くからの伝統を土台にしたものの見方，感じ方が息づいているといえる。フィンランドの気候，季節，自然，その移ろいの中で生きていく生命の営み，心理や心情をうかがい知ることができる。

　また，古い伝統や風習を大切にしているフィンランドでは，家のあちこちに精霊がいる，と今も考えられており，例えば，フィンランド独特のサウナ小屋にもサウナ小屋の精霊がいて，その精霊が小屋を守ってくれる，という。フィンランドの人々にとってサウナ小屋は単に入浴の場所にとどまらないものとして位置づけられている。目に見えない存在を感じ，大切にするくらしが，生活の中で息づいているのである。

　このようなものの捉え方は，自ずから歌の生成や伝統的な行事のベースとなる。ここに注目して歌や文化をみていくならば，異なる文化圏に住む者であっても，一つ一つの現象や表現が語り掛けてくるもの，発信の一端を受け止めることができるのではないだろうか。

　ところで，私たちは，日常生活のなかでいくつもの音に囲まれている。とりわけ，自然の音には，時に癒され，時には不安を掻き立てられる。音の捉え方，感じ方には地域や文化，くらしが大きく関わっている。自然の音には，水（川，海の波），風がある。また，音はしないものの，雪はその降り方によって様々なイメージを喚起する。

　そこで再び，『ムーミン谷の冬』の中から，自然の音とその情景の場面をいくつか取り上げ，日本文化にみる音の捉え方も交えながら，その様相をみてみよう。

　まず，水，川の水の音についてである。物語には「夏の時期にサラサラと音をたてて流れる小川が，冬には黒くよどんでしまう。」とある（p.17）。サラサラと音を立てて流れる音，ささやくような音は，心地良いものであり，癒しである。冬の間，流れが少なかった川も，春には氷も解け，雪解けと共に水かさが増し，勢いが戻る。

　次に海の波の音である。物語では「水平線のかなたでは，大きなあらしが，ゆきつもどりつしていました。」（p.176）とある。また「遠くで白い波がしらがたち，おなかをすかせておこった波は，つぎつぎと冬のこおりをのみこんでいました。」（p.178）とある。擬人化した表現を通して，かなり荒れた波，押し寄せ襲い掛かって来るような波の音を想像することができる。

　波には様々な表情がある。例えば，さざ波の音は心地良いものであるのに対し，荒波は不安を掻き立てる。暗ければ，なお一層のことである。また，季節によって波はその表情を変える。例えば，風と波の荒い冬が過ぎ，春を迎えた穏やかな海は，長閑な風景である。与謝蕪村が，風も

凪いで海面が柔らかい日差しに照らされた春の海を「春の海ひねもすのたりのたりかな」と詠んでいることも容易に頷ける。

　もう一つ，風の音である。物語では「海岸のはずれの，白い丘から，ちょっとした雪のつむじ風がたちのぼりました。」とある。(p.146) また，「遠く南のほうから，つよい風がふきつけています。ムーミントロールは，それが森のざわめきとして，さらにむこうの丘へと，ふきのぼっていく音をききました。」とある。これは，春先に吹く強い風である。日本では，風の吹き方には，地域や季節によってさまざまな名称で呼ばれている。4月頃に吹く南よりの穏やかな風は「油風」と呼ばれ，冬の激しい風が竹垣などにあたってひゅうひゅう鳴るの音は「虎落笛（もがりぶえ）」と呼ばれている。

　最後に，雪についてである。ここでは，雪の落ちる音を取り上げたい。物語には「ときたまドサリと，大きな雪のかたまりが，木のこずえからおちるだけでした。雪を払い落としたえだは，しばらくゆれています。」とある（p.25）。この雪の落ちる音が注目される。音のない，すべてが止まったかのような世界で，枝に降り積もった雪が落ちる音がした後，再び静寂の世界に戻る。音があることによって，静寂に包まれた世界が深いものとして感じられる。

　日本の文化では，雪は月や花とともに「雪月花」と呼ばれ，日本の四季を代表する美しい風物となっている。枝などに降り積もった雪の落ちる音は「雪の声（ゆきのこえ）」と呼ばれている。

　また，音による効果は，歌舞伎の下座音楽にもみられる。実際には雪が降る時に音はしない。しかし歌舞伎の場面の表現では，大太鼓を使った「雪音」で象徴的な表現が行われ，どの程度の雪が降るのかも音の出し方で表現仕分けられる。音によって，イメージが掻き立てられ，臨場感が大いに高まる例である。

　生活の中で耳にする音，受け止める音現象は，私たちの感覚や感性に密接に関わる。またそれは，歌や文学等，ものを表現するときのバックグラウンドにも繋がるものであると考える。自然の音の捉え方や感じ方を切り口に，文化をみていくことも面白いのではないだろうか。

第Ⅲ部

気候と音楽による学際的な学習の試み
－文化理解の眼を育む－

Ⅲ－1　文化理解のコンセプト

　第Ⅲ部では，文化理解の眼を育むという視点から，気候と音楽による学際的な学習について述べていきたい。第Ⅱ部では，気候・気象と生活の中で生まれた歌や伝承歌についてみてきた。文化理解のコンセプトの提示にあたって，絵画に表現された季節にも目を向けてみたい。

　民謡や伝承歌にみられるように，絵画においても季節は古い時代から重要な表現のテーマであり，様々に描かれてきた。絵画の主題や表現の世界観には，洋の西と東で捉え方に違いがみられる。そこでも気候・季節とくらし，季節感や四季の捉え方との大きな関わりをみることができる。洋の東西での捉え方に関して，若桑みどり（2006）は「人類が自然のめぐみのおかげで生きてきた。」とした上で「西洋人は四季の中に人間の人生の移り行きを見たのである。この伝統は長く残っている。」と述べ，西洋人と東洋人の気候との関わりには違いがあるとして次のように述べている。

　「アジアの人々は，西洋の人々とはまた違った心で四季を見つめる。アジアでは多くの人が農耕を営み，生きてきた。季節によって降る雨や雪，台風などは，農作物に大きな影響をあたえる。アジアでは，四季を人間にたとえたりしない。人間が四季に包まれている。ここでは四季が主人公である。例えば，日本の俳句には，季語，つまり季節を示す言葉がないと俳句にならない。その中でも冬も雪も，悲壮感はなく，またとない白い風流の世界である。冬の雪が春の芽を準備することをアジアの人々は知っている。すべての季節がそれぞれの美しさをもっていると考えている。それは，アジアの自然が豊かなめぐみをくれたからだろう。」

　気候・気象，季節とそのサイクルは，人々の行動や行為，深層心理に密接に関わる。絵画をはじめとする美術や，民謡や伝承歌のような自然発生的な歌をはじめとする音楽には，それらのエッセンスの凝縮や，ちりばめられている存在を感じることができる。すなわち，絵画や音楽に触れることを通して，自分とは異なる地域や時代に生き，異なる文化観や価値観をもった者，言い換えれば〈異質な他者〉の一面を感じることができるのである。

　このようなことは，まさにESD的視点に繋がる体験になりうるのではないだろうか。そもそも音楽，とりわけ民謡や伝承歌は，伝承や伝播の過程で，あるいは時代が移り変わっていく中で変容していくものである。歌が歌われる時，そこに音楽と人々の対話が生まれる。ここから歌い方や言葉，調子，等において，歌う人ならではのオリジナル，いわば小さなヴァリアンテが生ま

れる。また，歌の伝播の過程にみられるように，文化の交流を通して，地域間で相互に影響し合うものも生じる。これは規模の大きな変容に繋がるといえる。歌に出会った時に，何か惹かれるものがあれば，それは素直に受容される。あるいは逆に何か反発するものがある時には，受け入れる者が自分たちに合うスタイルで受けとめるという柔軟な受け止めも行われる。姿や形を変えながら，歌という種は運ばれ，受け継がれていくのである。

　一方，絵画作品においては，経年による劣化は当然生じるものの，幾多の時代を経ても作品自体は変わることがない。しかし，時代をこえて地域をこえてそれを見る者は異なるし，それに伴い見方にも違いが伴うことがある。そこで生まれるのは，その時ならではの感覚である。作品の存在や価値はもちろんのこと，そこに生じる鑑賞者の思いを大切にしていくことが必要なのではないだろうか。

　更には，種々の地域の気候や季節を知ることは，文化生成の重要な背景の一つとしての種々の引き出しを拡充することにも繋がる。そこでは，気候・気候データの分析作業や図表からの情報の読み取り等に基づく自然科学的な考察が必要になる。それは，ESDで必要な力の一つである「情報読解力」（information literacy）を育む一つのアプローチにもなる。ところで，第Ⅰ部でも述べたように，気候系は，種々の非線形的フィードバック，相互作用等の絡み合い，日々の大きな変動や多様性で特徴づけられる。従って，それらも意識して発達段階に応じた多面的なデータ分析による情報読解力を高めつつ，「もし，実際に自分たちがその地域のそのような気候環境の中にいたら，どのように感じるだろうか？」という想像力の高まりを促すことも，ESDとしては併せて行なうと良いのではと考えている。

　このように，その背景も含めた文化の種々の事象を受け止める際に，「どうあるか」と「どのように感じるか」の双方向に目を向けることが必要であると考える。教育の視点からみるならば，「理解する」前に「感じる」ことが大切であると考える。感じることは，理解するために欠かせないステップなのである。これは，まさにESD的な捉え方であり，その実現に向けて教科をこえた学習が有効となると考える。

　季節をテーマとする絵画作品をいくつか紹介する。

　ピーテル・ブリューゲル（Pieter Brueghel the Elder，フランドル1526年頃生 – 1569年9月9日没）が描いた連作シリーズには，6枚の季節画があるといわれている。今日では，そのうちの5枚，早春《暗い日》，夏《干し草の収穫》，秋《穀物の収穫》，晩秋《牛群れの帰り》，冬《雪中の狩人》が現存している。ここでは，早春《暗い日》と冬《雪中の狩人》を紹介する。

早春：《暗い日（The Gloomy Day）》1565年（118 × 163cm，油彩・板）所蔵：ウィーン美術史美術館

　この作品は，連作の最初の画面と推定されている（ウィーン美術史美術館図録 p.64）。2月，3月を描いたものであろう。画面の手前には，樹木の伐採や柳の枝切りや果実の棚作り等，働く農民の作業が描かれている。後方に描かれている遠くの山々は，まだ雪におおわれている。暗い雲が立ち込め，入江で荒波に揺れる船の様子から，不穏な早春の天候が感じられる。

冬：《雪中の狩人（The Hunters in the snow）》1565年（117 × 162cm　油彩・板）所蔵：ウィー

ン美術史美術館

　この作品に描かれた時期は12月，1月頃と推測される。辺り一面，雪に覆われ，池にはスケートができるくらい厚い氷が張る厳しい冬の景色が描かれている。狩人たちは獲物を求めて雪の中を進んでいる。それとは対照的に溜池でスケートや独楽回し，そり遊びをする人々の姿がある。

《暗い日（The Gloomy Day)》2018年筆者撮影

冬：《雪中の狩人（The Hunters in the snow)》
1565年（117×162cm　油彩・板）所蔵：ウィーン美術史美術館

　冬から春に移り変わる時期については，ピーテル・ブリューゲルによる〈復活祭〉をテーマとした作品が興味深い。この作品からは，復活祭の頃の人々の活気ある様子がうかがえる。表現には風刺的な意味合いがあるという。

謝肉祭と四旬節の喧嘩（The Fight between Carnival and Lent）1559年（118×164.5cm 油彩・板）所蔵：ウィーン美術史美術館

　作品は，復活祭（イースター）前の40日間の準備期間に，イエスの死を偲び，飲酒や肉類を食べること慎む断食期間〈四旬節（レント）〉と，四旬節に先立ち肉に別れを告げる宴〈謝肉祭（カーニバル）〉が題材として描かれている。画面手前の酒樽に乗った太った男は謝肉祭のシンボ

ルで，右側の痩せ細った男が四旬節のシンボルであるという。一見，二人は各々が手にしたもので争っているように見える。喧嘩をしている二人のやり取りがこの作品のテーマであるものの，二人の争いをよそに，それぞれ立ち動く大勢の人々の活気あふれる生活の姿が印象的である。人々の様子からは二人の言い争いなどはどちらでも良いといった雰囲気すら感じられる。

《謝肉祭と四旬節の喧嘩》
ウィーン美術史美術館　2018 年筆者撮影

　また，ジュゼッペ・アルチンボルト（Giuseppe Arcimboldo イタリア・ミラノ 1527 年〜 1593 年）による四季シリーズも興味深い（伊：Quattro stagioni, 英：The Four Seasons）。その中から，ウィーン美術史美術館に所蔵されている《夏》と《冬》を紹介する。

《夏》1563 年（67 × 50.8cm　油彩・板）所蔵：ウィーン美術史美術館
　この作品では，頭部は数多くの夏野菜や果物で飾られている。南瓜，胡瓜，玉ねぎ，等の瑞々しい野菜と，野苺，葡萄，洋梨，白桃，等の果物で構成され，鮮やかな色彩で，歓喜の季節，生命溢れる夏が描かれている。

《冬》1563 年（66.6 × 50.5cm　油彩・板）所蔵：ウィーン美術史美術館
　この作品には，形相の厳しい，醜い老人が描かれている。頭髪には絡みついた枯れ枝があり，顔も首も枯れた切り株である。しかし，頭髪に若々しい緑の葉が生え，胸元にはレモンとオレンジがかけられている。この表現について若桑みどりは，「《冬》がすべて老い，枯れ，死を迎える，というコンセプトではなく，再生が暗喩されている」と述べている。
　耐えなければならない冬がいかに厳しいものか，いかに憎むべきものかという思いと同時に，巡りくる次の季節への期待の大きさが感じられる。暮らしていく上で欠くことができない天のめぐみを求める人々の姿や季節感が，様々な形を通して表現されている絵画作品を目にする時，気候や季節が人々の生活や心理，心情に与える影響の大きさが改めて感じられる。
　絵画は，気候を主題とした作品から，その時期ならでは気象の様子を感じ取ることができる。但し，絵画表現は，気象を忠実に表現することが目的ではないし，その時期には実際にはありえないようなものの組み合わせも登場したり，象徴的な表現も多々みられる。しかしそこからも，

《夏》　　　　　　　　　　　　　　　《冬》
ウィーン美術史美術館　　　　　ウィーン美術史美術館　　2018年筆者撮影

その地，その時代ならではの季節感をくみ取ることができる。

　音楽にも同じことがいえる。民謡や伝承歌の生成の背景を知り，「歌に何が歌われているのか」「歌で何を伝えようとしているのか」「歌を通して何を感じるのか」という複数方向からの文化理解に向けた学習のアプローチが見いだされる。

　このような学習では，自分，あるいは自分たちとは異なるもの，様相，価値観，環境，等の存在を認識することから始めるのはどうだろうか。そこから様々な人，多様な文化での出会いのきっかけを得るのである。自分たちとは異なる文化の内容を理解できるか否か，ではなく，まずその存在を感じてみること，そのために感じる機会を設けることが必要であり，どのような素材をどのように提示し，活用するかが課題となる。

　これまでの文化理解の学習を振り返ると，異文化を理解できたかどうか，というところで躓くことが多かったように思われる。そもそも，文化的事象やその背景となる感覚について，当該の地域に住む人と全く同じように感じる，ということを望むことはできない。自分たちとは異なることに対し，もし，理解できない面があるととすれば，それは何か，何がその妨げになっているのか，を学習者自身が考えてみること，それ自体も文化理解の眼を育む第一歩ではないかと考える。

Ⅲ－2　歌から広がる文化理解－音楽と自然科学（気候・気象）のコラボレーション－

Ⅲ－2－1　子どもたちに向けた学際的学習プランと実践－中学校・高等学校の生徒を対象に－

（1）連携の背景にある日本の気候（ESD 的視点の育成への素材例として）

　Ⅱ－1－2で述べたように，中緯度に位置し，しかも地球規模でのアジアモンスーンの影響も顕著に受ける日本付近での季節サイクルは，梅雨や秋雨を含む明瞭な六季として特徴づけられる。しかも，緯度の割に夏は高温多湿で冬は低温である（日本海側では大雪）。更に，これら六季の間に独特な特徴を持つ遷移期（いわば中間的な季節）が挟まり，卓越天気パターン等の変化も含めて，1ヶ月単位ぐらいで急激に季節の特徴が遷移する（図Ⅱ－2, 3）。

　その中で，加藤・佐藤他（2011）が注目したように，秋から冬へ遷移する11月～12月初め頃には（初冬），春の天気パターンに移行する4月初め前後と同等な気温であるのに（加藤・加藤 2006；加藤・加藤・逸見 2009），冬型の天気パターンも頻出するようになる（大和田 1994；吉野・甲斐 1977）。しかもこの時期の『冬型』の気圧配置時には，北陸などの平野部では，まだ雪ではなく雨となることが多く，いわゆる時雨の季節となる。高橋（1978）は「季節は日本古典文学の要」と述べており，時雨のような季節の変わり目を特徴づける現象も，和歌など古典文学の素材に数多く詠まれている。そこで，このような遷移期を特徴づける「時雨」を接点に，和歌の鑑賞と気象の特徴を関連させた学際的なアプローチを行なう指導法の構築を試み，中学校や高等学校で授業実践を行なった（加藤・佐藤他 2011；加藤・西川（佐藤）他 2018）。これらの概要を以下の（2），及び，（3）の実践事例1, 2でそれぞれ紹介する。

　一方，Ⅱ－1－4（2）で述べたように，11月～12月初め頃の初冬と2月後半～3月前半頃の早春とは，冬を挟んで非対称的な季節進行が見られる。例えば，旬平均気温の気候値の極小期は，冬型の天気パターンの卓越期間（11月中旬頃～3月中旬頃）の真中の時期より大分遅れ，1月末～2月初め頃になる。つまり，日本での春を迎える行事である節分の頃が最も平均気温が低く，早春になっても，初冬よりもまだかなり気温は低い。しかし，日射は早春の方が初冬よりもかなり強く，早春の方が気温の割に明るく暖かく感じる要因は確かにある。

　これらの季節進行の非対称性に注目することで，加藤・加藤・三宅他（2017）も述べたように，アジアモンスーン・サブシステム間の季節進行のタイミングのずれを反映した複数の因子の絡み合い方や意外な関わりを意識させることに繋がる。例えば，「日本付近の多彩な季節の移ろいやその多彩な季節感が，実は，『日本に比べて遥かに広域』の広がりを持つ複数の『システムの間の微妙なせめぎ合いの結果』なのだ！」という点を実感する機会を提供しうる。また，例えば冬へ向かう季節と冬から離れる季節との間の「似ているようで，よく見ると無視出来ない違い」への注目を通して，通り一遍の見方だけでは見過ごしてしまいがちな気候環境システムの巧妙さやその中での季節感の微妙な違いの一端にも気づき，上述のESD 的視点の育成にも繋がるきっかけになるであろう。そのような観点から初冬と早春の季節感の違いを接点に高等学校で授

業実践を行なった，加藤・加藤・三宅他（2017）について，（3）の実践事例2で紹介したい。

　なお，（2），（3）のように，多彩な季節感に関連した季節の変わり目に注目することは，春夏秋冬で単純に季節を捉える観念から自由になり，気候データや作品からのメッセージに敏感になることで，生徒たちが「もし自分がその場にいたら」という視点で時代や地域を超えた人々の感情や自然の背景を感じる機会を提供するという意味がある（広義の「情報読解力」や「異質な他者の理解」に繋がる）。また，（3）の背景の気候に関連して述べたように，「複雑な絡み」，「多様性」等にも注視出来るような視点育成を促す機会となる。つまり，第Ⅰ部で述べたESD的視点の育成に繋がるような素材の一例として期待出来る。

（2）中学生を対象とした学際的学習プランと実践－岡山大学教育学部附属中学校－
国語（古典）と理科（地学）・社会（地理）の連携による学際的学習
（加藤・西川（佐藤）他（2018）より）

連携の背景にある日本の気候と授業構築の意図

　（1）でも述べたように，11月頃には，シベリア北東部を中心に大変低温な「シベリア気団」が広範囲に及ぶようになる。また，「シベリア高気圧」も季節的にかなり発達してくる（図Ⅱ－23，24）。このため，11月頃には，まだ日本付近の気温は真冬に比べてかなり高いのに冬型の気圧配置の出現頻度が高まり，日本列島の日本海側の地域では時雨が生じやすくなる。また，時雨のような季節の変わり目を特徴づける現象も，和歌の素材に数多く詠まれている。従って，このような遷移期を特徴づける現象を素材とする和歌の鑑賞と気象の特徴を関連させた学際的なアプローチが構築できる。なお，中学校理科では，日本の季節の天気を特徴づける因子として，気団との関連にも注目する。そこで，シベリア気団（具体的な気温の低さや低温領域の広がり）とそれを日本付近へ運ぶシベリア高気圧の実態をデータから具体的に把握する活動も取り入れる。

　本実践は部活の一環として科学部の1・2年生を対象に実施したため，受講者は中学校での気象の学習前の状況であった。なお，本実践は中学校で行なったが，高等学校の地学や地学基礎，あるいは地理の気候分野における，教科横断的内容を含んだ探究的授業例としての提案も意識したものである。また，中学校での本学習プランは，加藤・佐藤他（2011）で報告された高等学校や大学での授業実践の結果も踏まえ（高校での実践は（3）の実践事例1で紹介），11月頃の日本海側の気象を理解するために和歌に表現された状況も活用するとともに，シベリア気団の季節的成長を具体的に捉える作業を含む授業へと再構築したものである。

指導目標

　①11月という秋から冬への中間的な季節における天気パターンの特徴を，秋や真冬と比較しながらデータの分析に基づき見出すことができる。

　②古典文学（今回は和歌）に表現された時雨をめぐる情景から受けるイメージをも，11月頃の日本海側での気象の特徴の把握に活用することができる。

　③シベリア気団の強まりや広がりの季節経過をデータから捉えることが出来，その吹き出し方と考えあわせることにより，11月を例に細かいステップで変遷していく日本の季節サイクルの

一端を捉える視点を獲得出来る。

古典の教材とした和歌
　（ア）神な月降りみ降らずみ定なき時雨ぞ冬の始なりける（よみ人しらず，後撰和歌集巻第八冬 445）
　（イ）こがらしの音に時雨をききわかで紅葉にぬるる袂とぞ見る（中務卿具平親王，新古今和歌集巻第六冬歌 575）
　なお，（ア）の歌には，冬型の気圧配置時に日本海上で発生する積雲に関連して降ったり止んだりする時雨の特徴や，時雨が生じる時期になり「冬の始め」（本書でいう「初冬」）と認識できる季節感（あるいは季節観）が詠み込まれている。一方，（イ）の歌には，「時雨」が「木枯」，「紅葉」と抱き合わせに表現されており，北西季節風下での時雨の中に詠者がいる（あるいは詠者が思い浮かべている）点が，歌の表現からも鮮明に伝わってくる。

岡山大学教育学部附属中学校での授業実践（受講者 21 人）
授業のテーマと概要
テーマ：秋から冬への季節の変化を知ろう
日時：2011 年 12 月 16 日（金）13 時 30 分〜15 時（科学部活動時間の一部。途中に 15 分休憩）。
授業者：T1：佐藤紗里（T1），加藤内藏進（T2），中倉智美（T3）
学習活動の概要：
　①四季や梅雨などの日本の季節変遷，秋の高低気圧の周期的通過，及び，西高東低の冬型の気圧配置の特徴と天気分布について説明する。
　② 1998 年〜2007 年の 10 月，12 月の，新潟と東京における色が塗られた毎日の天気表の考察や 11 月の色塗り作業により，冬の天気パターンの出現頻度の季節遷移を見出し，気温や気象衛星画像との比較を行う。なお，色塗り作業後の完成図を図Ⅲ−1に示す。
　③新古今和歌集の秋から冬の和歌に読み込まれた素材の一覧表を図化したものを提示し（図Ⅲ

新潟（1998 〜 2007 年の 10 〜 12 月）　　　　東京（1998 〜 2007 年の 10 〜 12 月）

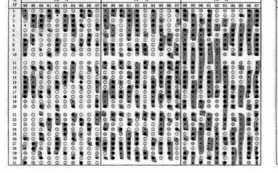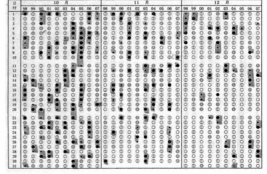

図Ⅲ−1　『気象年鑑 2009』に掲載された毎日の天気表の色塗り作業の結果（10 〜 12 月）。上から順に各月 1 日〜末日の，また横方向には月ごとに 1998 年〜2007 年の日々の天気が記載してある。雨または雪を赤，晴れまたは快晴を黄色で塗った。左が新潟，右が東京。加藤・佐藤他（2011）より引用。カラー版は口絵を参照。

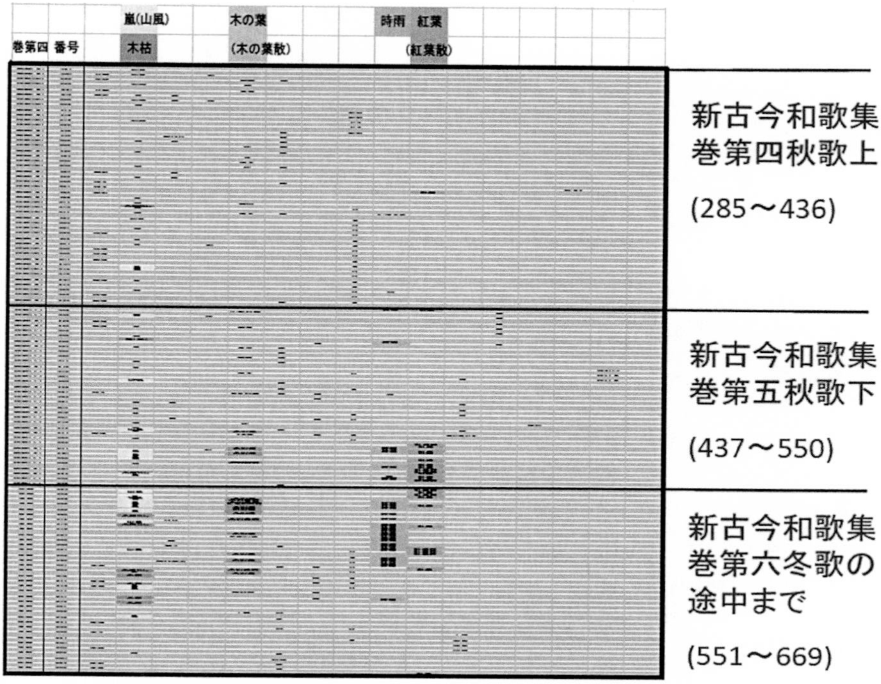

図Ⅲ－2　新古今和歌集の秋歌（上）〜冬歌の途中まで，上から和歌の番号順に並べた表に，詠まれている素材を抽出して記載し，それらの中で，当該の素材を記したセルを，嵐：黄色，木枯：紫，木の葉：橙，時雨：水色，紅葉：ピンクに色付けし，セルの背を極端に低くして表示した。加藤・西川（佐藤）他（2018）より引用。カラー版は口絵を参照。

－2），素材の並びから季節の細かい進行が垣間見られ，時雨を詠んだ作品も相当数あることを確認する。

④時雨を詠んだ和歌の解釈・鑑賞をすることで，「時雨」や「木枯らし」といった季語をキーワードに，秋から冬への季節変遷の大枠を捉える。

⑤気温分布図の0℃以下，及び，－15℃以下の範囲の色塗り作業をすることで（図Ⅲ－3），月ごとにシベリア気団に対応する低温域がどのように強化・拡大しているかに着目する。それと，シベリア高気圧の季節進行との対応より，11月頃には非常に冷たいシベリア気団が日本に侵入してもおかしくない季節に遷移することを理解する。

授業実践の結果

　授業後の生徒によるワークシートへの記載内容の集計や記載例を，参考までに表Ⅲ－1に示す。取り上げた季節の特徴や季節感に関して，11月頃には冬型の天気パターンが卓越するようになったことや，和歌にも表現された時雨自体の特徴の把握などは出来ていた。しかし，季節遷移としてシベリア高気圧の発達とシベリア気団が日本へ吹き出すようになる過程を捉えることが出来た生徒は多くはなかった。従って，広い範囲でのシベリア気団とシベリア高気圧の広がり方や，日本への寒気吹き出しが起こる背景について，アジアモンスーン域の季節サイクルの中での位置づけを教師側が意識できるような工夫も必要であることが分かった。

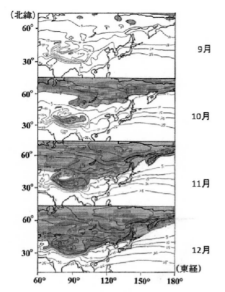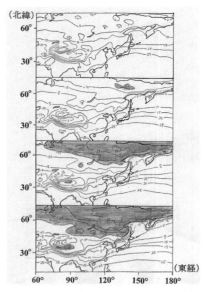

図Ⅲ－3　気象庁HPに掲載されていたJRA-25アトラスに基づく，気候学的な月平均気温分布の9月
　　　～12月の遷移（1979～2004年の平均。なお，現在は，その後に更新されたJRA-55に基づく気候
　　　図が掲載されている）。気象庁HPのカラー図をベースに，授業者が5℃ごとの等温線のみを抽出して
　　　モノクロの図を作成し，授業で配布した。左図は，その図において，0℃以下の領域の範囲を青色で
　　　塗った結果，右図は，－15℃以下の範囲を紫に塗った結果を示す（学習活動⑤では，それぞれの生徒
　　　が，このような色塗りを通して，シベリア気団の季節的な成長の様子を把握した）。加藤・西川（佐
　　　藤）他（2018）より引用。カラー版は口絵を参照。

(3) 高校生を対象とした学際的学習プランと実践－岡山一宮高等学校，倉敷青陵高等
　　　学校－

実践事例1：国語（古典）と理科・社会（地学・地理）の連携による学際的学習

（加藤・佐藤他（2011）より）

連携の背景にある日本の気候と授業構築の意図

　（1）や，（2）の冒頭で述べたように，日本付近では，11月頃から冬型の気圧配置の出現頻度
が高まり，それを反映して，日本列島の日本海側の地域では，時雨が生じやすくなる。また，高
橋（1978）は「季節は日本古典文学の要」と述べており，時雨のような季節の変わり目を特徴づ
ける現象も，和歌の素材に数多く詠まれている。

　本実践は，そのような時雨を連携の接点にして，秋から冬への遷移期の気象と古典文学にみる
季節感を捉えるものである。つまり，まず，時雨を素材とする和歌にみる表現を介して，気候や
気象が昔から表現のテーマでもあることを知る。次に，時雨の季節特有の気象・気候について理
解を深める。そのことで逆に，自然科学的理解も和歌の表現の背景を捉える観点の一つであるこ
とに気づき，古典文学をより身近なものと感じて鑑賞を深めることをねらいとする。つまり，本
実践は，古典文学を例とする文化理解の一環として，気象・気候（理科の地学や社会科の地理）
との連携を行なった例である。

　なお，本実践は，高等学校の地学や地学基礎，あるいは地理の気候分野における，教科横断的

表Ⅲ－1　岡大・教育・附中の授業でのワークシート記載内容（受講者数21人）（加藤・西川（佐藤）他（2018）より）。

（質問項目1）色塗りをした天気表を見ると，12月は10月と比べてどのような天気の違いがありますか。新潟と東京との違いにも注目して書きましょう。
●新潟と東京の天気の違いを指摘した記述（8人） ●10月と12月の違いに着目しながら，二つの地点の天気の違いを指摘した記述（11人） ・10月は雨の量が同じくらいだったが，12月は新潟の降水量の方が東京よりもとても多い。
（質問項目2）11月の新潟と東京の色塗り作業をしてみた結果，10月と12月，どちらに似ているでしょうか。また，そう見えた理由も書きましょう。
●12月（理由なし）（8人） ●12月（理由あり）（9人） ・新潟では雨または雪が多くなり，東京では晴れまたは快晴が増えたから。 ●その他の意見（3人） ・どちらにも似ている。中間くらい。
（質問項目3）10月から12月の気温の変化と，天気表の色塗り作業の結果を比べながら，11月頃の天気の特徴についてまとめなさい。
●天気パターンについての記述（10人） ・10月から12月のように変わっているけど完全には12月のような天気にはなっていない。 ・秋から冬への変わり目のような気候。 ●気温についての記述（3人）
（質問項目4）時雨の降り方や，それをもたらす気象の特徴を，和歌の中でも表現されていたことを書いて下さい。
●「降りみ降らずみ定めなき」（14人） ・降ったりやんだりして一定じゃない。 ●「時雨ぞ冬のはじめなりける」（2人） ・時雨は冬の始まりを教えてくれるものである。 ●「紅葉にぬるる袂とぞ見る」（4人） ・濡れているのを見て，やっと気付く（気付きにくい）。 ●「こがらしの」（8人） ・木枯らしの音でわからない。時雨の音がかきけされてしまう。 ・時雨が降る時は非常に強い北西の季節風が吹く。
（質問項目5）0℃以下と－15℃以下の範囲を色塗りした結果，シベリア気団の広がりや強まり方について，月ごとの変化に注意しながらまとめて下さい。
●シベリア気団全体の広がり方について記述している。（12人） ●月ごとにシベリア気団の広がりの経過を記述している。（9人） ●0℃と－15℃の気温の違いに着目しながら記述している。（1人） ・0℃以下は10月から11月に大きくなり，－15℃以下は11月頃に大きくなる。
（質問項目6）いつ頃からシベリア高気圧が発達し，いつ頃シベリア気団の冷たい風が日本に吹いてくるようになるのか，月ごとの変化に注意しながら書きなさい。
●9月頃（2人） ●10月頃（2人） ・10月ころからとくに寒いところ（－15℃以下）が出だしたので10月頃から発達する。 ●11月頃（6人） ・11月からシベリア高気圧が急激に発達，それと同時に冷たい風がだんだんと強くなる。 ●10～11月頃（10人） ・北西の風は11月頃に日本に吹いてきている。
（質問項目7）秋から冬への季節の移り変わりの中で見た，11月の特徴について，授業全体を通してわかったことや，更に知りたいことなどをまとめて下さい。
●わかったこと（12人） ・11月は秋と冬の変わり目である。 ・シベリア気団が発達すると気温が下がり，季節風が強くなる。 ・時雨が日本海側では増える。 ・10月と12月の気候を足して2で割ったものかと思っていたが，実際は12月よりだった。 ・小さめの雲が，ぽつぽつと日本の周りにある。 ●新たな疑問点が生まれた（6人） ・なぜ10月と11月にはすごく差があるのか知りたい。

内容を含んだ探究的授業例として再構築する可能性も併せて意識している。

指導目標
(a) 秋から冬への遷移の「中間的な季節」に見られる「時雨」時の気象理解を切り口に，日本の気候系の多彩な季節サイクルを捉える視点を育む。
(b) 季節進行の中で見る寒気吹き出しの状況の地域による違いに気づく（更なる探究への課題発見力）。
(c) 「時雨」を詠んだ和歌を例に，このような多彩な季節感も背景として日本の古典文学を鑑賞する力を育む。
(d) 和歌に表現された季節の素材（時雨など）を切り口として，気象・気候の理解に繋げる。
　なお，以下に紹介する高等学校での実践では，これらの指導目標の中で（a），（c）に関連した授業を構築した。また，加藤・佐藤他（2011）は，同様な狙いによる大学での授業実践も報告しているが（指導目標（a），（b），（d）に関連），それに関しては本書では割愛する。

古典の教材とした和歌
　教材には，新古今和歌集，及び，後撰和歌集，古今和歌集より，以下の（ア）～（ク）の和歌を取り上げる。

（ア）初時雨降るほどもなく佐保山の梢あまねく移ろひにけり（よみ人しらず，後撰和歌集　巻第八冬，四四四）	（イ）神な月降りみ降らずみ定なき時雨ぞ冬の始なりける（よみ人しらず，後撰和歌集　巻第八冬　四四五）	（ウ）月を待つたかねの雲は晴れにけりこころあるべき初時雨かな（西行法師，新古今和歌集　巻第六冬歌　五七〇）	（エ）たつた川もみぢばながる神なびのみむろの山に時雨ふるらし（よみ人しらず，古今和歌集　巻第五秋歌下，二八四）
（オ）袖ひちてむすびし水のこほれるを春立つけふの風やとくらん（紀貫之，古今和歌集　巻第一春歌上，二）	（カ）やよ時雨もの思ふ袖のなかりせば木の葉の後に何を染めまし（前大僧正慈圓，新古今和歌集　巻第六冬歌，五八〇）	（キ）み吉野の山かき曇り雪ふればふもとの里はうちしぐれつつ（俊恵法師，新古今和歌集　巻第六冬歌，五八八）	（ク）晴れ曇り時雨は定めなき物をふりはてぬるはわが身なりけり（道因法師，新古今和歌集　巻第六冬歌，五八六）

122

　ストレートに時雨の様子が描写されている作品も加えるとともに（和歌（イ）），時雨に関連させて感情を詠んだもの（和歌（ウ），（カ），（ク）），時雨に関連して空間的な広がりも感じさせるもの（和歌（エ），（キ）），時雨だけでなく，前年の夏から冬を経て春（旧暦の立春）になったという季節サイクルの大きな流れも感じられる和歌（オ），等，趣向の異なる各作品も取り上げた。和歌（ウ），（エ）は，附属中学校で 2008 年 10 月 1 日に附中教員と協力して行った特別講義「多彩な季節感を育む東アジアの気候システムとその変調」においても紹介している（加藤・加藤・別役 2009）。また，和歌（イ），（ウ），（ク）からは，冬型の気圧配置時の日本海上で発生する積雲に関連して，降ったり止んだりする時雨の特徴も浮かぶ。

　なお，高等学校での実践では，和歌（ア）〜（カ）の鑑賞を行なったが，加藤・佐藤他（2011）による大学での実践の際には，（イ），（ウ），（キ），（ク）の鑑賞を行った。

岡山県立岡山一宮高等学校での授業実践

授業のテーマと概要

テーマ：秋から冬への遷移期の気象を知り，『時雨』を詠んだ和歌を鑑賞しよう

日時：2010 年 12 月 18 日（土）第 1 校時目〜第 3 校時目（各 50 分）。「土曜講座」の一環として，各校時毎に同じ内容の授業を繰り返し実施（計 3 クラス分）。

対象：岡山県立岡山一宮高等学校第 2 学年生（計 53 名分のワークシート回収）

授業者：佐藤紗里（T1），末石範子（T2），加藤内藏進（T3）

学習活動の概要（指導目標（a）（c）に対応）：

　①新古今和歌集の秋から冬の和歌に読み込まれた素材の一覧表を提示し，時雨を読んだ作品が多いことを確認する。

　②日本の季節サイクルの中で，秋の高低気圧の周期的通過，及び，冬の西高東低の冬型の気圧配置の特徴と天気分布について概説する。

　③ 2009 年 10 月〜 12 月の新潟と東京における毎日の天気の 10 日ごとの集計作業により，冬の天気パターンの出現頻度の季節的変化を見出させるとともに（『気象年鑑』より教材作成），気温との比較を行う。また，毎日の天気図よりシベリア高気圧の季節的発達状況を提示する。

　④上記を踏まえて，時雨を詠んだ和歌の解釈・鑑賞を行う。

授業実践の成果

　生徒によるワークシートの記載内容の集計結果を表Ⅲ−2 に示す。質問項目 1 では，古文独自の視点からの回答だけでなく，季節や気象との関連性に言及したものや，気象が和歌の表現にどう反映されているかに注目して鑑賞出来た結果の回答も多かった。

　更に，授業全体として（質問項目 2），気象と和歌を絡めた内容，例えば，和歌と気象の関わりの深さ，気象面からの視点も加えることで内容を理解した，などの回答が多く見られた。次のような記述がある。「季節がたくさん含まれているのは知っていたけど，それが自然の現象をはっきりと示しているのは驚いた。」，「時雨が降ることによって冬が来たんだなぁとか，川に流れてくる紅葉を見て，今，山では時雨が降っているのではないか，などと思える昔の心の感性，自然に目を向けることのできる心の余裕がすごいなと思いました。」，「和歌についてはすでに

表Ⅲ−2　岡山一宮高校での授業におけるワークシートの1，2，の趣旨の質問に対する記載内容の傾向
　　　（括弧内は，同様な内容を記載した延べ人数を示す。ワークシート全53名分，複数回答有）。加藤・
　　　佐藤他（2011）より引用。

（質問項目1）今日学んだ和歌の中で印象に残った部分
●和歌には根拠がある（3人），実景でなく，虚構を詠む（3人） （季節や気象との関連性に言及） ●季節と和歌との関連性（14人），観察力，想像力で詠まれている（14人） ●気象状態を感じとる繊細な心がある（7人） ●時雨によって季節感が表されている（25人） （和歌を取り上げた内容：18人） 　・和歌（イ）（4人） 　・和歌（ウ）（2人） 　・和歌（エ）（5人） 　・和歌（オ）（7人）
（質問項目2）授業全体として印象に残ったこと，またさらに詳しく知りたいこと。
●和歌の知識を深めることが出来た（8人） ●気象分野の知識を深めることが出来た（7人） ●和歌と気象の関わりが深い（20人） ●文法的な解釈に加え，気象面からの視点で詠むことで内容を深く理解した（6人） ●時雨の特徴をよく知り，季節を感じ，表現することが出来ている（11人） ●更に詳しく知りたいことが出来た（16人） ●作者の感性を表現する文学を科学の視点から読むと，夢や趣がなくなる。（1人）

習ったが，『時雨』でこんなに深いとこまで学習するとは思わなかった。」

　このようなことも総合すると，本授業の後半部では，多くの生徒が，授業前半で説明した気象の内容を念頭に置いて和歌を鑑賞出来ていたといえる。

実践事例2：音楽（歌）と理科（気象・気候）の連携による学際的学習

（加藤・加藤・三宅他（2017）より）

連携の背景にある日本の気候と授業構築の意図

　（1）で述べたように，初冬と早春とは，冬を挟んで非対称的な季節進行が見られる。例えば，旬平均気温の気候値の極小期は節分の頃であり，従って早春の平均気温は初冬よりもかなり低い。しかし，日射は早春の方が初冬よりもかなり強く，早春の方が気温の割に明るく暖かく感じる要因は確かにある。そのような「似ているようで，よく見ると無視出来ない違い」に注目することで，うっかり見過ごしてしまいがちな気候環境系の巧妙さやその中での季節感の微妙な違いの一端にも気づき，ESD的視点の育成に繋がるきっかけとなることも狙っている。

岡山県立倉敷青陵高等学校での授業実践

授業のテーマと概要

対象：岡山県立倉敷青陵高等学校「土曜講座」（1年生17名，2年生10名，3年生1名，計28名）

授業者：加藤内藏進（T1），加藤晴子（T2）

テーマ：『季節の移ろいと季節感』を通してみる日本の広域気候環境－秋から冬と冬から春の季節進行の違いに注目して－

主な学習活動の概要

　①和歌に表現された内容から，初冬と早春の気象・気候や季節感を比較する（新古今和歌集より３首ずつを例に）（主担当：加藤内藏進）。

　②季節が歌われている愛唱歌の中から，「秋から冬」の時期と「冬から春」の時期を歌った愛唱歌の各々５曲を取り上げ，歌詞にみる表現をもとに曲を季節の進行に曲を並べてみる。歌われている季節の事象や表現を味わう（主担当：加藤晴子）。

　③冬を挟んだ日本列島付近の卓越天気パターンや気温（グラフを描く作業も含む），日射，及び，広域気団分布などの季節進行の特徴の非対称性を把握する（主担当：加藤内藏進）。

　④学習活動①～③で学んだことを踏まえ，愛唱歌を季節進行の順に再度並べ直し，その際に注目したことを整理する。（主担当：加藤晴子）。

　⑤本時全体のまとめ（加藤内藏進・加藤晴子）。

　活動全体を振り返る。本実践のような活動が，ESD に求められている視点に繋がることも解説する。

各学習活動の内容より

　①の活動では，教材として，新古今和歌集に収録されている初冬と早春に関連した和歌からそれぞれ３首を取り上げ（Ⅱ－１－４（2）で紹介した和歌），そこに表現された気象・気候や季節感を比較する。

〈初冬の時雨を詠んだ和歌の例〉

神な月降りみ降らずみ定なき
時雨ぞ冬の始なりける
（よみ人知らず，後撰和歌集
巻第八冬　四四五）

こがらしの音に時雨を聞きわかで
紅葉にぬるる袂とぞ見る
（中務卿具平親王，新古今和歌集
巻第六冬歌　五七五）

木の葉散る時雨やまがふわが袖に
もろき涙の色と見るまで
（右衛門督通具，新古今和歌集
巻第六冬歌　五六〇）

〈早春の雪などを詠んだ和歌の例〉

> 春日野の下萌えわたる草のうへに
> つれなく見ゆる春のあわ雪
> （権中納言國信、新古今和歌集
> 巻第一春歌上　一〇）
>
> 明日からは若菜摘まんとしめし野に
> 昨日も今日も雪は降りつつ
> （山部赤人、新古今和歌集
> 巻第一春歌上　一一）
>
> 梅が枝になきてうつろふ鶯の
> はね白たへにあわ雪ぞ降る
> （よみ人知らず、新古今和歌集
> 巻第一春歌上　三〇）

　和歌の表現をみてみよう。初冬に関する和歌には，寒気吹き出し時の対流雲による驟雨性の降水である時雨のイメージが詠み込まれている。それは，明るい気分に関連したような情景とはいえない。一方，早春の頃の和歌にも雪を素材とした和歌は多いが，それらが梅との抱き合わせ等で詠まれた和歌，若菜，新芽のような緑，等に関連した情景も同時に詠み込まれた和歌も少なくない。気温は低くても，また，雪が降ったり残雪があったりしていても，日が差した時の明るさ，萌え始めた若草の薄緑を感じる情景から，初冬との違いを感覚的に捉え得る。

　②④の活動で教材として取り上げたのは，次の10曲の愛唱歌である。
「秋から冬へ」
《紅葉》　　　　　（詩：高野辰之・曲：岡野貞一）
《里の秋》　　　　（詩：斎藤信夫・曲：海沼　実）
《野菊》　　　　　（詩：石森延男・曲：下総皖一）
《冬の星座》　　　（詩：堀内敬三・曲：ヘイス）
《たきび》　　　　（詩：巽　聖歌・曲：渡辺　茂）

「冬から春へ」
《早春賦》　　　　（詩：吉丸一昌・曲：中田　章）
《どこかで春が》　（詩：百田宗治・曲：草川　信）
《春の小川》　　　（詩：高野辰之・曲：岡野貞一）
《花》　　　　　　（詩：武島羽衣・曲：滝廉太郎）
《朧月夜》　　　　（詩：高野辰之・曲：岡野貞一）

　活動では，曲の大枠を捉えた上で，比較も交えながら各曲を詳細にみていくという段階的な方法をとる。まず，各曲の歌詞を読み，季節の進行の中のどのような時期や様子が歌われているかを捉える。普段あまり意識する機会はないものの，自分たちが各々持っている季節感や季節の体

126

験について曲を通して振り返り，改めて意識することをねらうものである。そこから，歌には季節をテーマとしたものが多いこと，表現の背景には，風土やくらしが関わっていること，等への気づきを期待する。

次に，各自が注目した言葉，イメージしたことに基づき，図Ⅲ－4に示したシートの各曲を切り離して，各自が推測した季節進行の順に「冬から春へ」，「秋から冬へ」曲を並べることを試みる。並び順番がそれで良いかを十分に検討した上で，自分の考えが決定した段階でワークシートに糊で貼りつけを行う。ここでは，複数の曲を比較しながら，曲に表現されている事象や心情について，音のメロディやリズムとの関りからも詳細に捉え，同じような時期の中でも季節の進行の違いを捉えることをねらいとする。各曲について注目した点を自由記述すると共に，ワークシートの下欄にも自由記述の欄を設け，何故この順番に並べたのか根拠を記述することを求める。

学習活動②では，「気づいたことを書く」であるのに対し，学習活動④では，一歩踏み込んで「気象の学習によって歌の捉え方について学習前と後では何か変化が生じたか，生じたとするならばどのような変化があったかを書く」という追及を行う。音楽にみる表現や自分の感じ方と科学的な眼でみることを掛け合わせた結果，音楽の表現の捉え方に何か違いが生じたのか，それを生徒自身が感じ取ることができるならば，それは，ものの見方の広がりのきっかけてと繋がっていくと考える。

Work:それぞれの曲について注目したことを書こう。切り取って、季節の移り替わる順に並べてみよう。
ワークシート１に貼る。

《早春賦》	《紅葉》
注目したこと	注目したこと
《どこかで春が》	《里の秋》
注目したこと	注目したこと
《春の小川》	《野菊》
注目したこと	注目したこと
《花》	《冬の星座》
注目したこと	注目したこと
《朧月夜》	《たきび》
注目したこと	注目したこと

図Ⅲ－４　学習活動②で使用した曲シート。加藤・加藤・三宅他（2017）より引用。

学習活動③では，初冬と早春の気候・季節感の違いに関する加藤（内）他（2013）による図や考察結果に基づき，気候関係の教材を作成し，授業で活用した（そのエッセンスは，本書でもⅡ－1－4に纏めた）。

表Ⅲ－3に示されるように，初冬から早春まで冬型の気圧配置の卓越しやすい時期は続くが，季節変化としての気温の極小期は節分の頃であり，従って早春の平均気温は初冬よりもかなり低い。しかし，日射は早春の方が初冬よりもかなり強い。そのような日本列島付近での初冬と早春の違いを具体的に捉えるために，授業では，図Ⅲ－5上段に示した冬型の天気パターン（新潟で雨または雪，東京で晴または快晴）の出現頻度の季節変化のグラフを提示するとともに，図Ⅲ－5中段に対応するスペースを図Ⅲ－5下段で差し替えたものを配布した。また，別に，新潟と東京における旬平均気温の平年値を記した数値の表を配布して，その表に基づき，図Ⅲ－5下段のグラフエリアにグラフを描かせた（時間の関係で，新潟のみをプロットさせた）。

また，日射に関しては，晴天時の日射に注目して，2月～4月における太陽の南中高度，昼間の長さ，太陽高度45°以上の時間数の例，及び，太陽高度45°以上の時間数の緯度分布の，初冬（11月11日を例に）と早春（3月12日）との比較を提示した（表は略。図Ⅱ－18や図Ⅱ－22も参照）。

授業では，気象庁（1991）による月平均海面気圧の気候学的分布図や，気象庁本庁のHPに掲載の月平均地上気温分布図に基づき，Ⅱ－1－4（2）（b）の図Ⅱ－23，24のような形にアレンジした教材を配布した（気温分布図は，「JRA-25アトラス」に基づく。なお現在は，より改良された「JRA-55」に基づく図がHPに掲載されている。従って，気温や海面気圧だけでなく，海から大気への熱や水蒸気の補給量等も含めた種々の量についての，同様な教材が作成出来る）。

更に，海から大気への水蒸気輸送量（潜熱輸送量）だけでなく熱の輸送量（顕熱輸送量）も，日本海域では11月頃からかなり大きくなって積雲が発生しやすくなることを，日本海平均の海面水温や（Kato and Asai 1983），海からの熱・水蒸気の輸送量の季節変化の図も提示して説明した。

なお，初冬と早春の気候比較に関連した教材に更に検討を加えて，岡山一宮高等学校でも「季節進行の非対称性を通してみる日本の広域気候環境－「秋から冬」と「冬から春」の進行の違いに注目して－」というテーマで実践を行なった（加藤・加藤・三宅他（2017））（但し，本書では，その実践結果に関しては略）。その際に，Ⅱ－1－4（2）（b）の図Ⅱ－23の元になる気象庁（1991）より切り貼りした図，及び，図Ⅱ－24から値を読み取ってシベリア気団やシベリア高気圧の季節進行の実態を把握し，日本列島付近の季節進行の位置づけを考える活動のためのワークシートを作成した。それらのワークシートへの作図作業が終った段階のものを図Ⅲ－6に示す。図Ⅲ－6上図に関しては，「シベリア気団中核部の広がりの目安」として－15℃の等温線，「その日本付近への侵入状況の目安」として0℃の等温線，「西太平洋域の高温な気団の北縁の目安」として25℃の等温線に注目し，西日本を通る133°Eにおけるそれぞれの等温線の緯度を図Ⅱ－24から読み取って，季節経過のグラフを描いた。

その結果，次の点を把握出来る。

11月頃には，シベリア気団に対応する低温域やシベリア高気圧がかなり成長している（－15℃の等温線が急速に南下）。また，133°Eにおいて－15℃の等温線が最も南下しているのは12

表Ⅲ－3　日本列島付近における冬を挟む非対称的な季節進行の特徴。加藤他（2013）等に基づく表Ⅱ
　　－2を再掲。

	初冬	早春
日本を 取り巻く 広域の環境	・シベリア高気圧やシベリア気団に対応する大陸の低温域は，11月頃にはかなり成長している。 ・冬型の気圧配置時の日本海側の降水に関連した日本海からの熱・水蒸気供給は，11月には大変大きい。 ・11月頃の日本列島南方の高温の気団は，3月頃に比べてあまり南下していない。	
日本付近の 特徴	・旬平均気温の気候値の極小期は，冬型の天気パターン（日本海側で降水，太平洋側で晴天）の卓越期間（11月中旬頃～3月中旬頃）の真ん中の時期より大分遅れる。 ・日本付近では，早春の晴天時の日射は，初冬よりもかなり強い。	
まとめ	気温はまだ高いのに，冬型の天気パターンが卓越し日射は弱い。	気温が低いにも関わらず晴天時の日射は強い。

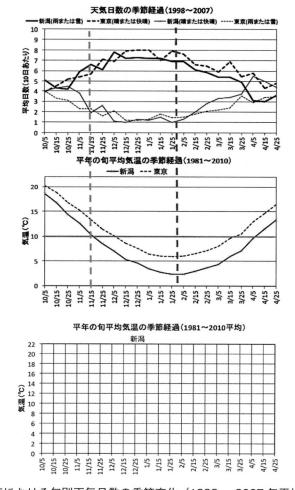

図Ⅲ－5　新潟と東京における旬別天気日数の季節変化（1998～2007年平均）（上段），及び，気象
　庁による新潟と東京における旬平均地上気温の平年値の季節変化（1981～2010年平均）（中段）。
　中段に対応するグラフを描かせるために授業で配布したグラフエリア（下段）。加藤・加藤・三宅
　（2017）より引用（上段と中段は，図Ⅱ－19を再掲）。

月～1月で，月平均で見たシベリア高気圧の中心気圧もその時期に最も高い。一方，日本列島南方の高温の気団の季節的南下は遅く，25℃の等温線は2月頃まで南下が続く。例えば，11月頃の25℃の等温線は，3月頃に比べてまだ600km程度（緯度にして約6°）北方にある。なお，シベリアでは，3月の0℃の等温線は真冬の1月に比べて緯度にして数度（数100km）しか北上していないが，−15℃の等温線は，約10度（約1000km）も北上している点が興味深い。

　つまり，多数の分布図から図6のように情報を集約する活動により，「初冬の冬型の方が早春よりも，シベリアの顕著な寒気団と本州南方の暖気団とのシャープな対峙を反映している」という点がより明確に捉えられることに注目したい（但し，今回の岡山一宮高校での実践では，時間の関係で，図Ⅲ−6のシベリア高気圧の中心気圧の季節変化については，授業者側で作成済みのグラフを提示せざるを得なかった）。

授業実践の成果と課題
愛唱歌を介して季節感を意識する活動について

　愛唱歌10曲の歌について，それぞれ「秋から冬へ」と「冬から春へ」と，季節の進行順に並べる活動では，当初は歌詞の言葉を手掛かりにおおざっぱに捉えるものであった。しかし，自分が注目したことをもとに，同じような時期を歌ったと思われる曲と比較して考えていくうちに，並び順を何回も変えてみたり，判断に迷ったりする姿もみられた。

　歌われている内容が，情景描写なのか心情表現なのか，また，両者ともの場合にはどちらに重

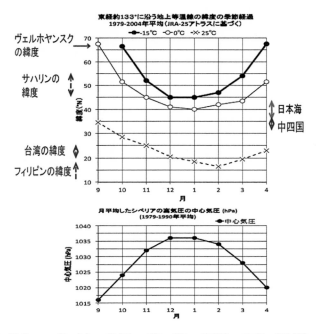

図Ⅲ−6　133°Eに沿う−15℃（太い実線），0℃（細い実線），25℃（破線）の等温線の緯度（°N。上段），及び，月平均図でみるシベリア高気圧の中心気圧（hPa，下段）の季節経過。教材としては，これらの図のグラフエリアのみを印刷したシートを配布した。加藤・加藤・三宅他（2017）より引用。

きを置くのか，等の点で，生徒の捉え方に違いがみられたことも興味深い。例えば，《冬の星座》に歌われている澄み切った星空の情景から感じられる寒さに注目する捉え方と，《たき火》の歌詞「（たき火に）あたろうか，あたろうよ」に出てくる，たき火にあたりたくなるような寒さの中での子どもの気持ちに注目する捉え方である。情景描写についても，風であるならば，どの方向からどのような風が吹いているのか，寒さであるならば，どの程度の寒さなのか，肌寒いのか，凍てつく程に寒いのか，等，自分が注目した事象についてより深く推し量ることができたとみられる回答が複数あった。これまでの自分の経験に加え今回の活動で得た知識をもとに考察を進めることができたといえる。

　生徒は，このような活動を通して，自分の季節感をあらためて意識することができたのではないだろうか。ただし，それをもとに実際にどのように歌うのか，歌唱表現については本実践では活動を行っていない。今後，自分たちはどのように歌うのか，というところから実践も行っていくならば，活動の深まりが期待される。生徒が，10曲をどのような順序で並べたのか，集計の一例を表Ⅲ−4に示す。表には，各曲について，「秋から冬へ」，「冬から秋へ」の進行の中で，それぞれ何番目と考える生徒が何人いたか，という人数を示す。また，それぞれの歌の順位の平均も示した。なお，気象・気候に関する解説前に生徒がイメージした平均順位からの差（解説後の変化）についても最右列に提示する。

気候に関する活動について（音楽との連携も含めて）

　倉敷青陵高等学校での実践における気候の学習に関して，初冬と早春における平均的な気温と明るさの違いが図Ⅲ−7（左）のどの辺りの位置にあると考えるのか，和歌の鑑賞直後と気候の授業の終了後に生徒がプロットしたものを集計した。但し，和歌の鑑賞直後と授業後の双方とも

表Ⅲ−4　気象・気候に関する解説後に生徒がイメージした，愛唱歌の季節進行の中での順番。加藤・加藤・三宅他（2017）より引用。

| 季節進行 | 曲名 | 季節進行の順番の何番目に並べたかの人数（気象・気候の解説後） | | | | | | 解説前の平均との差 |
		1	2	3	4	5	順位の平均	
秋から冬	紅葉	18	7	0	3	0	1.6	0.0
	里の秋	4	17	7	0	0	2.1	0.1
	野菊	6	2	17	3	0	2.6	−0.1
	冬の星座	0	0	1	7	20	4.7	0.1
	たきび	0	2	3	15	8	4.0	0.0
冬から春	早春賦	25	2	1	0	0	1.1	−0.1
	どこかで春が	1	24	2	1	0	2.1	0.1
	春の小川	0	0	11	8	9	3.9	0.2
	花	0	1	7	9	11	4.1	0.0
	朧月夜	2	1	7	10	8	3.8	0.0

（28人中の人数）

記述のある生徒の分についてのみ集計した。

　日本列島付近での気候学的な平均値に関しては，初冬は第4象限に（気温は高いが暗い），早春は第2象限（気温は低いが明るい）に対応する筈である。気候の学習前でも（中央の図），早春に関しては第2象限にプロットした生徒が少なからずいたものの，初冬に関しては，気候の学習前には早春よりも暗くて気温も低いというイメージを抱く生徒が多かった（明るさが「マイナス」で気温も「マイナス」という）第3象限に，多数の黒丸あり）。一方，気候の学習後に（右側の図），初冬に関して第4象限にプロットした生徒も2名いたが，全体としては気候の学習前と大きな改善が見られなかった。逆に気候の学習後に，早春は明るくてかつ気温も高い（第1象限）と考える生徒が増えてしまった点も注目される。

　そこで，そのような認識の変化に関する詳細な考察のために，個々の生徒がプロットした「早春での値から初冬での値を引いた差」に基づく検討も行った。その結果，初冬と早春との日射の違いに関しては（早春が晴天時の日射はかなり強い），気候の学習後の方がより強く実感出来たようである（図は略）。しかし，初冬には早春に比べて，気候の学習後も，「平均気温自体は3月頃が高い」という認識が改まらない生徒も少なくなかった。個々の生徒についての気候の学習前と学習後の変化を見ると（図Ⅲ－8），「早春の方が初冬よりも平均気温が高い」という誤った認識がより顕著になった生徒の場合，「初冬に比べて早春の日射の強さをより顕著に認識するようになる」という変化に連動していた点が興味深い。逆に言えば，日射の因子は，場合によっては気温が低いという感覚をすっかり打ち消してしまうほど季節の感じ方に強く影響しうる点が，本実線の結果として見えて来たという捉え方も可能かもしれない。

　このように，季節の気候学的特徴を正しく理解するという意味では課題も残るものの，倉敷青陵高等学校での実践では，生徒たちにとって文系・理系の内容の話を繋げて触れるのは初めてに近い体験であり，種々のセンセーショナルな感想もワークシートの自由記述の中に数多く見られた。例えば「気象と季節の歌を関連しているところがおもしろかったです。春は春，冬は冬だけ

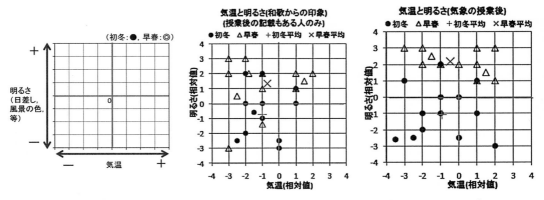

図Ⅲ－7　（左）気温や明るさのイメージについて，初冬（●）と早春（◎）とを比較してプロットしてもらったシート。座標の縦軸，横軸のスケールは任意とした。また，生徒がイメージした初冬（●）と早春（△）における気温と明るさの比較について，和歌の学習直後（気候の学習前）と授業後（気候の学習後）の双方とも記載のあった，全ての生徒のプロットを重ねた。（中央）が気候の学習前，（右）が気候の学習後に対応する。中央，及び，右のグラフでは，早春は◎でなく△に変更して提示してある。加藤・加藤・三宅他（2017）より引用。

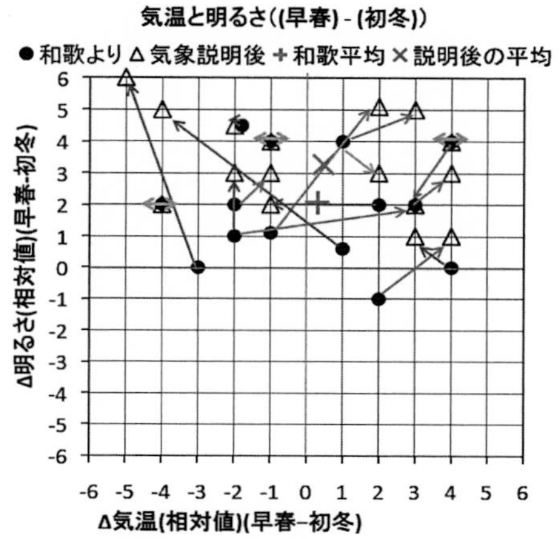

図Ⅲ－8　「早春から初冬を引いた差」としての気温と明るさについての散布図。気候の学習前を●，学習後を△で示す。個々の生徒についての気候の学習前と学習後の変化を，矢印で示した。青い矢印は全体としてより正しい認識への変化，緑は明るさのみ誤った認識への変化，赤は気温のみ誤った認識への変化を示す。また，オレンジ色の両矢印は，授業前後での変化がなかった生徒を示す。なお，平均気温等で見る限り，この図の第2象限（早春が気温は低いが明るい）が，より正しい認識への変化にあたる。加藤・加藤・三宅他（2017）より引用。カラー版は口絵を参照。

で，季節をとらえるのではなく，秋から冬，冬から春というように季節の移り変わりでの新しい視点から季節の進行の違いを考えることができ，歌の季節を考えるにしてもそういった視点から，情景をとらえることができるようになりました。」のように，一部の生徒ではあるが，季節を捉える視点として，単に春夏秋冬に留まらず，「変化する季節」への視点をも喚起出来た点は成果の一つと考えられる。また，愛唱歌を介した季節感でも上述したように，「寒さ」や「暖かさ」，「風」などの「程度や特徴の違い」がどのくらいなのかについて，冬を挟む季節の移り変わりの中で種々の愛唱歌から微妙な違いを感じ分けようとすることにより，季節サイクルの中での多彩さやその中での音楽の生成を意識する機会にもなったのではと考える。

　以上のように，本実践で行なったような気候と音楽との行き来を通して螺旋状に学習が深まっていくことで，生徒の学びに対する興味を高める上でのきっかけを得ることができるのではないかと考える。また，教材については，愛唱歌だけでなく，時代や地域が異なる様々な音楽を取り上げて活用していくことで，活動内容も膨らませていくことができると考える。更に，本書のⅡ－1の種々の話題に関して指摘した，「気候系や季節の中の日々の気象・天候変動の振れ幅」にも注目する視点をどのように取り込めば更に活動を深めうるのかという検討も，今後の興味深い課題の一つと考える。

Ⅲ-2-2　次世代の育みに向けた学際的学習プランと実践－大学生（教員養成）を対象に－

(1) 自然科学から音楽の生成や表現へ－岡山大学「くらしと環境」での取り組み－

　気候と音楽との連携の際に日本付近を取り上げる視点としてⅡ-2-1 (1) で述べたように，日本付近の季節サイクルは梅雨や秋雨を入れた『六季』で特徴づけられ，しかもそれらの季節間の遷移期も，大変独特な特徴を持つ。また，四季がはっきりしていると言われている中・高緯度地域の中でも，実は，季節サイクルの特徴の相互の差異は小さくない。従って，そのような遷移期についての気候の特徴や，自分が生活したことがない地域と日本との季節サイクルの特徴の違い等をデータから詳細に把握し，更に，和歌，愛唱歌，芸術歌曲，絵画等の作品に表現される季節感の微妙な違いにも注目した鑑賞や表現活動を併せて行なうことは，第Ⅰ部やⅢ-1で述べたESD的視点を子どもたちに育むことに資するだけでなく，そこで指導にあたる学校教員の養成の際のESD的視点の涵養にも非常に重要と考える。

　ところで，加藤・佐藤他 (2011) でもコメントされているように，和歌や愛唱歌，民謡や歌曲，絵画作品等に表現された季節は，季節やその進行に対する科学的知見と必ずしも一致するものではない。また，作品には，実際に見た季節の情景の観察ばかりでなく，かなり観念的・概念的なイメージや決まり文句も多々入っている場合が少なくないであろう。しかし，仮にそうだとしても，そのような概念化の背景には，長年にわたり人々の感性に影響を与え続ける季節がある。従って，気象データからも作品からも見出すことが出来る「季節や季節感の微妙な違い」に注目した取り組みは，我々を取り巻く環境の微妙な違いや変化を捉え分けられる『科学的かつ感覚的な眼』を磨くための教育への貢献も大きいと考える。

　そこで，本書では，教員養成課程の専門科目の中で「教科横断的思考力の養成」に関連して岡山大学で開講している科目の一つである「くらしと環境」という授業での実践例を紹介する。音楽との連携の際に，加藤晴子もゲストとして加わった。

　なお，この科目は，「教職に関する科目に準じる科目」の一環として開講されている。その中で，主担当者（加藤内藏進）の専門分野である気象・気候を軸として，美術（担当：赤木里香子），音楽（ゲスト：加藤晴子）等の芸術，及び，理科・社会の他の分野等と連携することにより，学際的な思考力やESD的視点の育成を狙うユニークな科目である。また，この授業は4日間の集中講義であり（岡山大学が4学期制に移行する前の2015年度までは3日間），美術や音楽と連携した学際的授業は，最終日全体を使って実施している。このため，気象・気候の学習は，学際的連携も視野に入れた体系的な「カリキュラム」として構成することが可能である。このことは，大学での授業は勿論，小中高でも，複数の教科の内容をそれぞれ体系的に進めつつ，全体としてESD的視点の育成を狙う授業群としてのカリキュラム構成を考える際の一助にもなりうるのではと考えた。

　以下に，2010年以降の取り組みと，それらに基づく報告を列挙する。

〇 2010年度：日本の季節サイクル全般，音楽に関しては，特に《朧月夜》を接点に
　　→加藤・加藤・赤木（2011）にて報告。

○ 2011 年度：秋から冬の遷移（愛唱歌 10 曲の歌詞でみる季節の遷移，時雨を詠んだ和歌，色で表現する中間的な季節）
　　→加藤・佐藤・加藤・赤木他（2011）にて報告。
○ 2012 年度：雨の多様性（日本の暖候期，外国との比較）
　　→加藤・赤木・加藤他（2012）や加藤・加藤（2014b）にて報告。
○ 2013 年度：「秋から冬」と「冬から春」の季節進行の非対称性
　　→加藤・加藤・佐藤・山田・赤木（2013）にて，気候や季節感等に関する内容を報告。
　　授業実践に関しては，加藤・赤木・加藤他（2014）にて報告。
○ 2014 年度：「秋から冬」と「冬から春」の季節進行の非対称性
　（美術と音楽との表現活動間の往還を 2013 年度よりも充実）
　　→加藤・加藤・赤木他（2015）にて報告。
○ 2015 年度：ドイツと日本の「夏」の気候と季節感の比較（一口に「夏」といっても…）
○ 2016 年度：冬の追い出し「ファスナハト」を軸とするドイツの冬の気候と季節感
　（日本との比較の視点で）
　　→加藤・加藤・大谷他（2017）にて，気候と音楽の連携の部分を報告。
○ 2017 年度：北欧の夏至祭を軸とした，北欧の気候や季節サイクルと季節感
　（日本やドイツと比較して）
　　→加藤・加藤・赤木他（2019）にて報告（気候と音楽の連携部分を中心に）
○ 2018 年度：日本と北欧の夏の気候と季節感の比較
　　　　※ 2015，2016，2017 年度の連携の内容の発展として。

　以上の中で，2012 年度や 2011 年度の取り組みの一部は，前書（加藤・加藤 2014a）にて紹介した。そこで本書では，2013 年度，2016 年度，2017 年度の取り組みの一部を，加藤・赤木・加藤他（2014），加藤・加藤・大谷他（2017），加藤・加藤・赤木他（2019）に基づき，気候と音楽との連携を中心に，それぞれ紹介したい。なお，それぞれの取り組みの背景となる気候の詳細に関しては，第Ⅱ部を参照されたい。

実践事例１：【日本の「秋から冬」と「冬から春」の季節進行の非対称性に注目した学際的学習】（加藤・赤木・加藤他（2014）より）
　背景にある日本の気候・季節感を捉える視点と授業構築の意図（「日々の変動に伴う現象の多様性」と「感じ方の多様性」にも注目して）
　Ⅲ－2－1（1），（3）で述べたように，初冬と早春とは，冬を挟んで非対称的な季節進行が見られ，早春の平均気温は初冬よりもかなり低い。しかし，日射は早春の方が初冬よりもかなり強く，早春の方が気温の割に明るく暖かく感じる要因は確かにある。そこで，Ⅲ－2－1（3）の【実践事例２】（岡山県立倉敷青陵高等学校）と同様に，そのような「似ているようで，よく見ると無視出来ない違い」に注目することで，うっかり見過ごしてしまいがちな気候環境系の巧妙さやその中での季節感の微妙な違いの一端にも気づき，ESD 的視点の育成に繋がるきっかけとなることも狙っている。

ところで，加藤・赤木・加藤他（2014）で述べているように，気象・気候システムは，複数の時空間スケールの現象が絡み合う「マルチスケール構造」を示す。集中豪雨に関連したシステムはその典型的な例である（二宮 2001）。実は，季節進行という現象も，ゆっくりとした時間スケールでの変化の上に日々の季節特有の天気系に関連した変動が重なっている。例えば，Ⅱ－1－3やⅡ－1－5で述べたような，何としてでも追い出したい「ドイツの冬の厳しさ」という季節感，あるいは，北欧の夏至祭の頃の季節感などは，季節サイクルに重なる大きな日平均気温の変動の大きさも重要な要素であることで例示される。

　従って，「季節の流れで見た一つの『瞬間』」も，その中の「微細構造としての日々の変動」という時間の流れ（変動）が明確に意識出来る。つまり，そのような複合現象である季節には，どの側面を強く感じるかにより，その感じ方の多様性が期待される。一方，人の眼や肌などを通した目の前の季節の感じ方自体にも，様々な要素がある。但し，その個人差は，全く同じ刺激を受けた場合でも生じる「内的な差」だけでなく，「自然現象の変動（振れ幅）という多様な切り口」のどの部分を特に感じるかという，「アンテナの個人差」の違いも反映されうる。従って，表現活動としても，季節のどんな側面をどのような感じ方で受け止めたのかについて表出してみることにより，学習者自身が自分の季節感に問いかけることができるのではないか，更には，それが季節進行を科学的側面から理解する際の有用な手がかりにもなり得るのではないかと考えた。

　そこで，美術での視覚の面からのアプローチと音楽の聴覚の面からのアプローチを繋げて，以下のように，「美術→音楽→美術」という流れで学習プランを組み立てた。

　まず美術の活動では，どの地域・場所の何月頃の様子を表現するのか学生自身が決め，それを色で平面に表現させた。そのことを通して，その場所・時期の現象や自分の体験等を振り返り，自然現象としての季節の特徴や自分の季節の感じ方を大まかに捉えることができるのではないかと考えた。

　美術に続く音楽の活動では，取り上げた季節の中でのより短い時間経過に伴う現象の変動にも併せて注目させ，音やその重なり，それらの時間経過で表現させることにより，今述べた複合的な重なりで構成されている季節事象への意識にも踏み込むことができるのではないかと考えた（音楽はそもそも時間の経過の中で成り立つ芸術であり，表現の際に，それを意識せざるを得ないという特質もある）。

　このような音楽の創作活動の体験後に再度美術の表現活動を行うことによって，種々のスケールでの時間の経過の重なりも含んだ要素が，美術の制作でも多様な表現へと反映されるのではと考えた。

授業のテーマと概要

テーマ：音や音楽の表現を通してみる季節の比較と感覚の比較
　－色で表したものを音楽で表現してみよう【晩秋から初冬にかけて】【晩冬から初春にかけて】－
日時：2013 年 8 月 30 日（金）（集中講義の第 3 日目）1〜5 限目（90 分×5 限）
対象：教育学部生 1〜4 年生（文系，理系，実技系の種々の専門分野の学生が受講）。出席者は計 35 人（うち，理科専修は 8 人）。

活動内容：

〈第1限〉前日までの関連する気象・気候の内容の復習・補足（主担当：加藤（内）），及び，美術作品の鑑賞（日本の絵画にみる季節感）（主担当：赤木）

〈第2限〉美術の表現活動…色による表現（各学生が，〈晩秋から初冬〉〈晩冬から初春〉の2点を制作）（主担当：赤木）

〈第3限・4限〉音楽の鑑賞や表現活動（主担当：加藤（晴））

　鑑賞…人を取り巻く音，生活文化の中の音（背景にある気候）

　創作…色により表現した作品を，今度は音で表現

〈第5限〉美術の表現活動…音による作品（図形譜）を踏まえて，色や形による表現を行う（主担当：赤木）。その後，3日目全体の取り組みや，1日目からの全体の授業を総括（全員）。

　なお，本実践事例は，加藤・赤木・加藤他（2014）から引用・加筆したものである。

主な学習活動の内容

1回目の美術の表現活動（2限目）

　季節感の表現に関して，スイス生まれの芸術家ヨハネス・イッテン（Johannes Itten;1888年-1967年）によって導入された，具象表現から離れ，純粋に色彩の組み合わせのみで表現する活動を簡略化して行なう。これは，1919年にドイツのヴァイマール共和国に創設された総合芸術学校バウハウス（Bauhaus）の予備課程で実践した，色彩による表現研究のための練習課題「四季絵」に基づく活動である（Itten 1961）。但し本実践では，描画技術や絵の具の混色技法をあまり身につけていない学生でも比較的容易に活動に取り組めるように，色紙を用いた制作活動とした。

　最初に，イッテン自身が制作した春・夏・秋・冬の4点からなる「四季絵」を紹介し，具象表現を用いずとも，選び出され組み合わされた色彩の響き合いによって，ダイレクトに季節感を表現できる可能性があることに気付かせる。

　その後，短冊状（32×128mm）に切った「日本色研トーン別いろがみ　トーナルカラー93色」（日本色研事業株式会社 発行）を各学生用に1セット準備する。まず，93色を見比べて，表したい季節感を表現するための6色を選んでもらう。さらに選んだ色紙を4等分して正方形に切り，各色4個までを用いて20個の組み合わせを考え，横4列，縦5列の長方形をつくりA4判ケント紙に糊で貼る活動に進む。

　各学生は，〈晩秋から初冬〉と〈晩冬から初春〉それぞれの時期の季節感を表す作品2点を制作する。それぞれ，冬を挟んで左に〈晩秋から初冬〉，右に〈晩冬から初春〉を表した作品を，左から右への季節進行の中に沿って，学生が想定した日付（何月のいつ頃か）の順に並べて鑑賞し，季節進行の全体像を把握する。なお，上述の〈晩秋から初冬〉は「初冬」，〈晩冬から初春〉は「早春」に対応するが，「季節の遷移期を細かく見た中での特定の時期」を学生に意識させるために，美術の表現活動においてはそのように呼んだ。

音楽の鑑賞や表現活動（第3・4限目）

　第3，4限目には，美術の活動時に色（その組み合わせ）で表現した季節について，音で表現

する創作活動を行う。まず，表現の前段階として，人をとりまく自然の音を映像と共に複数鑑賞し，そこからイメージされるものを線や点，記号などを用いて自由に描いてみる活動を行う。その上で音楽を構成する要素，表現の要素，簡単な音楽を作る際によく用いられる方法の概説を行い，創作活動に取り組む。活動の手順は，1）イメージの振り返り，2）音探し，3）音のスケッチ（図形譜でデザイン），4）音を鳴らし工夫，オリジナル作品完成，5）色による作品群の貼られた壁の前での演奏，発表，である。

図Ⅲ－9　主な使用楽器の写真例。計13種を示す。右側の上から下へ：スプリングドラム，ティンシャ，フィンガーシンバル，すず，エナジーチャイム，中央の上から下へ：ウッドブロック，モーコック，チャフチャス，左側の上から下へ：クラッパー，カスタネット，クラベス，最下面，レインスティック，の順に並べてある。加藤・加藤・赤木他（2015）より引用。

　創作では，民族楽器を含む扱いやすい小物の打楽器を使う（ティンシャ，鈴，タンブリン，チャフチャス，ウッドブロック（各種），トライアングル，レインスティック，サウンドパイプ，スプリングドラム，ブームワッカー）（一部，図Ⅲ－9に例示）。その際に，学生個々の発想をよりダイレクトに音の表現に繋げやすいこと，かつ相互に表現の意図を共有できることを期待して，作品のスケッチには図形譜を用いる。図形譜はモートン・フェルドマンの発案によるもので，五線譜ではなく線や点をはじめ自由な図形などを用いた楽譜であり，五線譜では表現しきれない新しい音楽を創造する手段として，現代音楽でしばしば使われている。日本の多彩な季節感に繋がる一要素である暖候期の雨の多様性を知り，上述の小物の種々の打楽器を用いて「雨」の表現の多様な可能性を体験する活動においても（加藤・加藤 2014b），作品のスケッチに図形譜が利用されている。本実践における作品例の図形譜では，左から右に曲が進行し，その左端もしくは右端に，そのパートで使用する楽器名等が記してある。

2回目の美術の表現活動（5限目）

　音楽の表現活動に引き続き，以下のような再び美術の表現活動を行う。

　使用する材料・用具は，第2限目とほぼ同じであるが，本時では，A5判の白色ケント紙を使用して作品を1点完成させる。〈晩秋から初冬〉と〈晩冬から初春〉の季節からいずれか一つを

選び，音楽の表現活動をヒントに，学生各自の手もとに残っている色紙を自由に使ってその季節感を貼り絵で表現する。構図，使用する色数，紙の加工方法等は制限せず，音楽の表現活動から思いついたアイディアを取り入れるよう促す。特に形を工夫する際の参考として，音の重ね方や強弱のつけ方を示した図形譜を振り返らせ，円や三角形の大きさや線の方向を変化させることで生まれる効果に気づかせる。

　完成作品について，第2限目と同様に冬を挟んで左から右への時間軸を設定し，記入されたコメントを参照して，晩秋から初春まで順に並ぶように掲示して鑑賞する。

作品の分析・考察

1回目の美術の表現活動（2限目）

　美術の作品分析の詳細は割愛するが（詳しくは加藤・赤木・加藤（2014）を参照），全体的には，「晩秋から初冬」では濃い色，深い色，寒色の多用，「晩冬から早春」では寒色の濃い色と薄い色の組み合わせ等，色使いの傾向の違いがみられた。例えば，前者では，暖色の赤・オレンジ系の色は紅葉のイメージを表すものとしてアクセント的に使用され，茶系の色は落ち葉や枯葉をイメージするような濃い色，鈍い色が選ばれている。寒色についても暗い色を選ぶ傾向が強かった。一方，後者では，寒色と暖色を対照的に並べる組み合わせや，その濃淡のアンバランスさを強調しているものがみられる。

　全員の作品を季節の進行の順に並べた鑑賞を通して，各々の季節感を知ると共に，二つの季節の非対称性をあらためて感じることができた。

音楽の鑑賞や表現活動（第3・4限目）

　図形譜は学生がどのような音を鳴らそうと考えたかを記録したものであり，作品の表現内容の分析の際にも大変有用であるが，具体的に鳴った音に基づく記述も不可欠である。そこで本書では，図形譜に記されたものだけでなく，その作品をグループで演奏した録画・録音を著者が聴いた結果も踏まえて，作品で表現されている内容を記述する。

　作品の表現には，大きく次の2種の要素がみられた。

　①描写的な表現：その時期特有の気象現象（例えば，気温の変化，雨，雪，風，等）と，それらに伴う自然の様子（例えば，生き物の活動），等

　②抽象的な表現，心情の表現：移り変わっていく様子，変化（例えば，冬の訪れ，春の訪れ）とそれに伴って生じる心情やその変化，等

　多くの作品が，上記①②の組み合わせで表現されていた。また，移り変わっていく様子の表現においては「持続するもの，変わらないもの」と「変化していくもの」あるいは，「生じるもの」と「滅していくもの」といった対比に目が向けられていたことが注目される。

　次に，作品（図形譜および演奏発表）からみる季節の捉え方について分析した結果，季節の捉え方では，大きく次の2点が注目された。

　①自然現象の感じ方：その時期に特有あるいは象徴的な自然現象，季節の向かう方向とその中での感じ方の変化（例えば，気温に関して，寒→暖，日照・日射に関して，暗→明）

②自然現象と自分の感じ方の関連：その時期の気象現象と自分のイメージや印象，その時期を象徴するもの　作品には，a）使う楽器とその組み合わせ（音色にどんな役割をもたせ，何を表現するのか），b）楽器の鳴らし方による音質の違い，c）音の重ね方による雰囲気の違い，d）音の大きさの変化によって生じる効果，等を通して，表現したい個々の事象や心情の特徴が際立つような工夫がみられた。個々の現象と同時に，全体として醸し出される雰囲気に注目した作品もみられた。

　前述のように，色による表現では，全体として秋から冬は濃い色や暗めの色で，冬から春については明るい色の組み合わせによるものが比較的多くみられた。音ではどのように表現したのか，作品例を挙げながら，演奏も参考にして，作品から読み取れる季節の表現を整理する。

〈描写的な表現の例，その時期特有の自然現象と印象〉
　作品例１－a 学生 Y（図Ⅲ－10（左））。秋から冬，作品タイトル《時雨》
作者自身の作品コメント：時雨のイメージ，使用楽器：サウンドパイプ１，レインスティック２，スプリングドラム１，チャフチャス１

　本作品は，天空から地面までの幅広い空間で刻々と変化する雨の様子を描写的に捉えた作品といえる。連続する音を表現のベースにしながら，その組み合わせに変化があることによって，降り続く時雨の様子が伝わってくる。例えば，サウンドパイプが風を表現し，そこにサーッと降る雨がレインスティックで表現されている。雨の降る量，降り方には変化がみられる。スプリングドラムの音の大きさにも波のような変化があり，それが雨脚の変化と呼応しているように感じられる。また，雨雲から雨粒が落ちてくるように，風の音の下方に雨が直線で描かれている。雨の降り方，強さの違いが直線の長さ，間隔の違いで表されている。地上近くの情景として，葉に雨が当たる音がチャフチャスで表現されている。ここにも雨の降り方，量の変化が表現されており，雨脚が強まったり弱まったりと降り方が変化していく様子が感じ取られる。この表現からは，このような情景を，だれが，どこで，どこから見ているのか，といった想像も湧いてくる。

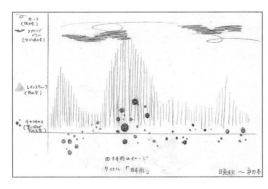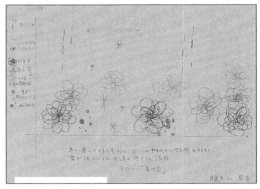

図Ⅲ－10　図形譜の作品例１（学生 Y）。（左）作品例１－a。秋から冬（タイトル：《時雨》），（右）作品例１－b。冬から春（タイトル：《春の雪》）。加藤・赤木・加藤他（2014）より引用。カラー版は口絵を参照。

　作品例１－b 学生 Y（図Ⅲ－10（右））。冬から春，作品タイトル《春の雪》

作者自身の作品コメント：冬から春への移り変わりの柔らかい空気感と明るさ，雪が降るような気温の低さとの混在。使用楽器：ブームワッカー3，ティンシャ，トライアングル，鈴，チャフチャス各1

　冒頭，気温の低さ，空気の冷たさがティンシャで表現され，そのような中にも感じられる春の到来，明るさの気配がブームワッカーで表現されている。こすって鳴らされるトライアングルの音が次第に消える。これは寒さの後退とも捉えられる。一方，そこには鈴によってちらつく雪も表現されており，雪が降るような気温の低さと，寒さの緩みの混在が感じられる。後半のティンシャは，なお残る冷たさ，寒さを感じさせる。最後に鳴るブームワッカーによる重音は，春になって湧き出るものの表現と思われる。時間の経過に伴って，寒さと暖かさが行きつ戻りつする中で，徐々に明るさが増していく様子に注目した表現といえる。

〈抽象的な表現の例，自然現象と自分の感じ方の関連〉
　作品例２−a学生K（図Ⅲ−11（左））。秋から冬
作者自身のコメント：なし，使用楽器：ウッドブロック1，チャフチャス3，サンドパイプ1

　ウッドブロックによる等拍の刻みをベースにして，チャフチャスによる小刻みに連続した音を重ね，そこにサンドパイプが加わるという極めてシンプルな構成である。ウッドブロックと平行に進行していたチャフチャスが降下してサンドパイプと接するすれすれで曲が終わる点が注目される。この作品からは，変わらないものと変わっていくものの対比が感じられ，後者は何かの終焉をも意味しているように思われる。本作品では，等拍で刻む音にチャフチャスを使用している。一方，同じ作者の冬から春への作品でも刻む音があり，そこでは鈴が使われている。音色の選択と表現のイメージ，意図との関わりが興味深い。
　作品例２−b学生K（図Ⅲ−11（右））。冬から春
作者自身のコメント：なし，使用楽器：鈴2，クラッパー1，レインスティック2

　2本のレインスティックによる途切れず連続した音が全体の背景のように鳴らされ，クラッパーの等拍の刻みの上に，鈴（演奏では両手に鈴，計2個）を使って，あたかも波がうねるように次第に音が大きくなっていく構成である。この鈴が印象的であり，冬から春への移り変わり，例えば生命の息吹のような，何かが次々に湧きあがっていくことをイメージさせる。学生Kの2つの作品を比較すると，秋から冬では〈終わり〉が，冬から春では〈始まり〉が意識されているように思われる。

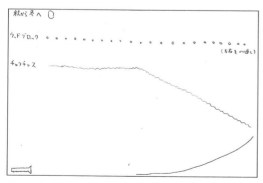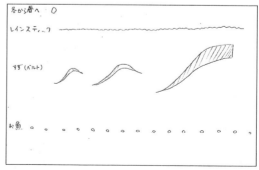

図Ⅲ−11　図形譜の作品例2（学生K）。（左）作品例2−a。秋から冬，（右）作品例2−b。冬から春。加藤・赤木・加藤他（2014）より引用。

これらの作品にみられるように，冬を挟んだ二つの時期を音で表現することによって，各々の時期のどのような気象現象に注目し，自分はそれをどのように感じているのか，ということが一つの形としてみえてきたといえる。ある時期の事象に留まらず，季節が向かう方向とその移り変わりの様子に注目し，〈秋から冬〉〈冬から春〉を対照的に捉え表現していた作品が多かったことは，季節感を再認識する上でも興味深い。

2回目の美術の表現活動（5限目）

　学生34名が表現しようとした季節は，〈晩秋から初冬〉にあたるものが9点，〈晩冬から初春〉にあたるものが25点で，4分の3が後者を主題に選んでいる。選ばれた時期は，春の気配を感じる程度の晩冬から桜が咲く頃までと幅広いが，冬から春への移り変わりそのものを主題とすることをコメントで示唆しているものが全体の3分の1に近い11点あった。

　なお，作品例の提示は割愛するが，これらの作品には，〈描写的な表現〉と〈抽象的な表現〉がみられた。例えば前者では生命のあるものを主役とした情景の描写，後者では円形，三角形，長方形などの構成による季節の移り変わりに伴う心情の表現，等がみられ，時間の経過に伴う心情や情景の変化を表現するという着眼が興味深かった。

　なお，美術の作品における上述の季節の移り変わりに伴う「感じ」の表現の工夫は，音楽の表現活動でこのような作品を創作し，それを図形譜に書き，音を出すタイミングや出し続ける長さなどを意識して演奏した経験が何らかの影響を与えている可能性も否定出来ず興味深い。

作品からみる季節感に関する気象学的考察

　気象・気候に関連する講義内容についてのレポートの中で，「日本列島では，11月初め頃から3月半ば頃まで冬型の天気パターンの出現頻度が高い。しかし，11月頃と3月頃とを比較すると，気温，日射等の特徴にどのような違いが見られますか。」という質問項目に対する学生の回答傾向は次の通りであった（3日目の出席者35人中，33人分を回収）。

①3月頃が11月頃よりも低温：15人
②日射は3月頃が11月よりも強い：25人
③3月と11月の平均気温は，ほぼ等しい：8人
　（他の趣旨の回答は数が少なく，略した）
※なお，①，②の学生のうち，「3月は日射が強い割に気温は11月よりも低い」等，両者を一連のロジックとして回答したのは4人であった。

　以上のように，3月頃と11月頃の気温と日射の違いをセットとして認識するような回答こそ少なく，また，③のように初冬と早春の平均気温がほぼ等しいという認識の学生も少なくなかったが，両季節の平均気温の違いを正しく認識出来た学生は，半数ぐらいには達していた。

　しかし，上述のように，特に美術の作品では，初冬に比べて早春が明るいだけでなく暖かい感じの表現も印象的であった（気象・気候に関する内容の小レポートでは，3月は11月ほど暖かくないと答えていたのが15人＋8人＝23人いた割には）。このことは，早春には日射が強まるので，その季節感へ与える影響が強いことを反映している可能性もあろう。

　ところで，本実践事例に関する記述の冒頭の「背景にある日本の気候・季節感を捉える視点と

授業構築の意図」で述べたように，季節サイクルは，例えば平均値の季節的遷移だけでなく，日々の変動等がそれなりの振幅の重なることでも特徴づけられる。また，季節を特徴づける要素には，気温，降水量等の物理量だけでなく，降水特性や，卓越風，天気パターン等の種々の要素の組み合わせとしての多様性がみられる。一方，人が自然のどのような側面に強い印象を抱くのかも，いわば，多様な選択肢がある（無意識に取り込まれていることも含めて）。言い換えれば，美術や音楽での季節進行での微妙な違いを表現する活動における学生の表現に注目することにより，平均値などを把握するだけでは気づかない季節サイクルの特徴へ，科学的な眼を向けさせる契機にもなりうるものと考える。

　例えば，図Ⅲ－12に例示されるように，初冬も早春も，日平均気温等の日々の変動は大きい。そういう中で，気温の平均値は初冬が早春よりも高いが（11月頃と3月頃の，図中に示した横棒に対応する気温を参照），初冬に気温が極小となる日の平均（いわば，初冬の「低温日」の平均）に比べると，早春の「高温日」の平均の方が高い傾向がある（図中の11月と3月のグラフに付した楕円に対応する気温の値を比較）。

　従って，もし，これから寒くなる初冬には日々の変動としての相対的な低温日の「寒さ」への印象が強く（それまで暖かかったので），逆に，これから暖かくなる早春には日々の変動としての相対的な高温日の「暖かさ」への印象が強ければ，日射の強さだけでなく気温からも，「初冬に比べた早春の暖かさ」を意識するのは不自然ではない。

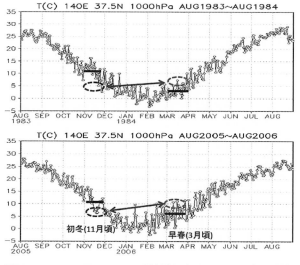

図Ⅲ－12　NCEP/NCAR再解析データから，東北南部付近の格子点（37.5N/140E）における，1000hPa面（地上付近に対応）での日平均気温（1日4回の平均）を1983/84年と2005/2006年の冬につき例示した。初冬（11月頃）と早春（3月頃）について，大まかな平均値を横線で示す。加藤・赤木・加藤他（2014）より引用。

　以上のように，本実践事例では，学生らが『科学的な眼』によって捉えた季節特性を踏まえた上で，感じ方の多様性も自由に重ねて表現を深める機会となったのではと考える。一方，このよ

うな作品に表現された学生の季節感（科学的知識だけでなく，日常生活の中で自然に獲得した季節感も，併せて表現されているだろう）を気象学的に見直した結果，平均的な気候・気象要素だけを眺めた場合には見過ごしてしまわれがちな季節の特性の一部が，『人の感性というフィルター』により選択的に浮かび上がり得ることも示唆された。従って，本研究のような学際的取り組みは，単に芸術教育の際の作品生成の背景としての気候環境把握という意味に留まらず，逆に，芸術教育をきっかけとして，「日々の変動も重なる気候環境の特質を多様な視点から科学的に把握する」糸口をも与え得る可能性を例示していると言えよう。

実践事例２：ドイツの冬の追い出し「ファスナハト」を軸とするドイツの冬の気候と季節感に注目した学際的学習
（加藤・加藤・大谷他（2017）より）

背景にあるドイツ付近の気候・季節感を捉える視点と授業構築の意図
Ⅱ−１−３やⅡ−１−４（1）で述べたように，ファスナハトの背景にあるドイツの「厳しい冬」は，平均気温が低いことだけでなく，日本に比べて大きな日々の変動の中での極端な低温日の頻出を反映する（図Ⅲ−13）。しかも，平均気温が「底」となる期間が日本よりも早く12月初め頃から始まり３月頃まで続く。ファスナハトは，このような極端な低温日も時々出現する冬が，「やっと間もなく終わりそう」という時期に行われる。

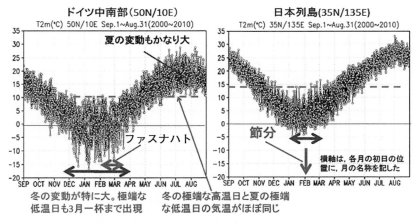

図Ⅲ−13　日平均地上気温（℃）の時系列を，2000/01 〜 2010/11 年について11年分重ねたもの。ドイツ中南部の50°N/10°E（左図）と日本列島付近の35°N/135°E（右図）について示す。図Ⅱ−6を再掲。加藤・加藤・大谷他（2017）より引用。

また，本実践事例ではドイツを取り上げたが，それは，Ⅰ−２でも述べたように，自分たちとは異なる背景を持つ社会・自然や人間を知る視点を育むことを意識したものでもある。つまり，科学的なデータの読み解きや，芸術作品・伝統行事などにみられる人々の感情等を想像するなど，敢えて，「自分が生活したことがない地域の気候環境や文化」を意識的に取り上げる。そのことで，「もし自分がその場にいるとしたら・・・」という視点からの想像を通して，「『異質な他者』を理解する力」の育成へ向けた一つの有効なアプローチを提示しうるのではと考えたから

である。

　そこで授業では，中高緯度地域における季節サイクルの多様性や，その中での『幅を持つ季節』にも注目し，ドイツでは「どうして，それほどまでして追い出さないといけない厳しい冬なのか？」を，日本列島付近との比較の視点も持って気候データからイメージし，そして，それを音楽で表現する活動（ファスナハトのオリジナル作品の創作）に焦点を当てた。

授業のテーマと概要

テーマ：「ドイツではなぜ冬を追い出さずにはいられないのか
　　　　　―ファスナハトのオリジナル作品の創作―」

日時：2016 年 8 月 26 日（集中講義の第 4 日目）1 ～ 8 限目（60 分× 8 限）

対象：教育学部生 1 ～ 4 年生，他（他学部生も若干含む）。音楽活動のワークシート提出者 30 人。

活動内容：

〈第 1 限〉ヨーロッパの冬の気象・気候，季節サイクルに関する復習や補足（Ⅱ－ 1 － 3 やⅡ－ 1 － 4 （2）で述べた内容を中心に）（主担当：加藤（内）），及び，ヨーロッパの冬の様子を描いた絵画の鑑賞（主担当：赤木）。

〈第 2 ～ 4 限〉ヨーロッパの冬をテーマとした音楽作品の鑑賞と，冬の追い出しの行事「ファスナハト」をもとにしたオリジナルの音楽作品の創作（主担当：加藤（晴））。

〈第 5 ～ 8 限〉日本の「冬」と「早春」についての美術の制作活動：色紙での制作と学生による作品群の鑑賞や講評（主担当：赤木），ヨーロッパとの比較の視点も交えた日本の当該季節の気象・気候の解説（主担当：加藤（内）），及び，授業全体の総括（全員）。

　なお，本実践事例は，加藤・加藤・大谷他（2017）から引用・加筆したものである。また，本書では，音楽との連携に関してのみ報告する。

音楽との連携による主な学習活動の内容と結果の分析

　音楽に関するとしては，次の 3 つの活動を中心に行う。

〈活動 1〉冬をテーマにした作品の鑑賞を通して，冬がどのように表現されているか，どのような冬が思い浮かぶのか自由にイメージする。

〈活動 2〉ドイツ語文化圏で行われてきた季節の伝統的な行事ファスナハトを通して，ドイツの冬について考える。

〈活動 3〉自分たちの感覚をもとにオリジナル作品"ファスナハト"を作る。

　以下に，各活動の内容と結果の分析について述べる。

〈活動 1〉（冬をテーマにした音楽作品の鑑賞）

　冬をテーマにした作品から，

・ワルトトイフェル作曲《スケーターズワルツ》

・ドビュッシー作曲《子供の領分》より〈雪は踊っている〉

の2曲を鑑賞し，自由に情景を思い浮かべる活動を行った。ワークシートには，どこの地域，いつ頃のどのような冬，あるいは冬の様子（情景，心情，等）を思いうかべたか，また，それが作品のどのような要素によるかを記述することとした。

《スケーターズワルツ》については，「氷が張るほど寒い」「かなり冷え込んだ夜の次の晴れた朝」のように，ほぼ共通した寒い冬が挙げられ，寒さの程度について，情景のイメージを通して記述されていた。なお，時期についてはほとんど記述がなかった。一方，「寒くても人々は寒さを感じない」「寒がっていない」といった心情を推し量った記述もみられた。それらは，作品の明るさ，曲調によるといえよう。

《子供の領分》より〈雪は踊っている〉については，《スケーターズワルツ》に比べ，学生の捉え方，感じ方に違いがみられた。雪の降り方に関する記述が多く，例えば，「ひらひら舞う様子，時々風に吹かれたり，木の葉に当たったりする」「絶え間なく降る雪」といった穏やかな情景や，「激しくなったり，もとに戻ったり」「大きな雪と小さな雪が混ざりながら降っている」「穏やかだがこれからたくさん降りそうな雲行き」等，変化する様子を具体的にイメージしたものも多くみられた。曲調の移り変わり，大きさの変化等がイメージに繋がったという記述が注目される。

このように，鑑賞して自由にイメージする活動を通して，音楽のテーマとしても冬は様々に表現されていること，また音楽表現や感受は自由であることをあらためて認識出来たものと考えられる。

〈活動2〉（伝統的な季節の行事にみる音や，音に託されたことを考える－ドイツ文化圏のファスナハトについて）

ドイツ文化圏で古くから冬を追い出す伝統的行事ファスナハトが行われてきたことを紹介し，その由来や目的，様相について，祭りが行われる時期にみられる気候の特性と絡めながら概説した。事例として，ドイツのシュヴァーベン州ヴィルフリンゲン村，オーストリアのチロル地方ガッサライト村におけるファスナハトの映像の視聴を行った（それぞれ，植田・江波戸（1988），及び，NHKエンタープライズ（2007）による映像を利用）。その後，気候のデータを改めて参照しながら（II－1－3に示した図などを中心に），ファスナハトという独特の行事が行われることについて，「なぜ冬を追い出すのか」「春が来るのをじっと待つだけではだめなのだろうか」「追い出さなければならない程の冬とは，どのような冬なのだろうか」等の点から各自の考えを求めた。ワークシートに記述された回答は，大きく4つの観点に整理される。①気候環境（a）気温，（b）日射，（c）降雪，②気候と日常生活との関わり，③心情，④その他。複数回答有り。

気候環境については，多くの学生が気温について述べており，冬の寒さの厳しさと長さを挙げている（回答数21）。その中で，寒い長い冬という大枠だけでなく，「日々の気温の変動が大きく，極端な低温日も出現すること」「日本と比較すると，ドイツの方が，月平均気温が数℃低い程度であるものの，冬の極端な高温日と夏の極端な低温日がほぼ同じであるほど，厳しい冬であること」「12月頃からファスナハトの時期まで，寒さの底が沈んでいること」等の気候特性に言及した回答がいくつかみられたことが注目される。また，日射について，日本と比べた冬の日照時間の短さが挙げられており（回答数6），積雪に関する記述もあった（回答数2）。冬の寒さ厳しさ，長さのためにもたらされる生活への支障（例，「食料の確保の難しさ」に言及する記述も

みられた（回答数7）。

　ファスナハトの映像の視聴では見慣れない異様な光景や音，音楽に驚きを示したものの，気候データ等との突き合せを行うことにより行事の存在の意義について考えることができたといえる。例えば，「生死に関わるような厳しい冬を乗り越え，春に向けて希望がもてるようにする」「気持ちを春に向けたい」「気持ち的に春に勝ちたい」「冬がずっと続くように感じられ，追い出さないと春が来ないと思う」といった，そこに暮らす人々の心情と行事の意義に関わる記述が多く（回答数20），「長く耐え忍ぶからこそ，我々（日本に住む我々）よりも強く春を望むのではないか」「ドイツの春は短くすぐに終わってしまうため，早く冬を追い出して，少しでも長く春に居てもらおうという心情になると思う。」等の，春の捉え方についての記述も注目される。

〈活動3〉（"ファスナハト"オリジナル作品の創作）

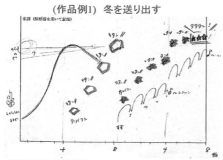

(作品例1) 冬を送り出す

〈作者による作品解説〉
　冬を追い出すというよりも，送り出す感じが好き。地元はあまり雪が降らず，寒いけれど美しさがある。「またね」の気持ちを込めた。後半を盛り上げたい。「また来てください，ありがとう。

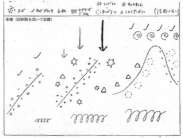

(作品例2) 雪を溶かして春を呼ぶ

〈作者による作品解説〉
　背景は暗くて重い冬で雪が降り続けているのをイメージした。空に残っている雪を全て降らせ，太陽でその雪を溶かして春を呼ぶ様子を表現した。最後の部分は，賑やかに春がやってくるのを表している。

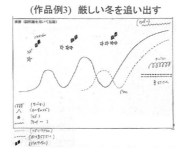

(作品例3) 厳しい冬を追い出す

〈作者による作品解説〉
　最初は雪がチラチラ降っている様子をスズと木の実（チャフチャス）を用いて表していて，回数を重ねるごとにスズを増やし，木の実の大小（音の大きさの変化）もおおげさにする。最後の方では，スプリングドラムや机を手で叩き，生死に関わる厳しい冬を追い出していく様子を表す。

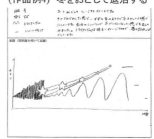

(作品例4) 冬をおどして退治する

〈作者による作品解説〉
　冬をおどして退治するイメージです。手でざわざわした感じ，スズの音の大きさで冬をやっつける感じにしている。最後のシンバルで冬がいなくなった感じを出してみた。トライアングルは，明るいイメージなので，春の訪れっぽくしている。

図Ⅲ－14　学生による作品例より。作品のテーマ，及び，作者による作品解説も示す。加藤・加藤・大谷他（2017）より引用。

　活動1，2において鑑賞を通して「人々が季節に何を感じ，求め，表現しているのか」を追究した活動の発展として，自分がもつ冬から春への感覚をもとにオリジナル作品の創作と発表を行った。その結果，活動は，季節の移り変わりに自分が何に注目しているのかを学生自身が再認

識すると共に，学生間でそれらを共有する機会ともなった。本実践でも，前述の実践事例1と同様に，扱いが容易な打楽器（チャフチャス，スプリングドラム，ティンシャ，トライアングル，タンブリン，鈴，ウッドブロック，その他，手，机等，身の回りにある音がでる任意のもの）を用いたこと，モートン・フェルドマンの発案による図形譜を用いたこと，作品の創作は個人で行い，発表の際には必要に応じて何人かで演奏すること等により，全員が作品を作ることができた。

　表現の意図が分かり易い作品が複数あった。作品（図形譜）を紹介し，作者による作品の解説も原文のまま示す（図Ⅲ－14）。なお，作品のテーマ（タイトル）は，作品解説を基に筆者が付したものである。

　これらの作品にはそれぞれの以下の特徴がみられる。（作品例1）では，「冬の送り出し」に作者ならではの感覚が表れ，それが表現に反映されている。（作品例2）では，冬の暗さと春の賑わいを対比的に表現し，（作品例3）では，徐々に冬が退いていく様子が音の大きさ，音色の組み合わせで表現されている。（作品例4）では，金属系の音色の使い方が面白い。シンバルの音で冬が去った様子を表す等，場面の特徴的な様子を音使いで表現しようとしている。

　このような作品の表現からは，音を通した感覚的な学びを行った上で改めて気候データを読むことで，季節変化についての自分の感覚を通した新たな見方・捉え方が生じる可能性も，学習成果として読み取れる。

〈気候教育の視点からの考察〉
　理科教育において，身近な現象を足掛かりに理解を深めていくアプローチは確かに重要である。しかし，地学的に興味深く重要な現象でも，全てが身近に見聞出来るものばかりではない。また，前述のように，ESDに関連した異文化理解やその背景としての気候の理解の際に，「自分たちにとって必ずしも身近でないものを，どうやったら身近なものとして捉えられるか」という観点も不可欠となる。そのために，例えば気候に関しては，身近な現象がデータとどう具体的に対応しているかを把握した上で，その視点を活かすことにより，直接には体験したことのない現象の特徴をデータから実感する訓練も必要になる。

　活動2で行ったような，気候データからのイメージをもとに，「なぜ，追い出さないといけないような厳しい，嫌な冬なのか」という考察や，活動3の創作で「表現したかったこと」を作品の解説という形で言葉にするという作業を通して，多くの学生にとって直接は体験していないヨーロッパの気候の特徴を，データから実感的に想像する機会にもなったのではと考えられる。

　しかも，一部の学生は，寒い長い冬という大枠だけでなく，〈活動2〉でのワークシートへの記載例のように，「日々の気温の変動が大きく，極端な低温日も出現すること」や「12月頃からファスナハトの時期まで，寒さの底が沈んでいること」等，日々の気温の変動やそれに基づく詳細な季節進行をイメージ出来ていたと考えられる点は興味深い。今後は，より多くの学生がそのような視点を涵養出来るような工夫も更に必要と考える。また，日本の冬と比較してドイツ付近の冬の厳しさがどのように違うのか，また，その中で人々の感じ方がどのように違いうるのか，等をより多くの学生が踏み込んで理解・実感出来るような更なるアプローチが必要であろう。

実践事例3：北欧の夏至祭を軸とした，北欧の気候や季節サイクルと季節感に注目した学際的学習

（加藤・加藤・赤木他（2019）より）

背景にある北欧付近の気候・季節感を捉える視点と授業構築の意図

Ⅱ－1－5で述べたように，北欧では，冬の平均気温がドイツよりも更に低いだけでなく，日々の大きな変動の中での極端な低温日の気温も，ドイツより更に低い。また，極端な低温日は4月頃まで出現する。一方，夏至～7月一杯までが気温のピークで（短い夏），その後は急降温し，9月には平均気温5℃程度の日も現れ始める（以上，図Ⅲ－15を参照）。なお，夏至の頃だけは日積算した晴天日の日射量は大きいが，その時期には，「何となく明るい」あるいは「暗くならない」時間帯が長いことも特徴である（図Ⅲ－16）。

本実践事例では，「自分が必ずしも経験したことがない生活文化やその背景としての気候」の例として，北欧の季節サイクルの位置づけの中での「夏至祭」を取り上げた。そのことで，ドイツ付近を取り上げた実践事例2と同様に，「もし自分がその場にいるとしたら…」という視点からの想像を通して，「『異質な他者』の理解」へ向けた一つの有効なアプローチを提示しうるのでははと考えた。

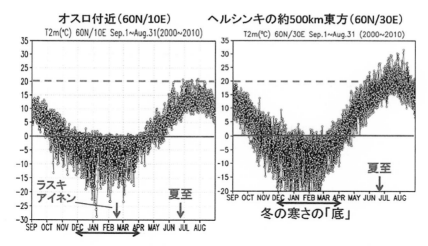

図Ⅲ－15　北欧のオスロ付近（60°N/10°E）（左）やヘルシンキの500kmほど東方（60°N/30°E）（右）における日平均地上気温（℃）の時系列を，それぞれ2000/01年～2010/11年の11年分重ねたもの。横軸に付した月の名称の位置が，各月の初日に対応する。加藤・加藤・赤木他（2019）より引用。図Ⅱ－32の下段を再掲。

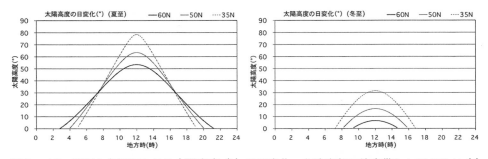

図Ⅲ－16　夏至と冬至における太陽高度（°）の日変化。北欧南部の緯度帯として 60°N（太い実線），ドイツ中南部として 50°N（細い実線），九州～関東付近として 35°N（破線），における値を示す。横軸は，南中時を 12 時として目盛った時刻である。加藤・加藤・赤木他（2019）より引用。図Ⅱ－34 を再掲。

授業のテーマと概要

テーマ：「北欧の気候・季節サイクルと季節感—フィンランドの夏至祭をテーマとする表現活動—」

日時：2017 年 8 月 31 日（集中講義の第 4 日目）1 ～ 8 限目（60 分 × 8 限）

対象：教育学部生 1 ～ 4 年生，及び，他学部生（音楽を専門としない学生）。受講者数 13 人。

活動内容：

〈第 1 限〉北欧やドイツと日本・東アジアの気候・季節サイクル，特に冬や夏の特徴を中心に，第 3 日目までの復習や補足（主担当：加藤（内））。

〈第 2 限〉北欧の夏と冬を取り上げた絵画作品等の鑑賞，及び〈北欧の夏〉を色彩の組合せで表現する制作活動（主担当：赤木）。

〈第 3 ～ 5 限〉フィンランドの伝統的な季節の行事やくらしについて映像の視聴や伝承曲の鑑賞（第 3 限）。フィンランドの夏至をテーマとした音楽の創作（個人）と発表（グループ）。（第 4 ～ 5 限）。（以上，主担当：加藤（晴））

　※複数の小物打楽器使用。各々の着眼点，イメージに合う音色と音の重なり。図形譜を使用。

　　第 3 限と第 4 限の間の昼休みには，自由に楽器に触れるようにする。

〈第 6 ～ 7 限〉「北欧の夏至」を貼り絵で自由に表現する制作活動とそれらの作品の鑑賞（主担当：赤木）

〈第 8 限〉授業全体の総括（全員）。

　なお，北欧の気候と季節感について，日本付近だけでなく，ドイツ付近とも比較することも有用と考え，第 2 日目と第 3 日目の午前には，ドイツ付近に関しても詳しく解説した。具体的には，加藤・加藤・大谷他（2017）や加藤・加藤（2011，2014a）等に纏めた内容を中心にドイツ付近の気象・気候の特徴を解説するとともに，冬の追い出しの行事「ファスナハト」や，春を歌った子供の歌，映画『会議は踊る』の主題歌《ただ一度だけ》等の映像や音源も用いて，そこでの季節感にも簡単に触れた。

　なお，本実践事例については，加藤・加藤・赤木他（2019）から引用・加筆したものである。

主な学習活動の内容

美術の表現活動（第2限，及び，第6，7限）

　Ⅱ－1－5でも簡単に触れたが，美術に関する鑑賞活動では，まず，19世紀末から20世紀初頭にかけてデンマークのユトランド半島最北端（57°N）のスケーエンに集った，スケーエン派と呼ばれる画家達による同地の風景画を取り上げる。図Ⅲ－16に示されるように，60°N付近では夏至の頃，太陽高度が低い時間帯が午後5時頃から9時頃まで長時間続く。短い夏を楽しむ人々を描いた油彩作品群は，この時間帯の微妙な光に満ちた情景を印象派的な手法で描き出した点が特徴であることを解説する。続いて，フィンランドの作家トーベ・ヤンソン（Tove Jansson：1914-2001）による児童文学作品『ムーミン』シリーズの，ヤンソン自身が描いた挿絵を紹介する。物語の舞台がフィンランドの自然と文化をモデルとしていることを学生たちにも意識させた上で，数点の挿絵について，夏至祭の夜の焚火や太陽が昇らない厳しい冬の描写について解説する。

　第2限の後半には，〈北欧の夏〉を表現する制作活動を行う。実践事例1と同様に，ヨハネス・イッテン（Johannes Itten,1888～1967）が考案した方法を簡略化し，93色の色紙から6色を選び，A4判ケント紙の台紙上の，20個の正方形を組み合わせた長方形の色彩構成により夏の季節を表現する。

　また，第3～5限の夏至祭をテーマとする音楽の表現活動の後，第6～7限には，A4判ケント紙を台紙として，第2限で使用した色紙による貼り絵で〈北欧の夏至〉を自由に表現する制作活動を行った。美術の活動の最後に，完成した作品を相互に鑑賞し，意見・感想を交換する。

音楽の表現活動（第3～5限）

　音楽の活動では，フィンランドの夏至祭をテーマとした作品の創作を行う。本活動では，学生らが，気候・季節についてのデータに基づく科学的理解の面と，絵画・音楽作品にみる表現や作品から受ける印象のような感覚的感受の面を融合させ，「自分たちが体験・意識したことのない地域，行事にも思いを馳せる機会」となることを狙う。

　音楽の創作の手がかりを得るために，まず，フィンランドの四季の様子や移り変わりについて，視聴覚資料（DVD《世界里山紀行》フィンランド，NHKエンタープライズ2007）を視聴して捉える。1年のサイクルを捉えた後に，年中行事の中からラスキアイネン（Laskiainen）と夏至祭（ユハンヌス，Juhannus）を取り上げ，行事が行われる時期，行事がもつ意味，行事における習慣を通して当該の地域に住む人々の季節感をみていく。

　その上で，冬，春，夏が歌われている民謡を5曲鑑賞する。《2月がやってきた》《霜じいさん》《春の調べ》《夏至祭の夜》《カンガサーラの夏の日》を取り上げ，それぞれに歌われている自然や季節の事象，それらに伴う心情の表現に注目する（以上，Ⅱ－2－3も参照）。

　次に，これらを踏まえて，「フィンランドの夏至祭」をテーマとする音楽に関する表現活動を行う。音楽の表現活動では創作時間を約60分間設け，各自が1つの作品を作り，その後，グループ（4～5名）形態で発表，交流を行う。実践事例1，2と同様な理由から，創作には小物の打楽器を各種用いる。なお，創作の際のアプローチには，例えば，（a）テーマをもとに詩を作り背景に音楽をつける，（b）テーマからイメージされる音をもとにリズムモティーフを作り発

展させる（繰り返す，対比させる，音を重ねていく等），等のように複数の方法があり得ることを説明する。そのような複数の創作方法を参考に，実際に音を出してイメージに合う楽器を選ぶことから始め，各々の方法で創作を進める。作品の記譜はモートン・フェルドマンによる図形譜を用いる。また，作品には，作者自身による解説も付記させる。

音楽の表現活動における作品の分析と考察

　作者自身の解説によれば，全13作品の表現の特徴は，大きく次の2種に整理された。

　①情景イメージの描写的表現（10作品）…ユハンヌスの情景，賑やかさ／夏至，夏の頃の自然や子どもの様子：作品例《ユハンヌスの踊り》《夏の森の冒険》

　②情景描写ではなく内面的，より創造的なもの（3作品）…季節の特性／生命観／幻想的な物語：作品例《長い昼と一瞬の夜》《循環（季節のサイクル，生命のサイクル）》《夏の夜の森》

　①の例として挙げた2つ，②の例として挙げた3つの作品例を図Ⅲ－17に示す。また，これらの作品について，学生自身がワークシートに記載した作品解説より抜粋・要約したものを表Ⅲ－5に示す。

表Ⅲ－5　作品例と表現。①，②については本文を参照。加藤・加藤・赤木他（2019）より引用。

	作品名	表現（ワークシートの記述から抜粋）
①	ユハンヌスの踊り	夏至祭の日の楽しい雰囲気。
	夏の森の冒険	生い茂る夏の森に子どもがワクワクしながら進んでいく様子。
②	長い昼と一瞬の夜	フィンランドの夏は，日本に比べ昼の時間が長い。にぎやかな昼の後に一瞬だけさみしく暗い夜がくる。
	循環（季節のサイクル，生命のサイクル）	フィンランドの人々は日々の生活を流れゆく季節サイクルの中に強く意識。生命は自然の中に帰っていく。
	夏の夜の森	子どもたちが森の中で作った妖精たちが，子どもたちが帰った後，夏の夜に踊り出し，また子どもたちが森に来るまでに元の場所に戻る。

　学生の作品は大きく2つに整理される中で，注目した点や楽器の重ね方等に独自性が見られ，表現は多様であった。例えば，①の例としての《ユハンヌスの踊り》の作者は，「曲のはじまりは夕方。レインスティックで焚火の音を表現。ウッドブロックは軽やかな踊りの足音。チャフチャスとすずで盛り上がってきた様子を表し，夜が深まってきた後半には，あまさをイメージして低い音のカウベルが鳴り響く，そして，朝がきて鳥のさえずり（トライアングル）がきこえてきたら，祭りもお開きで，徐々に音が消えていく。」のように，曲の構成の中での各楽器の音の役割に言及している。

　このように，各自が何をテーマとするかを決定し，そこから実際に音を組み立ててまとまりのあるものを作る活動は，音で表現する面白さを味わいながら，あらためて気候とくらし，季節感について自分の視点で捉える機会にもなったようである。季節の特徴や移り変わりのどこに自分が注目しているのかを意識することで，そこに住む人々の季節感と自分の感じ方に繋がりを得ることができたのではないだろうか。

気候との連携に関連した考察より

　音楽の創作活動の際の背景となる気候や学際的視点に関連して，加藤（内）担当分の最終レポートの中の幾つかの質問項目に対する解答内容を検討した（レポートは，受講者13人中，12人が提出）。その結果，詳細は割愛するが，ドイツの冬の厳しさ（極端な低温日の出現），北欧の夏の気温や「夏の短さ」に関するイメージを，ある程度の受講生が持つことが出来ていたようである。

　一方，本授業での学際的連携の意義については，受講生全員が多かれ少なかれ認識出来ていたようであった。その中で，「気候と文化との関わり方の一端が理解できた」あるいは「実感が深まった」との記述が計8人あり，その中の1人は，「自らのESD的視点を育む実践となった4日間」を実感出来た旨の感想も見られた。また，別の1人は，「美術作品を鑑賞することで，その土地の気候や人々のイメージが何となく理解出来ることが分かった」のように，作品から気候・風土へのイメージを刺激された趣旨を記述していた。つまり，「気候から文化」と「文化から気候」という双方向への往還から「自分が経験したことがないものへの理解」を深める意味を実感した学生の存在の示唆が注目される（まさに，ESD的視点の一つとして重要な，異質な他者への理解にも繋がる方向）。但し，そのような双方向での往還的理解のアプローチを，一部の学生に留まらず受講者全員に効果的に啓発出来る指導法の更なる検討は，今後の残された課題である。

　本実践では，このような課題は残るもの，音楽ならではの感覚的な活動と気候環境・気候変動の理解という科学的なものの見方には根で繋がり合うものがあり，受講生らは，その繋がりの一端を感じることができたのではないかと考える。

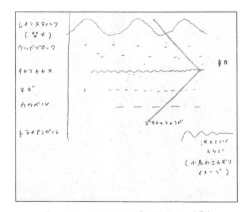

《ユハンヌスの踊り》学生 K（①）

《夏の森の冒険》学生 T（①）

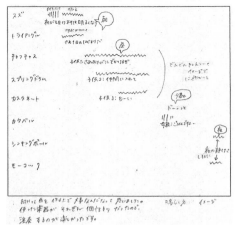

《長い昼と一瞬の夜》学生 M（②）

《循環（季節のサイクル，生命のサイクル）》学生 O（②）

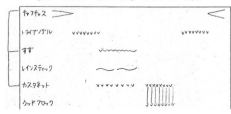

《夏の夜の森》学生 Y（②）

図Ⅲ－17　学生作品の譜例（図形譜）。学生が記述した各タイトルを，作品の下に記載した。括弧内の①，②はそれぞれ，「①情景イメージの描写的表現」，「②情景描写ではなく内面的，より創造的なもの」の例であることを示す。加藤・加藤・赤木他（2019）より引用。カラー版は口絵を参照。

（2）　音楽の生成や表現から自然科学（気候・気象）へ−季節を素材とした音楽作品の創作と表現の活動を通して感じる季節，学際的学習の可能性−

　これまで述べてきたように，音楽作品の多くには，それぞれ固有の背景がある。言語をはじめ，自然，地理等の種々の要素が，音楽の生成や表現に密接に関りあっている。その一つである気候は，当該地域の人々の生活に直接的・間接的に影響を与えるものである。音楽や絵画，文学では，洋の古今東西において，気候や季節は，「恋」と並ぶ大きなテーマとして様々に表現されてきた。表現のコンセプトに迫る時，作品を見る者，聴く者は各々にメッセージを感じることができる。

　歌には季節の事象や情景の描写と共に，心情が表現されているものも多い。その中でも，季節の移り変わりに絡めた心情の表現が注目される。そこでは，季節ならではの事象が象徴的に用いられていることもある。当該地域の人々がどのような気候のもとに，どのように生活を営んできたのか，歌を通してくらしや文化の一端をうかがい知ることができる。

　さて，従来の学校の音楽学習をみると，鑑賞や表現の活動を通して作品を捉える際に，様式や時代，作曲家等を切り口として，その作品ならでは特徴を感じ取って味わい，理解を深める活動や，作品が生み出された社会の歴史的・文化的背景を交えた作品の解釈等に関する活動が，比較的多く行われてきた。活動を通して種々の成果が挙げられている一方で，活動が個々の音楽作品の表面をなぞるに止まる傾向もみられる。

　学習活動を通して音楽的な視野を拡大し，文化理解の眼を育むには，音楽を総合的に捉えることが欠かせない。そのためには，音楽の表層に表れている現象だけに目を向けるだけでなく，表現がどのような背景のもとに生じたのか，一見異なるようにみえる音楽であっても，その表現を生み出す根として共通して存在するものは無いのか等，音楽の生成に関わる視点からの体験的な活動も有用ではないだろうか。

　「人々の生活という土台を視点としてみるならば，音楽と気候のような自然科学的内容には，根の部分では繋る部分が小さくなかろう。」という考えが導びかれる。そこで音楽活動を起点として，音楽と気候，気象の学際的学習の可能性について，将来教師を目指す大学生と共に考えていくことも，次世代の育みに繋がると考えた。

　ここでは音楽の生成と表現の体験を介して作品の背景にある季節感を意識し，そこから気候・気象への繋がりをねらって実践を試みた学際的な学習を２例紹介する。２例共，将来教員を目指す大学教育学部の学生で，音楽を専門に学ぶ音楽専修生を対象として実施したものである。なお，以下の実践事例1）は，加藤・加藤（2016）にまとめた内容からの紹介である。

実践事例1）音楽の創作と表現を通して捉える春と秋の季節感

　実践事例の，活動のねらい，活動テーマ，活動の特徴，等は次の通りである。
〈実践のねらい〉

　季節を素材として創作活動と表現活動を行う。そこから自らの季節感を意識し，音楽で表現しようとしたことと背景にある気候・気象を関連させて捉える。このような体験を通して，音楽と自然科学（気候・気象）を関連させた学際的学習の可能性，方向性を追求する。

　本実践では，季節の移り変わりに注目し，冬から夏へ向かう途中である春の４月頃と，夏から

冬へ向かう途中である秋の 10 ～ 11 月初め頃において，それぞれの時期に「自然」と「そこに身を置く自分」の関係を意識することから活動をスタートする。その季節，その時に目にし，肌で感じた季節の現象の中で最も印象的だったことをテーマとして，そこで生じたイメージも素材として音楽をデザインする。季節で何を感じるかには，その人のそれまでの経験や感覚が反映されることから，作品では，季節の情景描写に留まらず，心情の表現等，その人ならではの表現が期待される。このような一連の行為を通して，季節の自然の現象が作品のテーマとなり表現されることで，気候や移り変わる季節がその人と結びついた存在としてあらためて意識されることが期待される。

　一人ひとりが季節のどのようなことに焦点をあて，作品で何を表現しようとしたかを整理した上で，春と秋という二つの時期で，どのような要素から音楽表現のイメージが喚起されたのか，気象データも参考にしながら客観的に見ていくことで，作品で表現しようとしたことをあらためて振り返る。

　また，作品の発表や討論によって，季節の感じ方と表現の関わりから，新たな気づきを得ることも期待される。そこから，教科の関連を通した学際的な活動の可能性を考える機会に繋げていく。

〈活動テーマ〉
・肌で感じた季節の移り変わりを素材に「季節の変わり方の履歴，あるいは，その向かう方向による感じ方の違い」に注目して音楽の創作と表現を行う。
・自分の季節感や自分たちの住む地域の気候や季節をあらためて意識し，それを素材とした音楽の創作活動や表現活動の可能性について考える。

〈活動の特徴，オリジナリティ〉
・実際に肌で感じた季節，季節の移り変わりをテーマとして音楽の創作と表現活の活動を行うこと。冬から春〈春みつけ〉，秋から冬〈秋みつけ〉
・〈春みつけ〉と〈秋みつけ〉の作品を介して二つの季節，時期を比較し，自分たちの季節感をあらためて意識すること。
　冬から夏へ向かう途中である春の 4 月頃と，夏から冬へ向かう途中である秋の 10 ～ 11 月初め頃との比較に注目すること。
・本活動で体験した学際的な活動について，学生自身が素材や活動，学習の可能性や方向，等を議論し，各々自分の考えをもつこと。これをものの見方の広がりに繋げること。

　本実践では，上述のねらいをもとに冬から春への移り変わる時期と秋から冬への移り変わる時期に，「季節や季節感についての体験の振り返り」「気候の特徴の把握」「音楽作りの活動」を柱として活動を計 2 回行った。同じ学生が，同じ場所で二つの時期を体験し，最終的に作品を比較することに意義がある。それは季節の向かう方向が自分たちの感覚にどのように働きかけているのか，季節の向かう方向で何がどのように異なるのか，その違いをあらためて実感するためである。

　季節のどの要素に注目したのかを改めて意識する機会を設けることで，変わっていく方向の違いに着目しながら，季節感と表現の直接的・間接的な関わりを意識する。このステップを通して，音楽と自然科学，各々の分野ならではの「ものの見方」「捉える角度」「表出方法」等の特性を相互に生かした学びを体験することに本実践のオリジナリティがある。

〈創作活動の手順〉
　　①　自分の目で，肌で感じた季節の様子をスケッチ〈春みつけ〉〈秋みつけ〉
　　②　①を素材として詩を作る，音読
　　③　詩を絵や模様で自由に表現
　　④　③を組み合わせてグループでまとまりある音楽作品を制作，発表

〈学習対象者と実施時期〉
　　対象者：岐阜聖徳学園大学教育学部音楽専修第2学年25名
　　授業科目名：中等教科教育法Ⅱ（音楽），同Ⅲ（2012年度前期および後期）
　　活動時期：第1回目は2012年4月，冬から春，第2回目は2012年10月～11月，秋から冬
　　各回の活動の概要：
〈第1回目〉テーマ：「春みつけ」2012年4月
　　①　季節について各々の体験や，イメージ，印象をもとに整理する。
　　②　大学の中庭に出て，自分が目にしたり，肌で感じたりした季節の事象をスケッチする。それを素材として詩を作り，オリジナル作品を作る。この活動では，以下のように個人活動とグループ活動を組み合わせた。
　　ⅰ）各自が目にしたこと感じたこと等を素材に，ポイントを絞った上でイメージを膨らませて自由に詩を作り，音読する。
　　ⅱ）各自が用紙（A4かA3サイズ）に詩と，詩からイメージされる絵や色，模様等を描く。
　　ⅲ）グループ（4人～5人）で②を組み合わせ，音楽を付けて一つのまとまりある作品を作る。
　　ⅳ）発表を行い，作品に季節や季節感がどのように表現されているか鑑賞しあう。
　　第2回目：テーマ「秋みつけ」2012年10～11月
　　①　日本の季節進行の特徴を概観する。
　　②　第1回目と同じ手順で作品を作る。
　　③　2種の作品を比較し，季節の感じ方や季節感と音楽表現についてディスカッションする。
　　日本の季節進行に関しては，「六季」で特徴づけられることや，初冬と早春との違いを中心に，加藤内藏進が作成したスライドを用いて授業担当者が簡潔に紹介した。なお，実際に自然に触れて創作活動を行った4月と10月との直接的な比較には踏み込んでいない。
　　創作した春と秋の作品の比較にあたり，季節が描かれた絵画作品も参考資料とした。ピーター・ブリューゲル（1564～1638）の《冬の情景》《子どもの遊び》《謝肉祭と四旬節の喧嘩》を取り上げ，作者が何に注目し，何を表現しようとしたのかを推測し，自由に意見交換を行った。
　　2回の活動のまとめとして，このような学習をどう捉えたのか，各自の考えをレポートにまと

めた。なお「秋から冬」の創作時には，「冬から春」の作品との比較を行うことは予告していない。

　本実践の創作活動にあたって，心に浮かんだものを，できるだけダイレクトに表現し，そこから自分のイメージを広げていくために，詩を作ることから活動を始めることにした。一般に詩の朗読では，声の調子は大きな表現要素となる。本実践でも，間と声の語気，語調に加え，色の調子，色合いにも注目した。間は時間の流れ，リズムの構成に直接的に関わる要素であることはもとより，音の立ち上がりや音の減衰の仕方にも密接に関りをもつ。音の意味，間による静寂の意味，その組み合わせによって生じる表現に作品の意図を感じることができる。また，どのような音質で発するか，音楽表現に欠かせない要素の意識化を図った。

　その上で，イメージを広げていく手がかりとして，形，色といった美術的な要素を用いた。自分の表現したいテーマをより焦点化し，音として具現する手だてとしての効果を期待したのである。なお，音楽を聴いて絵を描くという音楽と美術を関連させた活動は，小学校，中学校の学習活動で一般的に行われている。音楽は，時間軸に沿って展開していくものである。それを色や形を用いて平面上で構成してみることは，作品全体を俯瞰するような手立てを得る体験になると考えた。

実践の背景，気候について

　Ⅱ－1－1〜Ⅱ－1－2で述べたように，日本列島付近では，一般的に明瞭な四季を持つとされる中緯度地域の中でも，梅雨や秋雨を加えた六季やそれらの中間的な季節の間を，細かいステップで大きく遷移する多彩な季節サイクルがみられる（図Ⅲ－18）。そのような季節サイクルの中では，単に春夏秋冬という大括りだけでなく，それらの中間的な季節，雨の特徴の違い，冬を挟む初冬と早春との非対称性，等，微妙な季節特性の違いを感じることができる。雨については，総雨量の他に，しとしとと降り続く雨や激しく降る雨，等の降り方の違いの大きさも注目される。

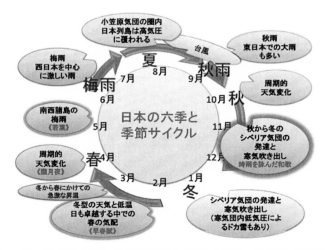

図Ⅲ－18　日本の六季とその中間的な季節（加藤・三好他（2015）より引用）。第Ⅱ部の図Ⅱ－1を再掲。

岐阜における 2012 年 4 月と 10 月の気候

　本授業実践を行った時期は，前述の初冬の前と早春の後に対応する。日本列島付近での冬を挟んだ非対称的な季節進行の中で，初冬と早春との気候や季節感の違いも小さくない。その点に関する一般的な比較に関しては，本書Ⅱ－1－4（1），（2）を参照されたい。ここでは，本授業実践を行なった年の岐阜における季節進行に関する観測データを提示する。

　2012 年における旬平均気温や旬日照時間等の季節変化を図Ⅲ－19 に示す。なお，日照時間は，ある値以上の日射が観測された時間数で，大まかに言えば，日中に快晴・晴・薄曇りだった時間帯にほぼ対応する。日照率は，最大可能な日照時間に対する実際の日照時間の割合である。

　加藤・加藤・逸見他（2009）によれば，日本列島付近では，3 月終わり～4 月初め頃に特に大きな季節的な昇温があり，急に「春本番」らしい陽気になる。一方，9 月～12 月にかけては，季節的な急降温が続く。もちろん日々や年による違いも小さくないが，この年にも 4 月初め頃からほぼ 1 ヶ月間で平均気温の 10℃ 近い上昇がみられた一方，10 月初め頃から 12 月初め頃まで，

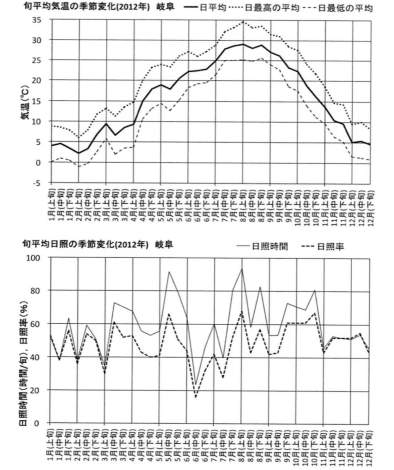

図Ⅲ－19　岐阜市（岐阜地方気象台）で観測された 2012 年における旬平均気温（上段），及び，旬日照時間（下段）の季節変化。気温に関しては，日最高気温や日最低気温の旬平均値も併せて示した。また下段には日照率（％）も示した。気象庁本庁の HP に掲載されたデータに基づき筆者らが作図。

上述のような降温が続いていた。このように，この時期の平均気温は，1ヶ月程度の間にも大きく変化する。

　また，日平均気温は4月中下旬頃と10月下旬頃とがほぼ等しかったが，暖かい方へ向かう4月終わり頃の平均的な「日最高気温」が，寒い方へ向かう10月終わりぐらいの「日平均気温」や「日最低気温」に比べてかなり高くなっていた点は，人が気象・気候要素のどんな側面を強く感じ取るかという選択肢の多様さの一例として，注目できるであろう。

　なお，図Ⅲ－19下段にあるように，10月の方が4月よりも日照時間が長い。しかし，4月後半には日照率が40％しかなかったものの，日照率が50％程度だった11月よりも実際の日照時間は長い等，日射が遮られる時間の割合が多くても，昼間の時間の長さを反映して，実際に日差しを受ける時間は長かったことになる。一方，10月から11月にかけて，日照率も日照時間も減少していた。これは，太平洋側に近い岐阜市でも，冬型の天気パターン時の一部の日には，濃尾平野を抜ける季節風の雲も見られるようになり，冬が近いことを感じさせる一要因として受け止められるかも知れない。なお，11月半ば近くから冬型の天気パターンの出現頻度が，気候学的にはかなり増大する。

学生の取り組みの様子と作品

　ここでは各活動における学生の様子について，気候に関する内容と音楽の内容に分けて示す。「秋みつけ」の活動での学生の記述例もあわせていくつか紹介する。

① 　日本の季節進行，季節サイクルについて－知的な整理と体験との接点－

　大学中庭に出る前や制作活動の前の段階では，季節や季節変化について，経験的かつ感覚的に，大ざっぱに捉えているようであった。"季節で思い浮かべることやものは？"という問いかけに対する学生の回答は，春：さくら，始まり，花粉，夏：海，ひまわり，蚊，せみ，秋：栗，紅葉，やきいも，運動会，冬：クリスマス，雪，お正月，スキー，椿，等，であった。いずれも断片的であり，季節の事象間の関連や心情と関わるようなものはなく，季節について，特に意識はしない，ややステレオタイプ化したイメージがみられた。その後，実際に大学の中庭に出た際には，スケッチをするために季節をあらためて意識し，季節の微妙な変化やそれに伴って生じる事象にも目を向ける姿がみられた。次のような学生の記述から，その様子がわかる。

◆普段の生活の中で，目を向けないと気が付かないことがたくさんあった。春に外に出る時と，秋に出る時とでは，人の気持ちも違うと思った。

◆普段の生活の中では，何気なくて，見過ごしてしまいそうなものを改めて意識した。例えば，肌に感じる風の違い，木々や人々の装い（服装も）等にも目が向いた。

　また，日本の季節進行の特徴をみていく中で，自分たちのこれまでの体験も踏まえながら，感じ方の違いに注目した。一つとして，その前の季節から現在への移行，例えば，「寒い状態」から「暖かくなっていく」という変化と，「暑い状態」から「寒くなっていく」という変化の中で，これから向かう方向，履歴の違いで，たとえ気温の値が同じようであったとしても，感じ方に大きな違いがあることを改めて意識した。なお，前述したように，活動を行った年の平均気温は，

4月中下旬頃と10月下旬頃とがほぼ等しかった。気温の他に「日照時間が長くなるか短くなるか」といった条件と人の思いや感じ方との関りについても考え，人間の感覚や季節感が総合的なものであることを振り返った。この点に関して，次のような学生の記述がある。

> ◆秋は，同じ気温（数値としては同じ）なのに，春と比べると寒く感じていることが面白いと思った。「春」を意識することで，より「秋」を表現できるかもしれないと思う。

②　季節を素材とした詩の作成と絵や模様による自由な表現－音楽表現に向けて－

　詩の作成では，印象に残った事象の描写やイメージを膨らませた表現を形作ろうと工夫する姿がみられた。その一方で，自分のイメージを言葉で表現する難しさを感じていた学生もいた。特に，事象によって生じる心情，心理に注目した場合には，掘り下げていくほどに，どのような言葉で表現すべきかを悩み，中には自身の語彙の少なさを実感するような発言もみられた。続く，詩を絵や模様で自由に表現する活動では，どのような色や形を用いて表現するか試行錯誤しつつも，互いの自然な交流が生じ，全体に和やかな活動となった。

作品の分析・考察

①　作品にみる主題，表現

　作品には，空間のバランスや全体のレイアウト，彩色・配色の他，葉を貼る，葉を拓本のようにする等の工夫もみられ，自分が最も伝えたいことを伝えるべく，音楽表現の生成の原点を実感し，試行錯誤していた様子がうかがえる。以下に例を挙げ，作品から読み取られる主題も併せて示す。作品例〈冬から春〉：例1）～例3）〈秋から冬〉：例4），例5）

例1）

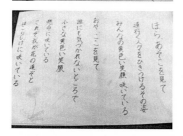

例2）

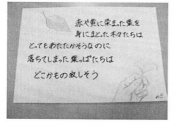

例3）

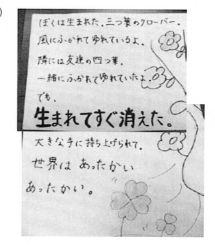

例4）

例5）

〈冬から春〉の作品からは，次のような主題が読み取れる。例1）巡りくる春の生命の誕生と移ろいゆく時の寂しさ，例2）微かながらも確実に感じられる春の息吹，例3）春の儚さ。作品では，春の事象を捉えただけでなく，移りゆくものであること，誕生と消滅に着目した点が注目される。〈秋から冬〉の作品から読み取れる主題は，例4）紅葉した葉に感じられる暖かさに対して落ち葉に感じる物悲しさ，例5）北風の寒さと暖かさの共存，である。冬から春と同じように，対比をしながら移りゆくものに目を向けた表現が注目される中で，季節の向う方向による感じ方の違いが現れている。例4）の作者である学生Kは，次のように記述している。

◆ 「春みつけ」をした時と同じ場所で「秋みつけ」をしたのに，見つけたもの，聞こえたもの，感じたものは春とは違いました。春は出会いの季節であるから，植物も花開いていたし人の表情も明るく，とても温かなイメージだったのに対し，秋は，植物は枯れ始め，景色も気持ち的に落ち着いた感じがしました。普段，何も気にせずに生活していたら見過ごしそうな季節の変化に気づくことができて良かったし，感じ取ったことに音楽をつけていくと，どのように変化していくか楽しみです !!!

この記述では，季節が移り変わる中での微妙な変化の様子の目を向けることで新たな気づきが生じる，というものの見方の広がりが注目される。

② 音楽作品の制作 −季節の表現−

今回の創作活動では，用いる音の素材を限定し，声を表現のベースとして，各種打楽器，シロフォン（木琴）やメタロフォン（鉄琴）のような手軽な楽器を用いることにした。その結果，声のトーンや配分，大きさ，音色，音の鳴らし方，鳴らすタイミングの工夫での効果をねらった表現がみられた。例えば，風の音をサウンドパイプで表現し，音の出し方を工夫して風の吹き方や強さを表す他に，「物悲しさ」「暗さ」「明るさ」「暖かさ」といった実際には聞こえないものを，どのような音色やリズムに託して表現するのか，感じ方や心情との関わりでも興味深い表現があった。全7作品の中から2つの作品，《フレディの人生》と《バッタと木の葉と友達》を紹介する。

なお学生には，最終的な作品の楽譜提出を課題として求めなかった。そこで本稿では，発表時の録音から筆者が簡易的に楽譜に記す。その際に，Orff-Schulwerk に基づいた『こどものための音楽』を参考にし，声やその調子，声と楽器の絡み，タイミング，間に注目して記すことにした。なお，音程をもたず効果音として一般に用いられるサウンドパイプについては曲線を用いている。

《フレディの人生》では，各自の詩の一部を組み合わせて一つの詩にまとめられており，楽器は詩の合間を縫うように配されている。発表では，朗読を一人が担当し，ストーリーの展開にそって，木の葉が舞うように作品を動かしながら読み演じるという視覚的な演出の工夫もあった（写真，例6，譜例1参照）。なお，作品にはイチョウの葉が大きく描かれている。

例6）《フレディの人生》

> そろそろ寒くなりました。
> 木から離れ風に乗って，
> 秋風にさらわれて，
> いちょうの葉っぱが
> ひらひらひらり。
> 生まれ変わっても，
> また一緒になれるよね。

演奏発表の様子

使用楽器：バスシロフォン，マラカス，すず，サウンドパイプ（サウンドパイプは，写真右端の
ホワイトボードの後ろで鳴らされている）

譜例1）《フレディの人生》

秋風にさらわれて
いちょうの葉っぱが　ひらひらひらり

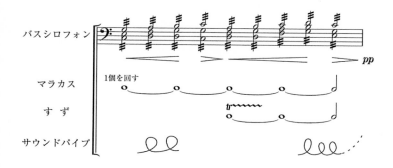

生まれ変わっても　また一緒になれるよね

この作品では，前述したように，詩の朗読，すなわち声と楽器が交互になる構成をとっている。テンポは Andante である。木琴によるトレモロが作品のイメージを醸し出しながら全体の統一を図り，募る寂しさの背景を表現している。詩の「風に乗って」の部分では，サウンドパイプが風の音を模し，マラカス 1 個を左右に旋回させて音が途切れずに続くように鳴らし，そこに徐々に楽器を重ねていくことで寂しさが次第に募っていく様子が表現されている。最後の「また一緒になれるよね」でクライマックスとなり，この部分が非常に印象的である。このような，別れなければならないものの，そこに再会を願うという，巡りゆく季節に運命を重ね，身をゆだねるという表現が注目される。

次に，《バッタと木の葉と友達》を紹介する（例 7 参照）。

この作品は，4 つの部分からなる。使用楽器は，ギロ，ソプラノメタロフォン（鉄琴），すず，ウッドブロックである。冒頭の「とべないバッタ」は，秋の寂しさ，孤独感の象徴ともいえ，印象的である。その後，季節の捉え方に変化が表れ，最終的には寂しさや孤独感とは対照的に「一年で一番暖かい季節」というメッセージが全面に出され，全体が締め括られる。秋から冬へ寒さに向かう時期であるだけではなく，そこにいながらも「寒さを吹き飛ばしてくれるものがあるから暖かい」という季節の感じ方，内面的な心情表現が注目される。

例 7）《バッタと木の葉と友だち》

i ）わたしはバッタ 　とべないバッタ 　だからわたしは一点を見つめ 　じっとする。 　秋だなぁ。	
ii ）赤や黄に染まった葉を 　身にまとった木々たちは 　とってもあたたかそうなのに 　落ちてしまった葉っぱたちは 　どこかもの寂しそう	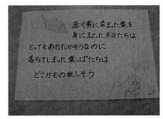
iii ）秋って寒くて風は冷たくなって 　木の葉は落ち葉になるし，切なくなる。 　でも，ふと視界を広げると， 　暖色に染められた世界が 　私の周りにはあるんだって 　そう思う季節。	
iv ）秋色と友だちが寒さを吹き飛ばしてくれる一年で一番暖かい季節	

使用楽器：ギロ，ソプラノメタロフォン（鉄琴），すず，ウッドブロック

　では，4つの部分ⅰ）～ⅳ）の各々の表現をみながら，作品全体の表現の特徴や意図を捉えたい（譜例2参照）。テンポは，ⅰ）～ⅲ）は，Andante，ⅳ）は，Moderato である。

　ⅰ）の部分，秋から冬へ向かう時期の寂しさの象徴といえる「とべないバッタ」では，詩の合間に入るギロの音によって，もの悲しさ，寂しさ，孤独感が強調されている。

　ⅱ）の部分は，ソプラノメタロフォンのグリッサンドの後に開始される。この音には，時間の経過，場面転換の効果が感じられる。声をソロ，デュオ，全員と変化させることで，暖かさと寂しさが対照的に表現されている。

　ⅲ）の部分では，すずの音が，風が冷たくなっていく様子や「切なくなってくる」という心情を表している。「でも」の部分でウッドブロックの音が言葉と同時に鳴る（高音→低音の順）。そこには，「そうであっても」という，内容を切り替える効果が感じられ，「ふと視界を広げると～」に重ねられているソプラノメタロフォンのグリッサンドには，見上げる様子の描写と同時に，次にくるものを予感させる。

　ⅳ）の部分が，季節の感じ方として非常に興味深い。ここでは，声と鉄琴が交互に出る形でⅰ）～ⅲ）とは雰囲気が変わり，拍子感のあるテンポ良い表現になっている。なお譜例では，4分の4拍子で記譜した。曲は，テンポの緩やかな緩急を伴いながら進行し，ソロによる「一年で一番」に続き「あったかい季節」と全員で言いきり，鉄琴がそれを受け止めて全体が終わっている。鉄琴の余韻には，移りゆく季節の名残をイメージさせるものがある。

　このようなことから，本作品にみる「寂しさ，孤独感が募る時期である」というこの季節ならでは心情と，「そうではあっても，目を向ければ暖かさの存在に気づく」等の自分自身を励ますかのようなメッセージ的な表現からは，季節の捉え方の多様性と共に，音楽作りにも季節感が表出されていることがわかる。

　例示した作品にみるように，創作活動を通して自分たちが感じた「季節らしさ」の表現を求める中で，季節についてあらためて問いかけがなされたといえるのではないだろうか。

譜例2)《バッタと木の葉と友だち》

i)

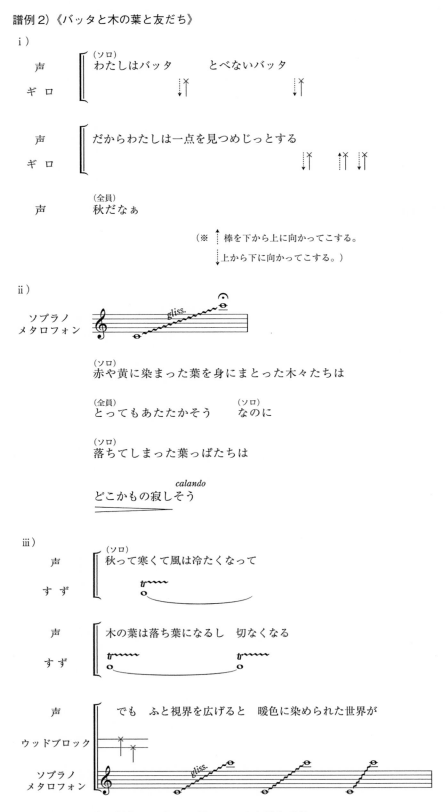

声　　　（ソロ）
　　　　わたしはバッタ　　　とべないバッタ
ギ　ロ

声　　　だからわたしは一点を見つめじっとする
ギ　ロ

声　　　（全員）
　　　　秋だなぁ

（※　　棒を下から上に向かってこする。
　　　　上から下に向かってこする。）

ii)

ソプラノ
メタロフォン

（ソロ）
赤や黄に染まった葉を身にまとった木々たちは

（全員）　　　　　　　　　　（ソロ）
とってもあたたかそう　　　なのに

（ソロ）
落ちてしまった葉っぱたちは

　　　　　　　calando
どこかもの寂しそう

iii)

声　　　（ソロ）
　　　　秋って寒くて風は冷たくなって
す　ず

声　　　木の葉は落ち葉になるし　切なくなる
す　ず

声　　　でも　ふと視界を広げると　暖色に染められた世界が
ウッドブロック

ソプラノ
メタロフォン

私の周りにはあるんだって　そう思う季節

166

iv)

③「冬から春」と「秋から冬」の作品の比較を通した季節の感じ方，季節感

　比較では，歌われている言葉や内容，音楽表現はもとより，詩に付された絵の色彩，色調，等
も見比べながら，〈暖かさ〉〈寒さ〉の感じ方と表現を整理した。学生の作品には，〈冬から春〉
では，生命の誕生，暖かさ，光，その一方で儚さ，〈秋から冬〉では，寂しさ，別れ，寒さ，そ
の一方で再会，生命再生への願い，等の表現があり，「季節が巡りゆくもの」という捉え方や表
現を意識することで，時代や世代をこえて通じる何かをも感じとったのではないかと思われる。

　また，「季節が単なる現象であるだけでなく，人々の思いを起こさせるものであること」と
「意識の度合いは別として，各々が思いをもって季節の中で生活していること」が再認識され，
その中で「実際に見えるもの，聞こえるもの」だけでなく「見えないものの，目を向ければ意識
されるもの」の存在への気づきもあった。

　これらの気づきは，単に季節平均の気温・降水量等だけからはみえてこないような，例えば，
日々の変動とその中での感じ方やその多様性の幅等も含めた，季節の特徴と季節感との繋がりが
意識されたものといえ，そこには，気候などの自然環境と音楽との「根の部分での繋がり」に目
を向ける際の気象・気候系データの読み取りの一つのヒントが示唆されているとも考えられる。

　なお，参考資料として用いたブリューゲルの絵画作品に対する着眼点は学生によって様々であ
り，互いに気づきを得る機会ともなった。絵画と音楽との表現の共通性，感じ方の多様性と共
に，「（絵画には）音や言葉がないからこそ伝わるものがあるのでは」という意見も興味深い。

学生が捉えた学習における音楽と科学の相互関連－学習の可能性－
①　相互関連にみる学習の可能性
　まず，活動を通して，季節や季節変化について新たな見方や気づきが生じたことが注目され
る。次のような学生の記述からも，ものの見方の広がり，多様性の意識が認められる。

◆秋みつけをもっと有効的にするためには，〈秋〉を単体でみるのではなく，〈春〉からの変化も視野に入れると面白くなるだろうと思った。

◆外へ一歩出れば，秋を感じられものはたくさんある。普段わたしたちは意識をあまり向けないため気がついていないだけで，意識して目を向ければ気づくことはたくさんある。そこから感じられるものもたくさんある。

◆何気なく過ごしていた日々を良く見てみると，季節の変化と共に，自然や周りが変化していた。そのような変化を感じさせたりする機会をたくさん与えることで，生徒の感受性は豊かになるだろうと思った。

次に，気候が音楽表現，創作活動の中でどのように位置づけられたのかをみてみよう。音楽作りの学習を行う上で，多くの学生が注目したのは，「何を題材にするか」ということであった。その点で，季節は一番身近に変化するものの一つであり，イメージする上で格好の素材となりうると学生も感じていた。例えば，普段の生活の中で何げなく見過ごしていること，素通りしているようなことをあらためて意識する，自分の目や肌で感じることに耳を澄ます，もっと敏感になる，等が，音楽作りにつながるのではないかという意見もあった。何を意識するのか，という点に着目した記述がある。また，「音楽とは」という問いかけの記述もあり，興味深い。それらを以下に示す。

◆まずは意識することで，感じる心を自分たちが認識するきっかけになるのではないだろうか。そこに音をつける。それはそのまま表現する力へと繋がる。表現の仕方はそれぞれ違う。むしろ違った方がおもしろい。自分と同じものを見て違った表現をしている人のものを見て，さらに何か感じることができたら，なお良い。（略）作りあげたものを発表しあい，他の人が感じたものを感じることで，さらに自分の感じる心も高まっていく。

◆音楽はどこから生まれてくるのだろう……音楽は何気ないところからいつでも生まれてくる。風の音，虫の声，飛行機が飛ぶ音，川の流れ等，身近なところで音楽は始まっている。

以上のような記述から，季節をテーマに自分たちの感じ方をもとにして行った自由な音楽づくりは，学習者の感覚を刺激する活動になったといえる。自分の感覚の意識化と共に，同じ季節であっても人によって感じ方が違い，色々な見方が可能であることへの気づきをもとに，学習やものの見方の広がりを意識する機会となった。また，音楽で表現すること，音楽の生成を考えるきっかけにもなったことも注目される。背景にある気候を通して作品や表現の一端をみるという方向と，作品や表現を通して気候をみるという方向，二方向の繋がりがみえてきたといえる。

このような学際的活動は，多方向への発展が考えられる。音楽活動を軸にするならば，今回のような創作する活動はもとより，既成の作品の総合的な理解にも資するものがある。例えば，作者がどのような環境で何を感じ，何を伝えようとしたのか，データを活用して感覚的なもののバックグラウンドに目を向けることで，解釈を掘り下げていく一助を得ることができる。

つまり，第一に「自分の作品の背景には何があるのか」，第二に「作品を自分の意図としたことは何か」，第三に「それについて，何を用いてどのように表現したのか」，第四に「さらにそれ

を他者がどのように受けとめたのか」，このような音楽生成の体験は，既成の作品における作者の意図を感じとる手立ての獲得にも応用しうるのではないだろうか。

　また逆に，音楽作品に表現されたものを介して気候を捉える，データを読み解くきっかけを得るという活用が可能と考える。特に，季節の平均的な特徴だけでなく，季節の向かう方向の違いや，加藤・加藤・佐藤他（2013）や加藤他（2014）が注目したような季節進行の非対称性，あるいは，季節の中でも見られる種々の気象・気候要素の変動，等の中のどのような側面が特に強く意識された結果なのか，いわば，「感性のフィルター」がどのようにかかった結果の表現なのか等にも目を向けることが有効と考えられる。このような双方向の活動を通してものの見方の広がり，ものをみる眼，感じる眼が養われうるのではないかと考える。

実践を通して見えてきた新たな課題

　季節にあらためて目を向け，自分の季節感に問いかける活動の結果，学生諸氏の，いわゆる若い世代の季節の捉え方と音楽感覚も垣間見ることができた。そこに，伝統的な作品にみる季節の感覚との共通する点が認められたことも興味深い。

　また，作品が出来上がるまでの過程で，学生個々の音楽経験の反映とみられる場面が多々みられ，作品の表現にもそれらが現れていた。創作活動が活発に展開した背景には，実践の対象が音楽専修の学生であり，音楽に対する興味はもとより個々の音楽経験があったこともある。もし音楽の学習経験が少ない学生を対象とする活動であれば，より細かな提示，展開の工夫が必須である。また，本実践のような活動が一回限りの学習に留まらず，各方面や分野に繋がり，発展していけるような学習の展開，道筋を考えていくことも必要もある。

　ところで，四季が明瞭とされる地域の中でも，一口に春といっても地域によって自然の様相は異なり人々の思いも一様ではない。例えば梅が咲き，桜前線が北上して刻々と春めいていく日本と，春に一気にあらゆる植物が開花して暗く厳しい冬から色鮮やかな世界へと一転するドイツとでは，人々の春の到来への思いや期待感に違いがあるといわれている。詳細な季節サイクル全体の中での位置づけやその中での日々の変動，それらの現象の中のどこが「感性のフィルター」でクローズアップされているのか，等の科学的なものの見方を示すことで，上述の違いの所以に気づき，音楽作品の解釈にも新たな見方を得ることができよう。

実践事例2）春から梅雨までの季節の移り変わりに注目した音楽創造の試み－肌で感じる季節，季節感から音楽表現へ－

〈実践のねらい〉

　春から梅雨までの季節の移り変わりゆく様子に注目し，それをテーマとして音楽の創作と表現の活動を行い，音楽表現を追求する。創作した作品の共有を通して，作者が季節の移り変わりの中で，何に注目し，どのように表現しようとしたかを整理する。そこで意識された季節感や作品のイメージをもとに，音楽の創作・表現と気候・季節を関わらせた学際的学習について考える。

〈活動のテーマ〉

　肌で感じた季節をもとに，自分が感動したことや伝えたいことをテーマとして音楽作品を創作

する。創作活動と表現活動を通して，自分の季節感をあらためて意識すると共に，その人ならではの季節の捉え方や表現を味わう。

〈活動の特徴，オリジナリティ〉

　本実践では，季節について，春から梅雨までの移り変わりに注目した。肌で感じたことを素直に音楽にすると共に，より音楽的な表現を追究し実現することを目指した。そこで創作にあたっては，音のエネルギーに注目し，『生きた音楽表現のためのアプローチ　エネルギー思考に基づく演奏解釈法』（保科洋　音楽之友社　1998）を読み進め，創作活動と併行して既成作品の分析も試みることにした。

　自らの創作体験と共に，季節をテーマとした既成の複数の作品について，鑑賞，分析を行い，表現されている内容をその背景から読み解く活動も交え，作品を総合的に捉えるアプローチを試みた。

〈学習対象者と実施時期〉

　　対象者：岐阜聖徳学園大学教育学部音楽専修第3学年18名

　　授業科目名：中等教科教育法IV音楽（2016年度前期）

　　活動時期：2016年4月～6月

　対象の学生は，2015年度に色と音による創作活動（季節で感じたことを色で表現し，それをもとに図形譜でデザインし作品としてまとめる）を体験している。本実践は，その体験を踏まえ，より音楽的な表現を追究するものである。創作にあたっては，資料として『生きた音楽表現のためのアプローチ　エネルギー思考に基づく演奏解釈法』（保科洋　音楽之友社　1998）を用い，既成のクラシック音楽作品（シベリウス《樹の組曲》Op.75）について音のエネルギーに注目した分析も体験する。気象に関しては，共同研究者がまとめたものを授業担当者が示す形をとる。

〈創作活動の手順〉

　実践で行った一連の活動を表にして示す。

表Ⅲ－6　一連の活動

§	活動内容	ポイント・使用した主な音源資料等
1 肌で感じる春	学外（大学付近，岐阜市柳津町高桑）を散策し春を感じる。2016.4.11（印象1） ※春をテーマに作品を創作することを予告 ※次回までの課題（work1）：春をテーマにした表現を探す。自分のイメージにマッチしたもの，音楽作品，美術（絵画），文学（古典から現代まで）等，分野，時代は任意	堤は予想より風が強く，寒い。桜の開花が昨年よりも早く大半が散っていた。

2 表現された春	学外散策で受けた春の印象，意見交換，共有	各々の感じ方にみる共通性，固有性
	春をテーマとした音楽作品の鑑賞	ベートーヴェン：ヴァイオリンソナタ第5番ヘ長調 Op.24《春》
	音楽，美術，文学に表現されてきた春を捉える。	『古今和歌集』春113，小野小町：花の色は～，他
3 気候環境フィンランド	日本とは気候が違う地域に目を向ける。例）フィンランド	フィンランドに対するイメージや情報，共有
	シベリウス《樹の組曲》Op.75 鑑賞（全5曲）表題とイメージ，曲から連想されること，季節の情景	CD "FININSH PIANO MUSIC"（演奏：館野泉）《樹の組曲》第1曲〈ピヒラヤの花咲く時〉，第2曲〈孤独な松の木〉，第3曲〈はこやなぎ〉，第4曲〈白樺〉，第5曲〈籾の木〉
日本	日本の冬から春，白神山地の映像を視聴（ブナの芽吹きまで）し，その中で最も印象に残ったことをテーマとして身体表現する。（グループ活動）	DVD『白神山地命育てる森』NHK エンタープライズ 春の訪れ：雪どけからブナの芽吹きまでの部分
	音楽表現の為の予備活動：色々な身体表現，リズムワーク（一斉）	パントマイム，リズム即興，リズムリレー，等
4 作品分析	シベリウス《樹の組曲》鑑賞，楽曲分析と演奏解釈を行い，曲の構造や表現の様相を捉える。	全5曲から任意に1曲を選択し，分析（グルーピングし，楽譜を彩色）資料：保科洋『生きた音楽表現のためのアプローチ　エネルギー思考に基づく演奏解釈法』1998，武本京子『先生と生徒のための楽曲イメージ奏法』1995）。
	シベリウスの音楽作品の鑑賞。各自の視点から曲を捉える。	ヴァイオリン協奏曲二短調 Op.47，歌曲《それは夢か》
5 気候と作品を通してみる季節感	気候：移り変わる季節，日本の季節サイクルをみる。季節の移り変わりと心情，季節感に注目日本絵画にみる気象，気候の表現（スライドで鑑賞）自分の音楽作品創作のテーマを絞り込む。	六季：春，梅雨，夏，秋，秋雨，冬気象：日射，気温，雨，風，雷，湿度横山大観《洛中洛外雨十題　八幡緑雨》《同　宇治川雷雨》，歌川広重《東海道五拾三次之内庄野　白雨》，他
	西洋や日本の絵画にみる季節の表現の鑑賞（スライドで鑑賞）自分の音楽作品創作の表現のヒントを得る。	西洋絵画：G. アルチンボルト（イタリア），連作四季，P. ブリューゲル（16 世紀フランドル）連作四季日本絵画：菱田春草《四季山水図》，横山大観《夜桜》
	音楽作品にみる季節の様々な表現自分の作品の音楽表現に繋がるような具体的なヒントを得る。	ヴィヴァルディ協奏曲集《四季》ロッシーニ《ウィリアムテル》序曲　嵐，（音源資料とスコア使用）
	表現効果の点から創作の手がかりをつかむ。音量の変化に注目（音の重なり，含）	レスピーギ交響詩《ローマの松》より〈アッピア街道の松〉ロッシーニ歌劇《セヴィリアの理髪師》より〈陰口はそよ風のように〉ロッシーニ歌劇《どろぼうかささぎ》序曲（音源資料とスコア使用）
6 創作発表	創作：作品の仕上げ，練習，発表まとめ	試作，試演活動の感想，学び得たこと，意見交流課題：楽譜清書提出（後日）

実践の背景，気候について－春から梅雨にかけての日本列島の気候－

　加藤・加藤・逸見（2009）も注目しているように，日本付近の「春」では，1ヶ月も違うとかなり大きく季節は変化する。4月頃とその前後の月との違いは大きい。3〜4月は，気温の季節的上昇が特に大きい（但し，平均気温は，4月半ば頃が，11月初め頃と同等）。また，日射は天気さえ良ければ，早春でも初冬よりもかなり強く，4月になれば更に強くなる。

　また，図Ⅲ－20にまとめられるように，気温だけでなく卓越する天気システムも月ごとに大きく変化する。このことも，季節感の大きな変化に関連する。なお，晴天時の日射は，5月になると更に強まる。

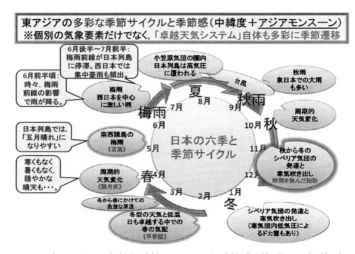

図Ⅲ－20　東アジアの多彩な季節サイクルと季節感（加藤・三好他（2015）より引用）。Ⅱ－1－1の図1に注釈を加えた。

実践を行った2016年春～梅雨頃の岐阜市（岐阜地方気象台）の気象（図Ⅲ－21）

大学の所在地：岐阜県岐阜市（岐阜県南部）

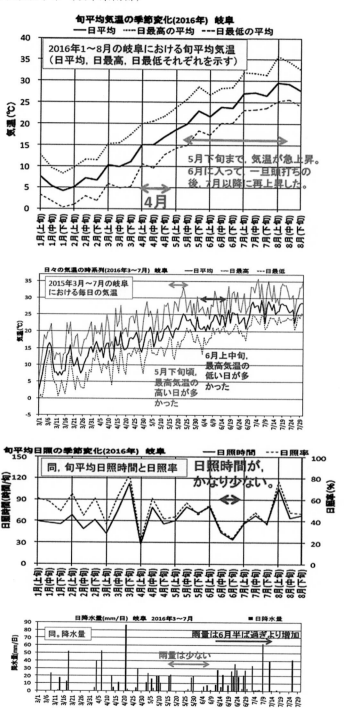

図Ⅲ－21　岐阜における2016年の春から梅雨明け頃にかけての旬平均気温（最上段），日々の気温（上から2段目），日照時間や日照率（下から2段目），日降水量（最下段）の時系列。気象庁HPに掲載された観測データを元に筆者が作成。

学生の取り組みの様子と作品

　散策時に，学生が捉えた春の印象（記述例）には，春の情景を寒さと対比して捉えたもの，桜が散る寂しさのような心情があった。

・風が冷たくてまだ冬っぽかった。でも，桜が散ってしまっていた。さみしい春。
　桜が散る：さみしい。
・冬が残っている。
・伊吹山の山頂にはまだ雪が残っている。まだ冬，こっちは春。
・寒いという印象が強い。風がピタッとやむと暖かかった。日射しがあったのか，空気が温かかったのかはわからないけれど，震えるほどの寒さではなかった。

　学生は一人で1曲を創作し，完成した作品は全18曲（器楽17曲，声楽1曲）である。表現のテーマをみると，風，雨，光（日射し），植物，等の自然現象を切り口に，個々人の多様な表現へと広がりがある。作品の表現の中心となるものを観点としてみると，学生が注目したことと表現は，大きく二つ，情景とその描写，心情表現に整理できる。

　情景描写では，例えば，雨の降り方のような一つの事象の中での変化，時の移ろいと共に変わる周りの様子がみられる。作品例）学生H《春の風》，学生M《日なたと日かげ》，等である。

　心情表現では，移り変わりに伴って生じる気持が表現の的になっている。作品例）学生I《雨の気持ち》，学生Y《走り梅雨》，等である。楽譜を本章の末に掲載する。

　本実践では，より音楽的な表現の実現を目指した。音楽表現にあたり，学生は様々な視点から工夫を試みていた。一つは，イメージと音色のマッチングである。例えば，ピアノ曲にみる各部分のイメージと音色へのこだわり，管楽器の合奏では，その楽器ならではの音色を生かした組み合わせ，歌ではアンサンブルの際の声種の重なり，複数の楽器の組み合わせでは，音色の重なりと表現効果の追求等，である。また，打楽器による背景や場面転換の効果もみられた。

　もう一つは，音の重ね方，盛り上がり，テンポや音量の変化，対比，等で移り変わる様子や心情の変化の表現である。音楽が進行していく中でのエネルギーについての追求といえる。

活動の成果と展望

　創作活動で，自分が何に的を当てて表現するかを絞り込む過程で，学生には，気候について新たな気づきがあったといえる。音としてどのように組み立てるか，音のエネルギーに注目しながら，作品を作り上げていく過程において，表現を作り出す面白さを実感する一方で，自分の表現の意図を伝える難しさを感じた学生，表現の多様性や可能性を体感した学生もあった。

　気候についての新たな気づきと共に，表現のテーマとしての気候についても気づきや次への発展の糸口がみえてきた。例えば，創作にあたり気候のどのような側面を強く感じたのかを意識して，完成した作品を再度振り返ることは，気象・気候のデータを振り返る活動にも繋がる，ということである。

　また，春から梅雨にかけての気候では，多様な切り口がある。ここにも注目したい。季節進行，日々の気象の変化の大きさ等の重なり等について，どのような部分に「感性のフィルター」が働くか，これは感じ方の多様性に繋がるものといえよう。季節の移り変わりの中での多様性に

も注目を促すことで，時間軸の幅・奥行き・履歴も含む気候環境の背景を意識するきっかけになる。それは，ある瞬間だけでなく時間の経過，繋がりや関連の中で，その時をみる，というものの見方である。そのような視点での，創作時に感じた自分の「フィルター特性」の振り返りは，多様な表現の可能性への気づき，「感じ方の履歴」も含めた他者の表現への共感の回路形成のきっかけになるのではないだろうか。

　自分の身近な気候の移り変わりに目を向け，それをテーマとして曲を作るプロセスで体験した「自分の季節感，感性への問いかけ」「音楽の生成や表現の多様性について新たな気づき，実感」「音楽表現効果に関しての意識の高まり」は，自分の感覚や感性の再認識にとどまらず，異なる地に住む者，異なる文化観や価値観による事象に対する理解のステップになるといえよう。

　もちろんこれらは，既成の作品と向き合う，音楽表現の追求にも繋がるものといえる。そのために，科学的データを活用した既成の作品との向かい合い方の構築も，今後の課題の一つと捉えている。例えば，歌曲では，詩の言葉に託されたものについて，背景を通してより深く捉えるような学びに，科学的な視点を加えていくことができるならば，その地に足を運ぶ機会がなくても，その時，その時代とは異なるところに居るとしても，歌，言葉に託されているものや象徴，を捉え曲に一歩近づくような手助けの一つを得ることができるのではないだろうか。自分が作品から感じたことや印象を大切にしながら，それと同時に科学的な眼でものを見るという見方や意識を活用し，曲に寄り添うことで，自分ならではの表現が深まるのではないだろうか。学生の作品を6点紹介する。

　作品紹介　譜例
　① 学生 Y《走り梅雨》
　② 学生 I《雨の気持ち》
　③ 学生 M《日なたと日かげ》
　④ 学生 H《春の風》
　⑤ 学生 D《希望の空～風を感じて～》（楽譜と歌詞縦組み）
　⑥ 学生 T《風》

走り梅雨

山内芽衣 作曲

走り梅雨 -1-

走り梅雨 -2-

走り梅雨 -3-

走り梅雨 -4-

雨の気持ち

出　真菜香 作曲

雨の気持ち -2-

雨の気持ち -3-

2. 《雨の気持ち》 A feeling of the rain
alto saxophones(×2) , tenor saxophone(×1) ,piano, gong
Composer : Manaka Ide

日なたと日かげ

森　穂奈美 作曲

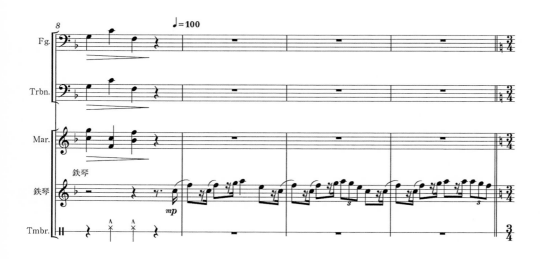

日なたと日かげ -1-

日なたと日かげ -2-

日なたと日かげ -3-

春の風

堀田怜花 作曲

春の風 -1-

風が強まっていくように

春の風 -2-

希望の空　〜風を感じて〜

林田侑樹　作詩・作曲

希望の空 -2-

希望の空　〜風を感じて〜

詩　林田侑樹

一、優しい　小川のせせらぎ
　　横目に見ながら　道を歩く
　　暖かい　春のそよ風が
　　心を落ち着ける　桜並木
　　希望があふれる　青い空に
　　想いを乗せて　歩き出す

二、Lu lu lu……
　　六月　雨降りの空で
　　傘さして歩く　午後の六時
　　雨上がりの空　雲は流れ
　　陽の光が　差してくる
　　木漏れ陽　紫陽花に揺れる
　　エメラルドの光
　　梅雨のひととき

希望の空 -3-

風

田中宏樹 作曲

風 -1-

風 -2-

192

風 -3-

Ⅲ－3　教育の広がりと深まり－今後の展望－

　ESD 的な視点に立ち，小学校，中学校，高等学校，大学において，音楽と理科を連携させた学際的な学習を試みてきた。実践的研究の全体を振り返ってみたい。ESD で取り組む必要がある課題の一つでもある「文化理解」への新たな眼を育むことをねらいとする授業実践に向けての研究のポイントは以下の3点に整理される。

① 　伝統的な歌や季節の行事にみる音楽と，その背景にある気候，風土，人々のくらしとの関わりを整理する。自分たちの住む地域，足元にあるものをあらためてみると共に，他の地域にあるものにも目を向ける。
② 　①から ESD に資する素材を精選し，「何をどのように学ぶのか」を具体的に例示する。
③ 　ESD の実践の方向，可能性を追求する。そこでは，今，目の前にいる子どもたち向けの学習活動として，小学校の児童や中学校，高等学校の生徒を対象に，各々の成長発達段階と学びに応じた素材と内容を提供する。同時に，次世代育みの視点も踏まえ，将来，教員を目指す大学の教員養成課程に学ぶ学生向けの内容を提示する。ESD 的な視点を各々の専門分野の伸長と関わらせながら，相互に深めていく。

　なお，これらの文化理解への新たな眼を育む学習の中に，「ESD 的視点」の育成自体も取り込むことを検討した。つまり，「種々の課題間の複雑な絡み合い，繋がり，多様性，〈異質な他者の理解〉の視点等にも目を向けて課題解決を目指す」ことへの価値観や資質の涵養にも結果的に繋がる学習活動を意識した。

　上記のポイントをもとに，小学校，中学校，高等学校での学習活動では，次の様な構成を基本項目として，各学校に応じた学習プランを組み立て，実践を重ねてきた。
① 　気象・気候を概観する。気候の特性，季節サイクル。
② 　気象・気候をテーマとした芸術作品（音楽作品，絵画作品，文学作品）に触れる。
③ 　人々のくらし，生活文化に目を向ける。季節の伝統的な行事や生活習慣，季節をテーマとした民謡や伝承歌に触れる。音楽の生成が人々のくらしに身近なものであることを認識し，これらを通し自分の季節感との比較も交え，当該地域の人々の季節感，文化，文化の生成に目を向ける。
④ 　自分のもつ季節感をあらためて意識した上で，音楽の生成を体験する（音楽作品の創作）。
⑤ 　創作した作品をもとに，気候や季節感について改めて考える。

　大学生を対象とした実践においては，上記の構成の中で，気象・気候の概観の後で ESD についての概観を行い，さらに一連の活動の最後に，再び ESD および ESD 的な視点に立つ学習につ

いて，その可能性や課題，新たな視点を考える活動を組み込んでいる。

　では，これまでの学際的学習の成果を振り返りたい。ESD 的な視点に立つ学際的学習，すなわち気象・気候の学習で得た知識・情報×人々のくらし，伝承曲にみる表現×イメージ，自分の季節感との比較を交えたイメージを音で具現する試みを通して，次のような成果が得られた。

① 視野の拡大，ものの見方の広がり
　気象・気候の学習で得た情報やイメージをかけあわせ，日本とは大きく異なる地域（例えば，ドイツやフィンランド）も含めた季節感，生活，文化を考えるきっかけを得ると共に，自分ならではの視点，捉え方の多様性を意識できたことが挙げられる。
　実は，我々にとって身近な現象と思っている日本付近の季節サイクルですら，他の中緯度地域とはかなり様相が異なる独特な特徴がある。例えば，本書でも紹介したように，初冬と早春では，冬型の天気パターンがしばしば卓越する共通性はあるもの，気温や日射などの季節的環境には少なからぬ差異がある。本研究では，そのような気候の多様性の一端の学習と共に，音楽作品や和歌等の文学作品などに表現された季節感の違いを感じ取り，また，自分たちでそれらの季節感を作品で表現する学習活動の実践を行った。その際に，例えば，春夏秋冬のような単純な季節の捉え方ではなく，季節の変わり目の特徴に敢えて注目することにより，「細かい話のようだが実は本質的な点へ視点が向かう」というような，科学的・感覚的な「窓」を開くきっかけになり得たのではないかと考える。
　さらに，ドイツやフィンランドとの比較では，単なる平均値ばかりでなく，「日々の大きな振れ幅」や季節サイクル全体の違い等にも注目することで，「冬の厳しさ」，「春や夏の捉え方」等，中高緯度地域の中でも季節感の大きな違いが生じる背景を認識すると共に，それらの地域の作品に触れたりその地域の自然環境等もイメージしながら作品を創作したりする活動を行った。それらを通じて，そこに住む人々の感情，気持ち，文化生成の土壌等への「想像の翼」を広げる契機となったものと考えられる。
　また，民謡や伝承曲のような自然発生的な音楽にみるように，音楽の生成が人々の日々のくらしと密接に関るものであること，表現のテーマは身近なところにあることを体験的に捉えることができたことも注目される。これは，音楽に一歩近づくきっかけになったといえる。世界の様々な地域にみる音楽について，独自のスタイルや音楽観，音楽文化の存在を認識する一つの機会となる可能性が見い出された。
　なお，以上の連携は，上述のような「自然科学から文化理解へ」という方向だけでなく，「文化理解から自然科学へ」というアプローチもあり得る。つまり，既存の作品や自分たちの創作活動の際に（意識的・あるいは無意識的に）表現された季節感から，我々が見過ごしてしまいがちな気象・気候の重要な特徴に感覚的に気づき，それをデータから科学的に理解するための出発点として活用することも出来る。例えば，歌の歌詞，和歌の表現からその背景となる気象・気候の一端を感じるアプローチである。複数の愛唱歌の表現する季節を順番に並べて細かい季節の進行をイメージしたり，『朧月夜』の歌詞からその時期の気候を踏み込んでイメージしたりすること，あるいは，時雨を詠んだ和歌で表現された情景を詳しく味わうこと，等を出発点にすることも出

来る。このように，気候と文化理解の双方向へのアプローチの可能性も意識することで，異分野の教育との連携の輪を更に広げていくことも可能であろう。

② ESD に対する捉え方

　文化理解について，様々な角度からアプローチが可能であることを認識できたことが挙げられる。ESD 的な視点に立った学習を行おうとする時に，何をどのように取り上げるかを検討する段階で躓くこともあろう。しかし，取り上げるテーマや活動は，特別仕立てではなくとも，身の回りにあるものを起点として広げ深めていくこともできる。ESD 的な視点に立った学習を，日常の学習の中に組み入れていくことができる，という可能性を得ることができた。将来，教員を目指す学生も，各々の視点から，その可能性を意識できたといえる。

　今後は，このような学習活動を広く教育現場で行うために，限られた時間の中でどのように内容を掘り下げることが出来るのかについて，提示する素材やその教材化について更なる検討を行う必要がある。それと同時に，大学生自身が将来学校教員になった時に，本研究で行ってきたような趣旨での取り組みが出来るような教師教育プログラムの充実が必要である。そのために，まず，このような文化理解の新たな眼を小学校の児童，中学校，高等学校の生徒に育むことが出来るようなガイドブックを作成するとともに，学生自身もそのような観点から授業・カリキュラム構築を行なえるよう，教師教育も更に意識した研究へと発展させていきたい。

　また，筆者らは，ESD に関連する教師教育推進のための国際的なネットワークづくりやそれに関連する具体的なカリキュラム開発研究にも，分担者・協力者の一員として深く関わってきた（代表者：岡山大学大学院教育学研究科　藤井浩樹）。その一環として，モンゴル（第Ⅰ部の写真Ⅰ−1）やインドネシア等での国際会議にも出席し，韓国，モンゴル，インドネシア，ラオス，ミャンマー，タイ（ユネスコ関連）等の ESD 教師教育に関わる研究者との交流も重ねてきた。また，毎年ウイーンで開催されている EGU（European Geosciences Union，ヨーロッパ地球科学連合）の国際会議では，芸術と地球科学教育との連携に関するセッションにおいて研究発表も重ねてきた。このようなネットワークも，本研究の更なる進展へ向けて活かしていきたい。

引用文献・参考文献・資料一覧

第Ⅰ部

小林　亮，2016：「ユネスコの地球市民教育に関する心理的分析－多元的アイデンティティの形成課題を
　　めぐって－」『玉川大学教育学部紀要』2016 年号，1-18。

中澤静男　田淵五十生，2014：「ESD で育てたい価値観と能力」『奈良教育大学教育実践開発研究セン
　　ター研究紀要』第 23 号，65-73。

宮下俊也，2015：「音楽教育における ESD」『音楽教育実践ジャーナル』Vol. 13 No. 1，40-41。

宮下俊也，2015：『ESD としての音楽鑑賞授業　実践ガイドブック』平成 24 ～ 26 年度科学研究費補助
　　金・基盤研究（C）研究成果報告書。

『ESD（持続可能な開発のための教育）推進の手引き（初版）』2016 年 3 月，文部科学省国際統括官付
　　日本ユネスコ国内委員会。

日本ユネスコ国内委員会，2016：『ユネスコスクールと持続発展教育（ESD）』。日本ユネスコ国内委員会
　　事務局発行（文部科学省国際統括官付）パンフレット。2008 年 6 月作成，2013 年 2 月改訂，2016
　　年 1 月に再改訂，同ホームページに掲載。http://www.mext.go.jp/unesco/

IPCC, 2013 and 2014："Climate Change 2013（The Physical Science Basis）（Working Group I
　　Contribution to the Fifth Assessment Report of the Intergovernmental Panel on Climate Change）",
　　"Climate Change 2014（Impacts, Adaptation, and Vulnerability. Part Ⅰ：Global and Sectoral
　　Aspects）", "同 Part Ⅱ：Regional Aspects", "Climate Change 2014（Mitigation of Climate Change),
　　Cambridge University Press.

第Ⅱ部

生方徹夫，2002：『伝統文化の心－歳時・風俗に学ぶ』モラロジー研究所，194-195。

植田重雄，1983：『ヨーロッパ歳時記』岩波書店。

植田重雄・江波戸昭，1998：『音と映像による世界民族音楽体系　解説書Ⅱ』日本ビクター（219-220 お
　　よび映像）。

飯田茂隆，1993：『歌の歳時記　季節・歌・思い出』明現社。

江波戸昭，1992：『世界の音　民族の音』青土社。

遠藤紀勝，1990：『仮面　ヨーロッパの祭りと年中行事』社会思想社。

大川　隆，1973：「オホーツク海高気圧の成長機構」『研究時報』25，65-77。

大川　隆，1986：「オホーツク海高気圧の動気候学」『北海道の農業気象』38，25-40。

小塩　節，1982：「現代ドイツの教会と家庭生活－成熟社会における日常生活－」ドイツ文学の基底－思
　　弁と心情のおりなす世界－」西尾幹二編，有斐閣選書，124-157。

岡部紘三，2012：『ブリューゲル　風景と民衆の画家』河出書房新社。

加藤内藏進，1985：「オホーツク海域における大気中の熱収支と下層気温の変動について－ 1979 年の梅
　　雨期における事例解析－」『天気』32，425-433。

加藤内藏進，1995：「ヤマセに関連するオホーツク海高気圧の総観的特徴」『気象研究ノート』第 183 号
　　『ヤマセ』（川村宏　編），67-90。

加藤内藏進・赤木里香子・加藤晴子・大谷和男・西村奈那子・光畑俊輝・森塚　望・佐藤紗里，2012：

「多彩な季節感を育む日本の気候環境に関する大学での学際的授業（暖候期の降水の季節変化に注目して）」『環境制御』34，25-35。

加藤内藏進・加藤晴子・赤木里香子，2011：「日本の気候系を軸とする教育学部生への教科横断的授業について（「くらしと環境」における多彩な季節感を接点とした取り組み）」『教師教育開発センター紀要』1，9-27。

加藤内藏進・加藤晴子・赤木里香子・稲田佳彦，2015：「音と色との関わりを意識した季節感の比較表現に関する学際的授業（冬を挟む日本の季節進行の非対称性に注目して）」『環境制御』37，16-26。

加藤内藏進・加藤晴子・赤木里香子・大谷和男，2019：「ESD的視点の育成を意識した気候と文化理解教育との連携－北欧の気候と季節感を例とする大学での授業実践の報告－」『岡山大学教師教育開発センター紀要』9，183-198。

加藤内藏進・加藤晴子・大谷和男・濱木達也・坢和優一，2017：「冬の気候と季節感の違いに注目した大学での学際的授業の開発（ドイツと日本列島付近とを比較して）」『岡山大学教師教育開発センター紀要』7，157-166。

加藤内藏進・加藤晴子・佐藤紗里・山田悠海・赤木里香子・大谷和男，2013：「冬を挟む日本の季節進行の非対称性（気候環境と季節感を軸とする学際的授業開発の視点から）」『環境制御』35，23-30。

加藤内藏進・加藤晴子・濱木達也，2015：「東アジアとの比較の視点でみたドイツ付近の冬から夏への季節進行の解析（季節感を接点とする文化理解教育の背景として）」日本気象学会2015年度秋季全国大会，講演番号B164（2015.10.28口頭発表）。

加藤内藏進・加藤晴子・別役昭夫，2009：「東アジア気候環境とその変調を捉える視点の育成へ向けた学際的授業開発の取り組み（多彩な季節感を接点に）」『環境制御』31，9-20。

加藤内藏進・加藤晴子・逸見学伸，2009：「日本の春の季節進行と季節感を切り口とする気象と音楽との連携（小学校での授業実践）」『天気』56，203-216。

加藤内藏進・加藤晴子・三宅昭二・森　泰三，2017：「日本の気候環境と愛唱歌などにみる季節感に関する高校での学際的授業の開発（冬を挟む日本の季節進行の非対称性に注目して）」『岡山大学地球科学研究報告』24，5-18。

加藤内藏進，佐藤紗里，加藤晴子，赤木里香子，末石範子，森　泰三，入江　泉，2011：「多彩な季節感を育む日本の気候環境に関する学際的授業の取り組み（秋から冬への遷移期に注目して）」『環境制御』33，20-34。

加藤内藏進・三好正直・瀧川優実・加藤晴子・佐藤紗里・坢和優一・大谷和男，2015：『多彩な季節サイクルの中での日々の気象』を捉えるリテラシー育成に向けて。『生きる力を育む学校防災Ⅲ』（学校防災研究プロジェクトチーム　編著（代表：村田　守），全296頁），協同出版，164-185。

加藤晴子・加藤内藏進，2005：「ドイツにおける春の気候的位置づけと古典派，ロマン派歌曲にみられる春の表現について－教科をこえた学習に向けて－」『岡山大学教育実践総合センター紀要』5，43-56。

加藤晴子・加藤内藏進，2006：「日本の春の季節進行と童謡・唱歌，芸術歌曲にみられる春の表現－気象と音楽の総合的な学習の開発に向けて」『岡山大学教育実践総合センター紀要』6，39-54。

加藤晴子・加藤内藏進，2011：「春を歌ったドイツ民謡に見る人々の季節感－詩とその背景にある気候との関わりの視点から－」『岐阜聖徳学園大学紀要』50，77-92。

加藤晴子・加藤内藏進，2014a：『気候と音楽－日本やドイツの春と歌－』。協同出版。

加藤晴子・加藤内藏進, 2014b：「多彩な気候環境と音楽表現に関する大学での学際的授業の取り組み－「雨」の多様性を例に－」『岐阜聖徳学園大学紀要』53, 55-67。

気象庁, 1991：「熱帯域（60N～60S）の循環場の新平年値」『気象庁長期予報課テクニカルノート No.35, 気候系監視報告（A Special Volume）』, 42-93。

工藤泰子, 1984：「典型的なヤマセ時のオホーツク海気団の特性－1981年6月18～21日の事例解析－」『天気』31, 411-419。

倉嶋 厚, 1969：「オホーツク海高気圧について－昭和41年度全国予報技術検討会報告－」『研究時報』21, 170-193。

桑名佑典・加藤内藏進, 2018：「低気圧活動からみるヨーロッパの季節サイクルに関する比較気候学的研究（2000年を例に）」日本気象学会2018年度秋季全国大会, 講演番号B360（2018.10.31口頭発表）。

桑名佑典・加藤内藏進・瀧川優実・小嶋ゆう実・大谷和男, 2016：「ヨーロッパの冬から春にかけての低気圧活動に関する事例解析（2000年を例に）」『岡山大学地球科学研究報告』22, 33-42。

桜井 満, 1993：『節供の古典　花と生活文化の歴史』雄山閣出版, 95。

桜井 満, 2000：『桜井満著作集第7巻万葉の花』おうふう, 54-61。

坂下裕明, 2011：『日本の音』平凡社。

佐藤和彦　保田博道, 2006：『祭りの事典』東京堂出版。

妹尾ゆかり・加藤内藏進, 2008：「1990年代における東北日本の冷夏に関わる大規模場について（1970年代との比較）」『岡山大学地球科学研究報告』15, 67-77。

高橋和夫, 1978：『日本文学と気象』。中公新書512, 中央公論社。

武田 昭, 1979：『歴史的にみたドイツ民謡』東洋出版。

武田 昭, 1980：『教会暦によるドイツ民謡』東洋出版。

谷口幸男　遠藤紀勝, 1998：『図説　ヨーロッパの祭り』河出書房新社。

手塚富雄, 1963：『ドイツ文学案内』岩波文庫別冊3, 岩波書店,（本書では, 1980年の第20刷を参照）。

徳丸吉彦, 1996：『民族音楽学概論』放送大学教育振興会。

中村 尚・深町知宏, 2005：「オホーツク海高気圧の成因と予測への鍵」《2004年度春季大会シンポジウム「2003年の日本の冷夏－異常気象をどこまで理解予測できるか－」の報告》『天気』52, 591-598。

畑中良輔・塚田佳男・黒沢弘光, 1998：『日本名歌曲百選　詩の分析と解釈』音楽之友社。

畑中良輔・塚田佳男・黒沢弘光, 2002：『日本名歌曲百選　詩の分析と解釈II』音楽之友社。

柳田国男, 1956：『日本の祭』角川書店。

芳賀日出男　監修, 2006：『世界の祭り大図鑑』PHP研究所。

浜木隆志・柏木 治, 2003：『ヨーロッパの祭りたち』明石書店, 91-92。

濱木達也・加藤内藏進・大谷和男・加藤晴子・松本健吾, 2018：「ドイツ付近の冬における日々の大きな気温変動に関する総観気候学的解析（冬の追い出しの行事「ファスナハト」における季節感に関連して）」。『岡山大学地球科学研究報告』25, 7-17。

東山魁夷, 2005：『東山魁夷の世界』東山すみ監修, 美術年鑑社。

平田喜信・身崎 寿, 1994：『和歌植物表現辞典』東京堂出版。

卜蔵健治, 2001：『ヤマセと冷害　東北稲作のあゆみ』《気象ブックス》010, 成山堂書店。

松井 健・小川 肇編, 1987：『日本の風土』《カラーシリーズ・日本の自然》第2巻, 平凡社。

松本　淳, 1993：「雨と風」『風景の中の自然地理』（杉谷　隆, 平井幸弘, 松本　淳著）, 古今書院, 117-132。

松尾健一・加藤内藏進, 2010：「日本付近の早春に見られる季節遷移期の特徴（日々の気温変動と総観場に注目して）」。『2010 年関西支部例会要旨集』（日本気象学会関西支部）, 121, 21-24。

宮下啓三, 1982：「森と山とメルヘンと－自然・伝説・詩情－」『ドイツ文学の基底－思弁と心情のおりなす世界－』西尾幹二編, 有斐閣選書, 90-122。

森　洋子, 1980：『ブリューゲル』『カンヴァス世界の大画家』11, 中央公論社。

森　洋子, 2008：『ブリューゲル探訪　民衆文化のエネルギー』, 未来社。

トーベ＝ヤンソン　山室　静　訳, 1982：『ムーミン谷の冬』講談社　青い鳥文庫。

山田悠海・加藤内藏進・坩和優一・藤本義博, 2013：「気団の広域分布と侵入過程の季節サイクルの中でみた日本の気象・気候系に関する系統的学習プランの開発（序報）」『2013 年度秋季大会講演予稿集』（日本気象学会）, 講演番号 C312（2013.11.21 口頭発表）。

若桑みどり, 2006：「描かれた四季」『名画のなかの世界』11, ウエンディ＆ジャック・リチャードソン編, 若桑みどり：日本語版監修, 福間加蓉　訳, 小峰書店。

和辻哲郎, 1935：『風土－人間的考察』。岩波書店（本書では 1979 年初版刊行の岩波文庫（全 299 頁）を参照）。

ヴァルター・ヴィオーラ, 石井不二雄　訳, 1973：『ドイツ・リートの歴史と美学』, 音楽之友社。

日本魚類学会自然保護委員会, 2010：「メダカ：人為的な放流による遺伝的攪乱（PDF）」『魚類学雑誌』第 57 巻第 1 号。

Kato, K., N. Nishimura and Y. Haga, 2014：Synoptic climatological study on precipitation in the Hokuriku District of Central Japan associated with the cold air outbreak in early winter (With Comparison to that in midwinter for the 1983/1984 winter). Geophysical Research Abstracts, Vol. 16, EGU2014-3651（EGU General Assembly 2014 におけるポスター発表）。

Kondo, J., 1975：Air-sea bulk transfer coefficients in diabatic conditions. Bound. Layer Meteor., 9, 91-112.

Murakami, T. and J. Matsumoto, 1994：Summer monsoon over the Asian continent and western North Pacific. J. Meteor. Soc. Japan, 72, 719-745.

Ninomiya, K. and H. Mizuno, 1985a：Anomalus cold spell in summer over northeastern Japan caused by northeasterly wind from polar maritime airmass. Part I：EOF analysis of temperature variation in relation to the large-scale situation causing the cold summer. J. Meteor. Soc. Japan, 63, 845-857.

Ninomiya, K. and H. Mizuno, 1985b：Anomalus cold spell in summer over northeastern Japan caused by northeasterly wind from polar maritime airmass. Part II：Structure of the northeasterly flow from the polar maritime airmass. J. Meteor. Soc. Japan, 63, 858-871.

【資料】

〈ドイツ文学〉

Johann Wolfgang Von Goethe "Die Leiden des jungen Werthers"『若きウェルテルの悩み』（1774）。

竹山道雄　訳，1951：ゲーテ作『若きエルテルの悩み』。岩波文庫 32-405-1，岩波書店（第 1 刷が 1951
　　年。本書では，1976 年の第 31 刷（全 242 頁）を参照）。

Johann Wolfgang von Goethe "Faust-Der Tragödie Erster Teil-"『ファウストー悲劇第一部ー』(1808)

Johann Wolfgang von Goethe "Faust-Der Tragödie Zweiter Teil-"『ファウストー悲劇第二部ー』(1833)

高橋義孝　訳，1967：ゲーテ作『ファウスト　第一部』。新潮文庫　赤 15C（初版が 1967 年。本書では，
　　1975 年の第 12 刷を参照）

高橋義孝　訳，1968：ゲーテ作『ファウスト　第二部』。新潮文庫　赤 15D（初版が 1968 年。本書では，
　　1974 年の第 10 刷を参照）

森観光コンベンション協会 ねぶたの家ワ・ラッセホームページ。

http://www.nebuta.jp/warasse/

青森観光コンベンション協会 ねぶたの家ワ・ラッセホームページ　ねぶた入門。

http://www.nebuta.jp/warasse/taiken/docs/text.pdf

スイス政府観光局公式ホームページ https://www.myswitzerland.com/ja/home.html

〈寓話〉

塚崎幹夫　訳，『新訳イソップ寓話集』より「冬と春」中公文庫，1987。

〈和歌〉

新編　国歌大観　第 1 巻（勅撰集編　歌集），1983，「新編国歌大観」編集委員会　編，角川書店，全
　　836 頁。

新古今和歌集，1995，峯村文人　校注・訳，日本古典文学全集 43，小学館，全 644 頁。

新古今和歌集，1992，田中　裕・赤瀬信吾　校注，日本古典文学大系 11，岩波書店，全 612 頁。

新訂　新古今和歌集，1929，佐佐木信綱校訂，岩波文庫，全 355 頁（本書では，第 90 刷（2009）を参照）。

高橋睦郎，2008：時雨。『花をひろう』，朝日新聞 Be（2008 年 11 月 29 日付）。

〈楽譜〉

"Leselöwen Frühlingslieder" Loewes Verlag, Bindlach, 1987.

"Die schönsten Volkslieder" Bassaman Verlag, einem Unternehmen, 2004.

"Deutsche Volkslieder" Philipp Reclam jun, Stuttgart, 2001.

"Die 24 schönsten Wiener Melodien" フィリップスレコード　20PC-20-21。

『唱歌　明治・大正・昭和』野ばら社，2009。

『愛唱名歌』野ばら社，1988。

〈写真〉

青森ねぶた，ゼクセロイテンのベーグ：芳賀ライブラリー　掲載許諾を得て引用。

〈映像，音源〉

DVD 世界里山紀行フィンランド　NHK エンタープライズ 2007。

DVD 日本の祭り KEEP　MND4000M。

CD 北欧の歌〜フィンランド民謡の花束　WPCS-21149。

〈資料収集〉

ドイツ，フライブルグ民謡研究所：Deutsches Volksliedarchiv, Forschungseinrichtung des Landes Baden-Württemberg zu populärer Kultur und Musik, Rosastraße 17-19 79098 Freiburg。

第Ⅲ部

植田重雄・江波戸昭，1998：『音と映像による世界民族音楽体系　解説書Ⅱ』日本ビクター（219-220 および映像）。

奥　忍，2013：「視覚と聴覚による時空間の統合表現－フルクサスに焦点をあてて－」『関西楽理研究』30 号。

大岡　信，1998：『日本うたことば表現辞典④・叙景編』日本うたことば表現辞典刊行会　編（代表：瓜坊進）大岡信監修の序文，遊子館。

加藤内藏進・赤木里香子・加藤晴子・大谷和男・西村奈那子・光畑俊輝・森塚　望・佐藤紗里，2012：「多彩な季節感を育む日本の気候環境に関する大学での学際的授業（暖候期の降水の季節変化に注目して）」『環境制御』34，25-35。

加藤内藏進・赤木里香子・加藤晴子・垪和優一，2014：「冬を挟む日本の季節進行の非対称性と季節感に関する学際的授業（音楽や美術と連携した表現活動を通して）」『環境制御』36，9-19。

加藤内藏進・加藤晴子・赤木里香子，2011：「日本の気候系を軸とする教育学部生への教科横断的授業について（『くらしと環境』における多彩な季節感を接点とした取り組み）」『岡山大学教師教育開発センター紀要』1，9-27。

加藤内藏進・加藤晴子・赤木里香子・稲田佳彦，2015：「音と色との関わりを意識した季節感の比較表現に関する学際的授業（冬を挟む日本の季節進行の非対称性に注目して）」『環境制御』37，16-26。

加藤内藏進・加藤晴子・赤木里香子・大谷和男，2019：「ESD 的視点の育成を意識した気候と文化理解教育との連携－北欧の気候と季節感を例とする大学での授業実践の報告－」『岡山大学教師教育開発センター紀要』9，183-198。

加藤内藏進・加藤晴子・大谷和男・濱木達也・垪和優一，2017：「冬の気候と季節感の違いに注目した大学での学際的授業の開発（ドイツと日本列島付近とを比較して）」『岡山大学教師教育開発センター紀要』7，157-166。

加藤内藏進・加藤晴子・佐藤紗里・山田悠海・赤木里香子・大谷和男，2013：「冬を挟む日本の季節進行の非対称性（気候環境と季節感を軸とする学際的授業開発の視点から）」『環境制御』35，23-30。

加藤内藏進・加藤晴子・別役昭夫，2009：「東アジア気候環境とその変調を捉える視点の育成へ向けた学際的授業開発の取り組み（多彩な季節感を接点に）」『環境制御』31，9-20。

加藤内藏進・加藤晴子・逸見学伸，2009：「日本の春の季節進行と季節感を切り口とする気象と音楽との連携（小学校での授業実践）」『天気』56，203-216。

加藤内藏進・加藤晴子・三宅昭二・森泰三，2017：「日本の気候環境と愛唱歌などにみる季節感に関する高校での学際的授業の開発（冬を挟む日本の季節進行の非対称性に注目して）」『岡山大学地球科学

研究報告』24，5-18。

加藤内藏進・佐藤紗里・加藤晴子・赤木里香子・末石範子・森　泰三・入江　泉，2011：「多彩な季節感を育む日本の気候環境に関する学際的授業の取り組み（秋から冬への遷移期に注目して）」，『環境制御』33，20-34。

加藤内藏進・西川（佐藤）紗里・中倉智美，2018：「日本の秋から冬への季節の変化を捉える学際的指導法の開発（時雨に注目した附属中学校での実践）」『岡山大学地球科学研究報告』25，19-30。

加藤内藏進・三好正直・瀧川優実・加藤晴子・佐藤紗里・垪和優一・大谷和男，2015：『多彩な季節サイクルの中での日々の気象』を捉えるリテラシー育成に向けて」『生きる力を育む学校防災3』（学校防災研究プロジェクトチーム編著（代表：村田　守），協同出版，166-187。

加藤晴子・加藤内藏進，2005：「ドイツにおける春の気候的位置づけと古典派，ロマン派歌曲にみられる春の表現について−教科をこえた学習に向けて−」『岡山大学教育実践総合センター紀要』5，43-56。

加藤晴子・加藤内藏進，2006：「日本の春の季節進行と童謡・唱歌，芸術歌曲にみられる春の表現−気象と音楽の総合的な学習の開発に向けて−」『岡山大学教育実践総合センター紀要』6，39-54。

加藤晴子・加藤内藏進，2011：「春を歌ったドイツ民謡に見る人々の季節感−詩とその背景にある気候との関わりの視点から−」『岐阜聖徳学園大学紀要』50，77-92。

加藤晴子・加藤内藏進，2014a：『気候と音楽−日本やドイツの春と歌−』協同出版。

加藤晴子・加藤内藏進，2014b：「多彩な気候環境と音楽表現に関する大学での学際的授業の取り組み−『雨』の多様性を例に−」『岐阜聖徳学園大学紀要』53，55-67。

加藤晴子・加藤内藏進，2016：「音楽表現と気候との関わりを意識した学際的学習の試み−季節の移り変わりに注目して−」『岐阜聖徳学園大学紀要』55，1-17。

加藤晴子・加藤内藏進・藤本義博，2013：「音楽表現と背景にある気候との関わりの視点から深める音楽と理科の連携による学習の試み−《朧月夜》に表現された春の気象と季節感に注目した授業実践例をもとに−」『岐阜聖徳学園大学紀要』52，69-86。

加藤晴子・逸見学伸・加藤内藏進，2006：「気候と連携させた歌唱表現学習−小学校での実践をもとに−」『音楽表現学』4，107-118。

気象庁，1991：「熱帯域（60N〜60S）の新平年値」『気象庁長期予報テクニカルノート No.35，気候系監視報告（A Special Volume）』42-93。

高階秀爾，2008：「移ろいの美学−四季と日本人の美意識−」『日本の美Ⅳ　日本の四季　春／夏』美術年鑑社，11-23。

武本京子，1995：『先生と生徒のための楽曲イメージ奏法』ドレミ楽譜出版社。

武本京子，2013：『ピアノを学ぶ人へ贈る　武本京子の「イメージ奏法」解説書』音楽之友社。

高橋和夫，1978：『日本文学と気象』（中公新書512）中央公論社。

二宮洸三，2001：『豪雨と降水システム』東京堂出版。

保科　洋，1998『生きた音楽表現のためのアプローチ　エネルギー思考に基づく演奏解釈法』音楽之友社。

星野圭朗，1979：『オルフ・シュールベルク　理論とその実際』全音楽譜出版社。

星野圭朗，井口　太編著，1984：『子どものための音楽Ⅱ』日本ショット。

レーモンド・マリー　シェーファー，訳）鳥越けい子，今田匡彦，若尾　裕，1992：『サウンド エデュ

　　ケーション』春秋社。

吉野正敏・甲斐啓子，1977：「日本の季節区分と各季節の特徴」『地理学評論』50，635-651。

Itten, J., 1961："Kunst der Farbe：Subjektives Erleben und objektives Erkennen als Wege zur Kunst" Johannes Otto Maier Verlag, Ravensburg.（邦訳：大智　浩・手塚　又四郎，1964：『色彩の芸術—色彩の主観的経験と客観的原理』美術出版社）。

Kato, K. and T. Asai, 1983：Seasonal variations of heat budgets in both the atmosphere and the sea in the Japan Sea area. J. Meteor. Soc. Japan, 61, 222-238.

Shinobu Oku：'From the Conceptual Approach to the Cross-Arts Approach-An insider's viewpoint（in 2 parts）' "Music in Schools and Teacher Education：A Global Perspective" ISME Commission for Music in Schools & Teacher Education and Callaway International Resource for Music Education.

〈映像，音源〉

DVD 世界里山紀行フィンランド　NHK エンタープライズ 2007

おわりに

　気候と音楽の研究を初めて約20年になります。この研究の発端は，筆者（加藤晴子：音楽）がドイツ歌曲や日本歌曲を歌うために曲の背景を知ろうと，筆者（加藤内藏進：気象・気候学）に気候や気象について尋ね，一緒に調べ始めたところにあります。

　研究を進めていく中で，芸術作品としての歌曲の素晴らしさはもとより，民謡や伝承歌等の生活の中で育まれた歌に目を向ける時，そこに人々のくらしや季節の移ろいの中で巡る思いが見え，歌うという行為そのものに，ますます愛しさを感じるようになりました。手探りの作業ではあったものの，歌が語り掛けてくれるものを感じ，それを自分なりに受け止め，歌と対話していく中で，思いつきました。歌を扉に，その扉を開けることで，今見ている感じているものとは，違う世界や文化が見えてくるのではないかと。「歌の翼に」というか，まさに「歌の扉に」です。ここから文化理解について考えていきたいと思いが広がりました。

　見渡せば，小さい宝石のような歌が，あちこちにたくさんあります。まるで野の花のようです。それらを手に取り，自分が住んでいる，感じている時代や世界とは異なる文化に入っていくことができたら，どんなにか素敵なことでしょう。子どもたちにも，歌を通して，自分の足元にあるもの，異なる文化を覗いて，体験してほしいと思います。

　歌には，それぞれ固有の背景があります。気候や季節は，古くから歌のテーマとして様々に歌われてきました。季節の歌をみる時には，当該の地域の人々の季節感を知ることが，その歌に近づくための大きな一つの手立てとなります。例えば，気温や降水，風，日照，等，季節の移り変わりで生じる現象やその変化に目を向けると，それらは，気象・気候データであるだけにとどまらず，人々の心理に繋がるものと出会うきっかけとなる資料にもなります。

　このようなことから，音楽と気候を掛け合わせた学際的な学習は，私たちに色々な発見をもたらしてくれるものになると考えました。そこで，2014年に刊行した『気候と音楽－日本やドイツの春と歌－』をベースとして，『気候と音楽－歌から広がる文化理解とESD－』を作成しました。作成にあたっては，たいへん多くの方々からご教示をいただきました。ここに深くお礼申し上げます。今回の刊行を一つのステップとして，これからも研究を進めていきたいと思います。お力添えを賜りますようによろしくお願い申し上げます。

2019年3月

加藤晴子　加藤内藏進

謝　辞

　本書の出版にあたっては，平成 30 年度岐阜聖徳学園大学学術図書出版の助成及び科研費（基盤研究（C），課題番号：17K04817）を受けています。

　本書のベースとなった一連の研究については，科学研究費補助金等の研究費を受けています。
　・科研費（基盤研究（C））「文化理解の新たな眼を育むための指導法開発：音楽の生成と気候の関わりの学際的視点から」（H29 〜 31 年度，代表者：加藤晴子，課題番号：17K04817）
　・科研費（基盤研究（C））「歌の生成や表現と自然環境との関わりからみる文化理解のための学際的学習の指導法開発」（H26 〜 28 年度，代表者：加藤晴子，課題番号：26381234）
　・科研費（基盤研究（C））「歌の生成と自然環境との関わりからみる文化理解とその指導法開発に向けた学際研究」（H23 〜 25 年度，代表者：加藤晴子，課題番号：23531220）
　・科研費（挑戦的萌芽研究）「東アジア気候環境の成り立ちと多彩な季節感を軸とする ESD 学習プラン開発の学際研究」（H23 〜 25 年度，代表者：加藤内藏進，課題番号：23650510）
　・科研費（基盤研究（B））「日本付近の気候系の広域季節サイクルの中でみた日々の降水コントラストと年々の変動」（H21 〜 23 年度，代表者：加藤内藏進，課題番号：21300336）
　・科研費（挑戦的萌芽研究）「多彩な季節感を育む東アジア気候系とその変調を捉える「眼」の育成へ向けた学際研究」（H20 〜 22 年度，代表者：加藤内藏進，課題番号：20650132）
　・科研費（基盤研究（B））「ESD グローバルアクションプログラムに対応した理科の教育課程開発の日独共同研究」（H29 〜 32 年度，代表者：藤井浩樹，課題番号：17H02700）

著者プロフィール

加藤 晴子（かとう　はるこ）
1956 年長野県生まれ。
愛知教育大学大学院教育学研究科修了。
兵庫教育大学大学院連合学校教育学研究科教科教育実践学専攻修了，博士（学校教育学）。
くらしき作陽大学音楽学部非常勤講師を経て，2020 年 3 月まで岐阜聖徳学園大学教育学部教授。
専門：音楽教育，声楽。
歌と音楽教育を有機的に関連させた独自の視点から研究を行っている。歌の生成や表現を中心に学際的な研究に取り組んでいる。

加藤 内藏進（かとう　くらのしん）
1957 年長崎県生まれ。
東京大学理学部地球物理学科卒業。
東京大学院理学系研究科（地球物理学専攻）修士課程終了。
東京大学院理学系研究科（地球物理学専攻）博士後期課程単位取得退学。
博士（理学）（1991 年，東京大学）。
専門：気象学・気候学。
鹿児島地方気象台観測課及び予報課，名古屋大学水圏科学研究所（途中で大気水圏科学研究所に改組）助手，岡山大学教育学部助教授を経て，現在，岡山大学大学院教育学研究科教授。
中学校，高等学校の地学分野や地理分野でも学習する日本や東アジアの気象・気候に関する研究やそれを軸とする学際研究を行っている。

カバー写真撮影：奥原章司　長野県大町市在住

気候と音楽 増補版－歌から広がる文化理解とESD－
2021 年 3 月 30 日　初版第 1 刷発行

著　者　　加藤晴子　加藤内藏進
発行者　　小貫輝雄

発行所　協同出版株式会社
〒 101-0054　東京都千代田区神田錦町 2-5
電話 03-3295-1341（営業），03-3295-6291（編集）
振替 00190-4-94061